기독교문서선교회 (Christian Literature Center: 약칭 CLC)는 1941년 영국 콜체스터에서 켄 아담스에 의해 시작되었으며 국제 본부는 미국 필라델피아에 있습니다. 국제 CLC는 59개 나라에서 180개의 본부를 두고, 약 650여 명의 선교사들이 이동 도서차량 40대를 이용하여 문서 보급에 힘쓰고 있으며 이메일 주문을 통해 130여 국으로 책을 공급하고 있습니다. 한국 CLC는 청교도적 복음주의 신학과 신앙 서적을 출판하는 문서선교기관으로서, 한 영혼이라도 구원되길 소망하면서 주님이 오시는 그날까지 최선을 다할 것입니다.

'에덴 탐사 보고서' 시놉시스
"아담은 빅뱅을 알고 있었다"

에덴 동산을 현대의 첨단 장비로 탐사한다면, 우주 나이에 대하여 젊은 연대가 맞는지 오랜 연대가 맞는지를 놓고 벌이는 논쟁도, 창조냐 빅뱅이냐 혹은 진화냐 아니냐에 대한 논쟁도, 하나님이 있느냐 없느냐에 대한 논쟁도 일거에 끝낼 수 있다. 물론 아담이 역사적 인물인지도 밝혀질 것이다.

이 책은, 구약성경 창세기에 나오는 정보를 바탕으로 에덴 동산 탐사를 상정하고, 아담, 하와, 가인, 아벨을 만나 그들로부터 그들의 삶에 대한 이야기를 듣고, 그들의 인생역정을 기록해 내겠다는 야심 찬 기획으로 출발했다. 물론 에덴 동산의 환경도 샅샅이 탐사하여 보도하겠다는 포부도 포함돼 있다.

에덴 동산에 있는 네 개의 강, 그곳에 있던 보석들, 선악과 생명과를 비롯한 각종 나무와 수풀과 계곡을 샅샅이 탐사하여 21세기의 관점에서 납득할 수 있는 보고서를 내고자 했다. 물론 그 결과물은 상상의 산물이라는 한계가 있다. 그러나 상상을 하되 성경에서 제공하는 정보에서 벗어나지 않고, 아담과 하와의 인격에 초점을 맞추되, 하나님의 자애로움과 선하심과 의로움을 바라보면서 번성하는 인류의 시작을 탐사했다.

인간의 속성인 믿음과 이해, 감성과 이성, 사랑과 미움에 바탕을 둔 인격체로서의 아담의 일생을 조망했다. 다행히 성경은 아담의 생애 중 일어난 사건을 기록하고 있다. 아담과 하와는 에덴 동산을 체험한 유일한 부부다. 그들은 타락하기 전의 완전체 인간으로서 하나님과 대면했고, 부모로부터 태어나지 않고 하나님이 손수 지음으로써 탄생한 유일한 부부다.

아담과 하와는 생애 중 두 번의 끔찍한 살인사건을 경험한다. 가인이 아벨을, 라멕이 한 청년을 살해한다. 특히 장남 가인이 차남 아벨을 죽인 사건에 아담은 아버지로서 직면한다. 아담은 충격 속에서 아버지로서 사건을 수습한다. 아담은 가인이 회개하고 하나님을 믿으며 하나님으로부터 용서받고 살아가기를 바라고 그 길로 안내한다. 이 과정에서 아담은 가인과 마주앉아 하나님에 대하여, 창조에 대하여, 선악과 범죄와 에덴 동산에 대하여 진지한 논쟁을 벌인다.

가인은 타인의 살해 위협에서 벗어나 생명을 보장받는 하나님의 표를 받고 놋 땅으로 떠난다. 오랜 세월이 흐른 후 아담과 하와는 자기의 7대손 에녹을 데리고 놋 땅을 방문한다. 놋 땅에 가보니 가인이 자기 부족의 6대손 라멕이 한 청년을 살해한 사건을 마무리하면서 충격을 받고 쓰러졌었다는 사실을 알게 된다. 아담이 가인을 용서하고 가인을 일으켜 세울 때, 하나님의 시작에 생략된 과거가 있음에 착안하여 하나님이 자신의 청년시절 이전을 생략한 것처럼, 가인이 범죄 한 시점 이전을 생략할 수도 있을 것으로 기대하고 가인을 설득했었다. 아담의 이러한 기원은 병리적 현상이기는 하지만 가인의 생애에서 이루어졌음을 확인하고 아버지로서 안도하면서 에녹과 함께 고향으로 되돌아온다.

아담은 생략된 과거를 가장 잘 아는 인물이다. 왜냐면 자기의 청년시절 이전이 생략되었기 때문이다. 아담은 현재에서 과거로 역 추적해 들어감으로써 시작을 밝히는 일에 깊은 관심을 가졌다. 그 시작이 있으므로 해서 자신이 후손을 낳아 성장시키고 번성할 수 있었기 때문이다. 아담은 시작의 꼭짓점에는 하나님이 계심을 이해하고 가인에게 하나님을 변증했다.

아담이 이렇게 생략된 과거로 역추적하여 시작을 규명코자 했던 지혜는 놀랍게도 20세기에 발현한 '빅뱅이론'과 닮아있다. 빅뱅이론은 팽창하는 우주의 과거를 역추적하여 우주의 나이를 산정한 결과물이다. 아담의 관점에서 빅뱅이론은 하나님이 시작하면서 생략한 과거에 천착하는 학문이다. 마치 아담이 자신에게서 생략된 청년 시절 이전의 과거를 들여다보듯 말이다.

이 책에서 극적으로 전개되는 아담의 일대기를 읽으면서, 성경 창세기 앞부분을 읽을 때 드는 하나님의 창조에 관한 숱한 궁금증들이 해소될 것으로 기대한다. 물론 이 책이 정답을 제공하는 것은 아니며, 그랬을 가능성을 제시할 뿐이다. 그러나 그렇게 함으로써 하나님의 창조는 신화가 아니며 아담은 역사적 인물임이 드러난다.

에덴 탐사 보고서

아담은 빅뱅을 알고 있었다

Adam knew the Big Bang: A Visit Report of the Garden of Eden
Written by Hwang, Eui-Chan
All rights reserved.
Korean Edition Copyright ⓒ 2019 by Christian Literature Center, Seoul, Korea

에덴 탐사 보고서
아담은 빅뱅을 알고 있었다

2019년 1월 16일 초판 발행

지은이	황의찬
편집	곽진수, 정재원
디자인	전지혜
펴낸곳	(사)기독교문서선교회
등록	제16-25호(1980.1.18)
주소	서울특별시 서초구 방배로 68
전화	02-586-8761~3(본사) 031-942-8761(영업부)
팩스	02-523-0131(본사) 031-942-8763(영업부)
이메일	clckor@gmail.com
홈페이지	www.clcbook.com
송금계좌	기업은행 073-000308-04-020 (사)기독교문서선교회

ISBN 978-89-341-1925-8 (03230)

이 도서의 국립중앙도서관 출판예정도서목록(CIP)은 서지정보유통지원시스템 홈페이지(http://seoji.nl.go.kr)와 국가자료공동목록시스템(http://www.nl.go.kr/kolisnet)에서 이용하실 수 있습니다.
(CIP제어번호: CIP2019000272)

이 책의 저작권은 저자와 (사)기독교문서선교회가 소유합니다. 신저작권법에 의하여 한국 내에서 보호 받는 저작물이므로 무단 전재와 무단 복제를 금합니다.

에덴 탐사 보고서

아담은 빅뱅을

황의찬 지음

아담 하와 인생 대장정
시작에서 생략된 과거 이론

알고 있었다

CLC

목차

- '에덴 탐사 보고서' 시놉시스
- 저자 서문   8

제1부   에덴 동산 안에서

1. 막힘 없는 완전한 소통   13
2. 자축인묘 사오미   19
3. 일심동체 교향악   25
4. 꽃뱀의 디스플레이   30
5. 그 결정 내가 할 거야   37
6. 멍에를 멘 소가 쟁기를 끈다   46
7. 베누스 푸디카   53

제2부   에덴 동산 밖에서

8. 원조 인디아나 존스   61
9. 하와는 생리통, 아담은 물갈이   71
10. 물살에 떠내려간 무스탕   76
11. 아담 문답 - 샛별과 강   86
12. 하와 문답 - 바위와 나무   95

제3부   **번성**

13. 덕순이, 옥자, 삼순이   102
14. 가인, 아벨, 삼돌이   111
15. 미루와 세리 스캔들   117
16. 아프리오리, 선험, 추체험   123
17. 버선목이라 뒤집어 보일 수도 없고   133
18. 불타오르네   139

제4부   **변명 vs 변증**

19. 내가 아우를 지키는 자입니까?   149
20. 범인은 반드시 현장을 다시 찾는다   155
21. 가인 변명 – 어드밴티지   163
22. 아담 변증 – 아는 것   182
23. 하와 변증 – 믿는 것   189
24. 믿어야 이해되는 시작의 꼭짓점   198

제5부   **회심**

25. 가인의 터닝 포인트   214
26. 살길은 험산 준령 너머에   226
27. 가인 성읍 놋 땅을 찾아가다   234
28. 에녹과 함께 돌아오는 길   248

부록   **시작에서 생략된 과거 이론**

° 에필로그   264

저자 서문

황의찬 목사

  우주가 팽창하고 있다는 것을 발견하면서 성경은 새로운 도전에 직면했다. 이는 마치 태양이 지구 주위를 도는 것이 아니라 지구가 태양 주위를 돌고 있다는 지동설이 분명해진 때에 버금가는 도전이다. 과학의 발전은 종종 성경에 대한 믿음을 허물어뜨릴 위기를 가져오기도 한다.
  허블망원경을 통해서 우주가 팽창한다는 것이 밝혀지자 그렇지 않아도 우주의 시작에 궁금증을 가지고 있던 과학자들의 호기심이 '폭발'했다. 텃밭에서 자라는 늙은 호박은 보름 전만 해도 젊은 호박이었다. 한 달 전에는 애동대동한 풋 호박이었다. 호박꽃이 채 떨어지기 전에는 도토리보다 작았다. 호박은 그렇게 시작했다.
  우주가 일정한 속도로 팽창하고 있다면 과거의 우주는 지금보다 분명히 더 작았을 것은 자명하다. 따져보았더니 138억 년 전에는 원소보다 작았다는 연구결과가 발표되었다. 그 작은 최초의 알갱이를 어떤 이는 '아일럼'(ylem)이라 부르고, 또 다른 과학자는 '스칼라 필

드'(scala field) 혹은 '인플라톤'(inflaton)이라 칭했다. 어떤 과학자는 '우주의 알'(cosmic egg), 최근에는 '특이점'(特異點, singularity)으로 부른다.

특이점이 "꽝!"(영어로 'bang') 하고 엄청나게 큰 소리를 내면서 폭발한 다음, 급속도로 온도가 낮아지는 대신 엄청난 에너지를 발산하기 시작했다고 주장했다. 이 주장이 '빅뱅이론'(big bang theory)이다. 문제는 그 알갱이의 정체는 무엇이고 그게 왜 갑자기 폭발했으며 폭발 후 팽창하는 원인이 무엇인가이다. 빅뱅이론은 특이점이 창조의 근원이며 현대 물리학의 법칙들을 만들어 낼 수 있는 속성을 내재한 물질이었다고 '믿고' 시작한 과학이론이다.

여기에 다윈의 진화론이 보태지니 금상첨화가 되었다. 빅뱅 이후 모든 것들이 진화하면서 오늘날 우리 자신은 물론 우리가 보는 세상이 되었다는 것이다. 우주의 생성에 절대적 존재의 간섭이나 전능자가 개입했으리라는 여지를 두지 않고 설명하려는 이들이 있다. 그들에게 빅뱅 & 진화론은 최고 최선의 성과로서 믿고 수용할 만큼 멋들어진 모양을 갖춘 과학이 되었다.

과학의 눈부신 업적에 비해 성경의 창세기가 말하는 하나님의 창조는 초라해 보이기까지 하다. 손꼽히는 신학자와 교계에 영향력이 대단한 목회자는 물론 많은 기독교인이 빅뱅 & 진화론을 은근슬쩍 받아들였으니 말이다. 그들은 하나님의 창조와 빅뱅 & 진화론 사이에 타협안을 만들어냈다. 이를테면 '하나님은 빅뱅과 진화의 방식으로 천지를 창조했으며 진화는 지금도 진행되고 있다'라는 식이다. 이를 유신진화론이라 부르기도 한다.

이는 마치 과학이 지동설을 부인하고 천동설을 주장할 때 교회가 그에 부화뇌동했던 일과 매우 흡사하다. 교회가 앞장서서 지동설을 주장하는 자들을 축출했다. 그러나 지동설이 사실로 밝혀짐에 따라

기독교는 역사적인 망신을 자초했다. 과학은 끊임없이 발전하고 진보에 진보를 거듭할 것이다.

그때마다 신학은 어떻게 과학과 어깨동무를 해야 할까?

물론 하나님을 신앙하는 기독교인이 과학과 타협을 했지, 하나님이 그렇게 하신 것은 아니다. 하나님은 지금까지도 그래왔던 것처럼 종말의 때에 이르기까지 변함이 없는 분이라고 믿는 믿음이 기독인의 신앙이다. 세상의 대세가 빅뱅 & 진화론이라고 해서 적당히 타협했다가 나중에 그분으로부터 책망을 받을 수야 없지 않은가?

현대의 신앙인이 빅뱅 & 진화론을 내놓고 백안시하는 것은 전도 대상인 세상 사람을 교회로부터 멀어지게 하는 결과를 가져올 수 있다는 딜레마도 엄존한다.

그렇다면 기독교는 어떤 주장으로 하나님을 증거하며, 삶의 자리에서 마주치는 비기독교인들 즉, 빅뱅과 진화론을 지지하는 이웃과 어떻게 신앙의 담론을 펼칠 수 있을까?

이 책을 처음 구상했을 때는 "에덴 탐사 보고서"라는 주제로 에덴동산의 실태를 밝힘으로써 하나님의 엿새 창조가 현대과학의 이론과 어떻게 교감할 수 있을지를 모색했다. 여러 자료를 탐구하는 동안 저자의 전작『붕어빵』(밀알서원, 2017)과『밧세바의 미투』(CLC, 2018)처럼 스토리와 반전이 있는 소설 기법이 타당하다는 결론을 얻었다.

이 책의 주인공은 아담과 하와다. 성경은 아담과 하와에 대하여 많은 정보를 제공하지 않는다. 그러나 아담 하와는 원죄 없이 태어난 단 두 사람이고, 하나님과 직접 대면했으며, 하나님이 몸소 지은 가죽옷을 입었다. 아담 하와는 우월한 경력의 소유자다. 두 사람은 금지된 선악과를 따 먹음으로써 에덴에서 축출되었지만, 그의 후손은 번성했고 그의 후손 중에는 하나님을 기쁘게 한 사람의 계보가 끊어진 적이 없다.

성서에서 세세히 기록하지 않았다고 해서 아담 하와가 인격 없는 삶을 살았다고 볼 수는 없다. 모세가 기록한 창세기의 창조 관련 정보는 아담과 하와의 증언 혹은 변증이 전승의 근원이 되었을 것으로 짐작할 수 있다. 우리는 이를 근거로 성서 본문의 행간에서 마음껏 상상의 나래를 펴는 기쁨을 누려 마땅하다. 이 책에서 전개되는 아담의 파란만장한 일대기를 통하여 창세기의 천지창조 기사를 읽으면서 의아하고 궁금했던 주제에 대한 답을 들을 수 있기를 기대한다.

이 책을 낼 수 있도록 주제와 관련된 도서를 제공해 주신 CLC 박영호 박사님께 감사드리며 편집과 디자인으로 수고해 주신 분들께도 감사의 뜻을 표하고 싶다. 또한, 초고를 미리 읽어보고 도움을 준 주변의 동료 목사님들이 계시다. 성함을 거명하지는 않지만 진실로 감사드린다.

집필하는 동안 책에서 전개되는 주제들을 미리 설교로 전할 때, 기쁘게 아멘으로 들어주신 온고을교회 성도와 책을 집필하는 내내 곁에서 수고한 아내에게 감사하다. 기도로 지원한 딸과 사위에게 감사하다. 책을 쓰는 동안 미래의 애독자가 되어줄 손주 유채와 바울이의 재롱이 기쁨의 샘이 되었음을 고백한다. 그리고 하늘나라에 먼저 간 아들 금종이도 그리워하다.

이 책이 햇볕 아래 나오도록 허락하신
하나님께 최고의 영광과 지극한 감사를 드리며
2019년 1월

제1부

에덴 동산 안에서

이제 모든 짐승에게 물어보라 그것들이 네게 가르치리라
공중의 새에게 물어보라 그것들이 또한 네게 말하리라
땅에게 말하라 네게 가르치리라 바다의 고기도 네게 설명하리라
이것들 중에 어느 것이
여호와의 손이 이를 행하신 줄을
알지 못하랴(욥 12:7~9).

1.

막힘 없는 완전한 소통

 기분 좋은 잠을 자고 눈꺼풀을 치키려는 눈썹 사이를 동녘 햇살이 간지럽힌다. 양손은 엄지손가락을 위쪽으로 한 채 가볍게 바닥을 짚었다. 허리에 힘을 줘 배꼽 아래 뱃살은 보기 좋게 겹으로 주름질 준비를 한다. 흙 아담의 남성은 방광에 가득 찬 오줌이 아니라 충만한 젊음으로 솔잎을 비집고 솟아나는 이슬 머금은 송이버섯 모양으로 발기했다.
 한 번 더 자상한 눈길로 흙 아담을 어루만지며 깨울 준비가 되었음을 확인하는 그의 모습은 딱 '아버지'이다. 그는 아버지가 되어 아들의 잠을 깨우려 한다. 아침에 장성한 아들을 깨워 일으키는 아버지의 형상 중에서 완결된 모양이 있다면 지금 이 순간이다. 최적의 기분으로, 가장 상쾌하고도 힘찬 모습으로, 잠자리에서 일어나려는 아들의 모습 중 완벽한 장면이 있다면 지금이 그때다.
 머리끝부터 발끝까지 어느 한 군데 아쉽거나 빠짐이 없다. 이만하면 되었다. 그러나 한 번 더 생각해 본다. 생령이 되어 일어난 아담이 두리번거리면 안 된다. 에덴 동산 풍경에 낯설어해도 안 된다. 혹여 아담이 눈을 뜨자마자 자신의 아침잠을 깨워준 분에게 "너는 누구냐" 한다거나, 기억상실증 환자가 갑자기 과거의 기억을 되찾은 양 놀란 표정으로 "내가 왜 여기 있지" 혹은 "여기가 어디지" 해서도 안 된다.

"우리의 형상을 따라 우리의 모양대로 사람을 만들자!"(창 1:26).

이렇게 정하고 흙으로 빚어낸 청년이다. 이미 닷새에 걸쳐서 사람이 살아갈 환경은 충분히 조성했다. 오늘 비로소 사람을 지음으로써 창조에 방점을 찍는다. 창조주는 천천히 허리를 구부리고 얼굴을 흙사람의 코에 가까이 댄다. 깃털처럼 부드럽고 꽃잎처럼 향기롭게 생기를 불어넣는다.

"후우우~"

흙으로 빚었어도 색깔은 물론 모든 부분이 워낙 정교한 탓에, 생기가 온몸으로 스미는 특별한 기미는 없다. 제법 오래전부터 그렇게 해 온 것처럼 아담은 반달 눈을 떴다. 자기 얼굴 가까이에서 향기롭게 바람을 일으켜 깨워준 분을 지그시 바라본다. 흐뭇한 표정으로 속눈썹이 그분 얼굴에 닿을 만큼 가까이 갖다 대며 말한다.

"아침이에요?"

그분은 빙그레 웃음으로 답하며 아담과 눈을 맞춘다. 이미 세 번째 떠오르는 아침 해가 아담이 깨어나기를 기다렸다는 듯이 대답해 준다.

"아직 운무가 덜 가셨지만, 아침이야, 오늘 하루도 멋지게 시작하자, 아담!"

"오늘 하루'도'라고 했어?"

"아담 넌 첫 아침이지만 난 이미 세 번째 연출하는 아침이거든!"

"아, 맞다! 나에게는 첫 아침이지만 너는 세 번째로구나!"

아담이 아침 공기를 마시며, 자신을 깨운 '아버지'의 자애로운 실루엣 뒤로 시선을 주며 해에게 대답했다. 아담이 침대 삼아 누웠던 너럭바위에서 가뿐하게 일어나 땅바닥으로 내려선다. 아담의 맨발 아래로 밟히는 키 작은 풀싹이 아담과 해가 나누는 대화에 끼어든다.

"아담, 오늘도 기분이 좋구나?"

"아차, 풀잎, 미안해, 내가 밟아도 괜찮지?"

"그럼 괜찮고말고! 밟히는 게 오히려 즐거운 걸!"

"고맙다!"

"고맙긴!"

"오늘 동물에게 이름 지어 불러 줄 것을 생각하니 기분이 좋아!"

아담이 대답하며 자신이 누웠던 자리를 내려다보는데 바위 아래에 아주 작은 벌레가 있다.

"안녕?"

아담이 먼저 인사를 건넨다.

"안녕! 오늘 우리 이름도 지어 줄 거야?"

"그래 지어 줄 테니 이따가 햇살이 포근해지거든 폭포 아래 호수 광장으로 와."

"우리가 거기에 도착하려면 지금부터 부지런히 기어가야 하겠는걸!"

"그렇게 하렴, 나도 서둘러야겠어!"

아담은 잰걸음으로 '비손' 강가로 갔다. 비손 강에는 폭포가 있다. 떨어진 물이 호수를 이루고 맴돌다가 강 하류로 흘러간다. 연못 옆에는 꽤 널따란 광장이 있다. 아담은 광장을 가로질러 오래전부터 그래 왔던 것처럼 가뿐하게 도약하더니 "풍덩!" 소리를 내며 뛰어들었다. 물고기들이 화들짝 놀란다. 어떤 녀석은 물방울과 함께 연못 바깥으로 팽개쳐졌다. 아담이 얼른 헤엄쳐 나와 손을 뻗어 파들거리는 녀석을 조심스레 거머쥐더니 웅덩이 안에 놓아준다.

"이렇게까지 친절하지 않아도 되는데!"

"아니 그럼 네가 어떻게 물속으로 다시 들어올 건데?"

"나 '개구리'거든!"

"아 맞다! 근데 내가 마음속으로 네 이름을 '개구리'로 할 줄 어떻게 알았어?"

"그냥 해본 소린데 이심전심이었네!"

"하하하!"

"우리 이름은 꼭 '개구리'로 불러줘야 해!"

"알았어! 그런데 너희들 앞다리 뒷다리가 나오기 전 이름도 있어야 하는데?"

"개구리는 '올챙이' 적 모르잖아, 우리는 거기까지는 관심 없어!"

"관심 없다면서 네가 이름을 다 짓는구나?"

"말하자면 그렇다는 거지!"

"'올챙이' 이름 참 귀엽지? 나중에 그걸로 불러 줄게!"

해학을 섞어 개구리와 수작하며 아담은 침 자국과 눈곱을 씻어내고 밤새 참았던 볼일도 봤다. 폭포 쪽으로 다가가 떨어지는 물을 머리로 받아보기도 하며 몸 풀듯 헤엄쳤다. 연못에서 나온 아담은 넝쿨이 우거져 터널 모양이 된 수풀 속으로 갔다. 머리 위로는 때마침 벌어진 '으름'이 아침이슬을 털어내고 있다. 한 송이 따기 위해 고개를 들자 으름 넝쿨 사이로 들어온 햇살이 눈에 부시다.

"오늘은 으름이 조반인 게야?"

"왜 더 좋은 거 있어?"

"아냐! 그냥 해 본 소리지, 지금은 으름이 제철이기는 해!"

"마치 더 좋은 요기 거리가 있다는 뜻으로 들리는데?"
"으름을 먹고, 오른쪽 수풀로 열두 걸음을 떼면 거기 머루가 잘 익었지!"
"그건 나도 알지!"
"어떻게 알았어?"
"이 동산에 내가 모르는 식물이 어딨어?"
그때 뭉게구름이 햇살을 가리고 나선다.
"구름아, 나 이따가 낮잠 한숨 자야 하거든?"
"알고 있어!"
"그때 부탁해! 눈치 없이 햇살이 눈꺼풀에 앉으면 눈이 부시잖아!"
"내가 알맞게 가려줄게! 그리고 축하해!"
"어떻게 알았어?"
"소문이 다 뻗쳤는데 뭘!"
"그래? 축하 인사는 구름 네가 제일 먼저다! 고마워!"

아담은 으름, 머루를 따 먹고 다시 폭포 아래 호수 옆 광장으로 향한다. 숲속과 들판 여기저기서 각양의 짐승들이 광장을 향해 모여들고 있다. 그때 발밑으로 갑자기 "쉭쉭" 소리가 난다. 아담이 내려다보니 땅에 납작 엎드려 요리조리 제법 빠른 속도로 달리는 녀석이 있다. 그가 먼저 아담에게 말을 건넨다.

"아담!"
"응!"
"축하해!"
"고마워!"
"근데, 소문에 들으니 아담의 배필이 대단한 미인은 아니라던데?"
"그런 소문이 있다는 거 나도 알고 있어!"

"아쉬워?"

"아니 뭐, 꼭 그런 건 아니야! 얼굴만 예쁘다고 좋은 게 아니고, 마음이 고와야지! 그리고 무엇보다 성품이 중요하다고 생각하고 있어!"

"듣고 보니 조건이 까다롭구나! 암튼 마음에 쏙 드는 짝과 맺어지기를 바라!"

"고마워!"

"근데 내 이름은 뭐라고 불러 줄 건데?"

"아주 적합한 거로 생각해 둔 게 있지!"

"그게 뭔데?"

"성급하기는, 조금 기다려, 모두 모인 곳에서 순서대로 이름을 불러 줄 테니!"

"궁금하다, 미리 알려줄 수 없어?"

"약속된 거 알잖아? 약속대로 해야지, 네 이름만 미리 귀띔하는 것은 순서에 어긋나!"

"미리 말해준다고 어디 덧 나거나 하지는 않지, 암튼 알았어!"

"그래 이따 보자!"

아담은 요 녀석을 '배암'으로 부를까 '뱀'으로 부를까 망설이고 있었다. 음절과 음률을 고려하면서 걷는다. 광장이 가까워져 오자 하늘을 나는 새들이 근처의 나뭇가지를 온통 점령하고 저마다 소리를 내는데 마치 교향악단이 연주 직전 오보에나 피아노 절대 음에 맞춰 악기를 조율하는 듯하다.

2.

자축인묘 사오미

"아담아!"

"예, 하나님!"

"예정한 대로 들짐승과 공중의 새와 가축의 이름을 정해서 부르도록 하자!"

"예, 하나님! 이 동물들도 모두 저처럼 하나님께서 흙으로 빚어 지으셨군요?"

"그렇지!"

"날개 있는 새는 어제, 땅에 기는 가축과 짐승은 오늘 지으셨으니, 저랑 생일이 같아요!"

"그래서, 아담! 너의 기분이 언짢으냐?"

"아닙니다! 하나님! 언짢기는요! 저 오늘 컨디션 만점입니다. 아주 좋아요! 새와 동물에게 썩 잘 어울리는 이름을 지어 부를 겁니다! 곁에서 봐주세요!"

"아무렴! 그래야지, 아담의 기분이 좋으니, 나도 기분이 참 좋다!"

"이제 시작을 해도 되겠습니까?"

"그렇게 하자, 네가 이름을 지어 부르기 쉽도록 내가 공중의 새와 뭍의 짐승들을 차례로 나오도록 해 줄 터이니 네가 생각해 둔 이름으로 불러 주어라!"

"공중의 새들부터 할까요?"

"아니다. 집에서 기르는 가축부터 이름을 지어주고, 그다음에 공중의 새, 나중에 들짐승의 순서로 하자!"

"알겠습니다. 저도 생각해 보니 그 순서가 맘에 듭니다. 늘 가까이 지내던 가축과 친숙하게 지냈으니 가축 이름 짓기부터 시작하는 것이 좋을 것 같습니다!"

"내가 다 알아서 배려했느니!"

"감사해요! 하나님!"

그때 아담의 발밑으로 입이 뾰족하고 몸통은 주먹보다 조금 작고 꼬리는 제 몸만큼이나 긴 녀석이 "찍찍!"하며 지나갔다.

"'생쥐!' 네 이 녀석, 그렇게 발밑으로 갑자기 지나가면 어떻게 해? 하마터면 내가 너를 밟을 뻔했잖아!"

"하하, 아담아! 네가 '생쥐' 이름을 맨 먼저 지어 불렀구나!"

"죄송해요! 하나님! 요 녀석이 발밑을 지나가는 통에 깜박하고 생각해 두었던 이름을 그만 급하게 불렀어요! 얄미우니 앞에 '생'자는 빼고 '쥐'라고 불러 줄까 봐요!"

"그것도 괜찮겠다! 자, 네 앞으로 가축이 지나가게 될 것이다!"

"이 녀석은 수컷이니 황소라고 부르겠어요! 털이 덮여있고요, 힘이 좋아요!"

"그러면 암컷은 뭐라 부를 테냐?"

"그냥 소라고 하든지 아니면 '암소'라고 할 겁니다. 그리고 요 녀석들의 새끼는 '송아지'라고 귀엽게 불러 주려고요!"

"하하, 그거 좋구나!"

황소와 암소가 아담 앞을 지나가는데, 맨 나중 순서를 기다리느라 여기저기서 한가롭게 노닐던 들짐승 무리에서 짧은 털에 줄무늬가 있고 날쌔며 이빨이 날카로운 녀석이 갑자기 산이 쩌렁 울리도록 큰 소리를 냈다.

"어흥!"

아담이 소리 나는 쪽을 바라보고 외쳤다.

"호랑이, 너! 조용해야지, 내가 순서대로 이름을 지어 부를 거 아냐?"

갑자기 동물들이 웅성웅성한다. '어흥' 소리에 놀란 아담이 쳐다보고 조용히 하라며 생각해 두었던 이름이 입 밖으로 튀어나왔기 때문이다. 산 중 호걸 호랑이의 이름이 그렇게 불렸다.

아담이 하나님 얼굴을 바라보니 흐뭇한 미소를 머금고 계신다. 아담은 다음 가축을 주시했다. 두 귀를 늘어뜨리고 있다가 쫑긋 세운 모습이 귀여운 녀석이다. 앞발을 깜찍하게 내디딘 다음 등을 동그랗게 오므렸다가 뒷다리를 필요 이상으로 높이 쳐들며 깡충 뛴다.

"토끼야!"

토끼 수컷이 알아들었는지 암컷 등에 올라탄다. 암컷은 흔쾌히 수컷의 기분을 맞춰준다. 짧은 순간 이 녀석들은 짝짓기를 마치고 수컷이 뒤로 벌렁 나자빠졌다. 그 모습을 본 새와 들짐승 가축 모두 깔깔대며 웃는다.

아담도 웃음을 짓고 다음 차례가 누군지 고개를 돌리려는데, 광장으로 오는 길에 자기 이름을 미리 알려달라고 했던 녀석이 가축들의 발밑으로 요리조리 몸을 틀면서 걸어와 아담의 무릎까지 머리를 쳐들고 빤히 쳐다본다.

"뱀! 너는 성질도 참 급하구나!"

'배암'으로 할까 '뱀'으로 할까 하다가 한 글자 '뱀'으로 불렀다. 순서를 어긴 아담은 다시 하나님을 쳐다본다. 여전히 너그러운 웃음을 띠고 계시다. 이름을 지어 부른다는 것은 순간순간 머리에 떠오르는 아이디어를 잘 살려야 한다. 창의성을 발휘할 때는 순서가 중요하지 않을 수도 있다. 아담은 수많은 생각을 정리하면서 생물의 이름을 불러 주어야 한다. 하나님도 이를 알기 때문에 넌지시 바라본다.

아담은 뱀 한 쌍이 지나간 것을 보고 다시 시선을 당겨 가축의 무리를 바라본다. 자기 차례를 인내하면서 기다렸다는 듯이 앞발을 땅에 굳건하게 버티고 서서 목을 곧게 치켜 올리자 갈기가 바람에 멋지게 휘날린다.

"말! 너는 '말'이야! 온몸에 아름다운 줄무늬가 있는 말은 '얼룩말'이라 불러 준다!"

자기 이름에 흡족해하면서 들판으로 뛰어나가는 한 쌍의 말 뒤에는 뿔이 둥그렇게 귀밑으로 휘어져 내려오고 털이 토실토실한 녀석이 두리번거리고 있다. 암수 두 마리가 서로 짝 달라붙어서 떨어질 줄을 모른다.

"이리와! '양!' 너희는 양이야!"

양으로 불린 녀석들이 기분 좋게 다가오려는데, 암수 두 마리 틈으로 뿔을 들이미는 녀석이 있다. 얼른 보기에는 색깔도 모양도 비슷했지만, 이 녀석은 꼬리를 위로 치켜들고 있다. 금방 호명을 받은 양은 꼬리가 아래를 향한다. 꼬리를 치켜든 녀석들이 양 틈에 뿔을 들이밀자 두 마리 양이 양쪽으로 비켜선다.

"요놈들! 그러잖아도 너희를 위해 내가 생각해 둔 이름이 있다. 너희는 '염소'라고 부르겠어! 어때, 이름이 마음에 들지?"

한 쌍의 염소는 자기들이 뿔로 들이받아 비켜서는 양들을 계속 쫓아가면서 장난친다. 자기 이름에 대해서 별로 관심이 없는 것처럼 말이다. 자기 이름이 맘에 안 든다면 다른 이름으로 해 줄 생각도 없지 않았던 아담은 양과 염소가 함께 뛰어가는 곳을 잠시 물끄러미 바라봤다. 양과 염소 두 쌍은 서로 장난치면서, 끝물 열매 몇 개를 달고 있는 바나나 나무 뒤쪽으로 돌아간다. 아담이 그들을 물끄러미 바라보는데 커다란 바나나 잎사귀를 젖히며 나타나는 앙증스러운 동물 한 쌍이 있다. 동물 중에서 아담의 외모를 가장 많이 빼닮았다. 두 마리가 서로 손을 잡고 동그란 눈을 사람처럼 뜨고 아담을 바라본다.

"아, 너희들 원숭이구나!"

들에 사는 짐승 중 드물게 앞발을 손처럼 쓰고 때로는 뒷발로만 엉금엉금 서서 다니기도 한다. 아담은 하나님께 왜 원숭이를 사람 모양과 비슷하게 지었냐고 여쭤보리라는 생각을 불현듯 한다. 하나님은 뭐라고 대답해 주실까?

잠시 생각에 잠기는데, 그때 아담의 발 앞으로 빨간 벼슬이 맨드라미꽃처럼 생긴 녀석 한 쌍이 다가와 있다. 새라고 하기는 그렇지만 어쨌든 집에서 키우니 가축임은 틀림없다. 이 녀석들은 "꼬끼오!" 하면서 새벽잠을 깨운다.

"닭! 너희들 차례였구나! 너희는 '닭'이야, 수컷은 '장닭'으로 불러 준다!"

암탉은 하루에 한 개씩 알을 낳는다. '닭'이라는 이름을 얻은 이들은 머지않아 아담의 후손들 사이에서 '닭이 먼저냐, 달걀이 먼저냐?'는 속담에 등장하게 될 녀석들이다. 닭이 이름을 얻고 푸드덕하며 돌아서자, 어느새 다가와 아담의 종아리를 핥으며 꼬리를 살래살래 흔드는 녀석들이 있다. 이제는 자기들 차례임을 알았는지 멍멍 소리를 내면서 아담을 재촉한다. 이들은 장차 사람과 가장 가깝게 지내게 될 터이다.

"그래그래, 알았어! 귀여운 '강아지!' 너희들은 강아지야! 그러나 다 자랐으니 '개'라고 부르겠어, 어때 마음에 들지?"

아담이 이 녀석들의 이름을 한 글자로 했기 때문에 향후 사람들은 개라는 글자 앞에 여러 가지 의태어 의성어를 붙여 부르게 될 것이다. 또 사람들은 '개'라는 낱말에 다양한 의미를 부여하면서 사용하고, 이 낱말이 접두어가 되어서 언어 사용에 다양성을 줄 것이다. 다음은 긴 주둥이로 땅을 헤집으며 꿀꿀거리는 녀석들 차례다.

"돼지야! 앞으로 너희를 '도야지'라 부르기도 하겠지만 표준말로는 돼지라 하겠어!"

돼지는 자기 이름에 대하여 흡족한 듯이 긴 주둥아리를 좌우로 흔들어대는데, 그때마다 엉덩이가 입과 반대편으로 뒤뚱거리고, 동그랗게 꼬인 꼬리는 있지도 않은 파리를 쫓아내려는 듯이 연신 자기 엉덩이를 토닥거린다.

아담은 속도를 냈다. 이렇게 여유롭게 하다가는 시간이 너무 오래 걸릴 것 같았기 때문이다. 가축에 이어서 공중을 나는 새 이름을 서둘러 불렀다. 독수리, 매, 까마귀, 비둘기, 백로, 앵무새, 참새, 박새, 딱따구리…

들의 짐승 이름도 빠른 속도로 불렀다. 짐승들은 아담의 뜻을 헤아리고 잘 호응해 주었다. 사람을 제외한 모든 생물은 하나님의 명령에 절대복종한다. 하나님 앞에서 그들은 오로지 "예"만이 가능하다.

3.

일심동체 교향악

　아담 자신도 대견하리만치 이름 지어 부르기는 만족스럽게 끝났다. 아담이 작명의 긴장 끝에 여유를 가지며 깊은 호흡을 하는데 잠이 쏟아진다. 마침 너럭바위가 무릎 높이로 놓여있어, 아담은 거기에 엉덩이를 내리고 윗몸을 길게 눕히며 스르르 잠에 빠져들었다.
　하나님은 잠든 아담이 숙면하도록 배려하면서 아담의 왼쪽 갈비뼈 하나를 취했다. 갈비뼈 하나가 빠져나가니 허전함을 느꼈는지 아담은 왼쪽으로 몸을 돌려 눕는다. 하나님은 아담의 갈비뼈를 들고 보라색 꽃이 만발한 등나무 덩굴 아래로 갔다. 거기에 땅에서 무릎 높이까지 오른 다음 기묘하게 꼬이고 얽혀 사람 한 명이 앉기에 알맞은 곳이 있다.
　햇살과 바람이 아담의 갈비뼈를 포근히 감쌀 때 하나님은 갈비뼈를 중심으로 살을 채웠다. 흙으로 아담을 빚어낼 때처럼 진지하게 모양을 잡았다. 이렇게 지음을 받은 여자도 아담처럼 완벽한 지정의를 지닌 인격체여야 한다.
　하나님의 지음으로 된 여인이 의식이 들었을 때, "이게 무슨 상황이지?" 한다든가, 주변 환경에 낯설어 쩔쩔맨다면 그것처럼 낭패가 또 어디 있을까?

하나님은 의자 모양의 등나무 덩굴에 앉은 자세로 여자를 짓고, 오른손을 잡아 조심조심 일으켰다. 여자도 지음을 받은 그 날 결혼이 예정되어 있다. 여자는 하나님 손에 이끌려 사뿐히 일어선다. 그녀는 지금이 어떤 상황인지 잘 안다. 결혼의 의미와 자신이 여성이라는 젠더의 정체성도 완벽하다. 남편의 의미와 가정이 무엇인가에 대해서도 알며, 자녀를 생산하는 이치와 양육하는 모성도 뜨겁게 갖추고 있다.

여자는 하나님이 내민 손을 우아하게 잡고 일어서며 첫 호흡을 시작한다. 하나님과 여자는 아담이 있는 곳까지 행진했다. 때맞춰 아담은 꿀잠에서 깨어났다. 아담이 자리에서 일어나 하나님의 손을 잡고 다가오는 여자를 바라본다. 얼굴보다 성품이 중요하다고 말했었지만, 지금 보니 환한 미소와 풍성한 가슴, 잘록한 허리, 튼실하고 암팡진 엉덩이가 드러내는 몸매와 알맞은 키는 물론 걸음걸이까지 딱 자기의 이상형이다. 아담은 첫눈에 반하여 탄성을 지른다.

"이는 내 뼈 중의 뼈요 살 중의 살이라 이것을 남자에게 취하였은즉 여자라 부르리라"(창 2:23).

아담이 여자의 오른손을 살포시 받아 줬었다. 이내 허리를 서로 감싸 안고 눈을 맞춘다. 코를 비켜 입을 맞춘다. 아담이 두 무릎을 약간 구부리면서 여자의 무릎과 무릎 사이를 헤집었다. 여자는 알았다는 듯이 두 무릎을 벌리며 살짝 도약하여 아담의 허벅지에 걸터앉는다. 아담은 여자의 엉덩이를 잡아당기며 자기에게서 나간 갈비뼈를 확인이라도 하겠다는 듯 천천히 속살을 비집었다. 이에 호응하는 여자는 아담의 나머지 갈비뼈는 물론 남자의 머리끝부터 발끝까지 모두를 흡입하고야 말겠다는 듯 힘껏 포옹했다.

하나님은 아담과 여자의 완벽한 어우러짐을 흡족하게 바라본다. 그 자리에 있던 온갖 새와 짐승과 가축도 두 사람을 바라본다. 원앙새 한 쌍이 부리를 맞대며 공중을 날아 두 사람을 한 바퀴 돌았다. 그것은 신호였다. 그에 맞춰 광장의 모든 생명 가진 것들이 소리내기 시작했다. 아무렇게나 지저귀는 소리가 아니다. 잘 조합된 절묘한 하모니다. 규칙적인 박동이 있는 행진곡풍의 축가다. 한 몸으로 어우러진 아담과 하와의 몸짓과 너무나 잘 어울리는 축포의 향연을 합주로 연출했다.

동물이 따로따로 소리 낼 때는 시끄러운 소리지만, 지금 이들은 보이지 않는 마에스트로의 능수능란한 지휘에 맞춰 각자가 가진 소리의 특성을 최적화하여 악보에 맞춘 듯 절묘한 교향곡으로 연주했다. 그날 이름이 불린 온갖 생명의 연주는 발단을 거치고 전개를 지나 서서히 절정으로 향했다.

아담과 여자, 둘은 서로가 '내 소유'를 몸소 확인하고, '내 것'임을 온몸으로 누렸다. 남자는 여자가 자기에서 취하여 지어졌음을, 여자는 남자의 갈비뼈가 자기의 연원임을 추호도 의심 없는 믿음으로 애무하면서 탄성을 연발했다.

마에스트로의 지휘봉이 잠깐 공중에 못 박혔다. 폭포수마저 그대로 멈춘 듯, 한순간 고요가 왔는가 했더니, 지휘봉과 폭포수가 다시 쏟아져 내렸다. 교향악은 대단원을 향하고 향연은 마무리되면서 두 사람은 포옹을 풀었다.

하나님이 엄숙하게 선포했다.

"이러므로 남자가 부모를 떠나 그의 아내와 합하여 둘이 한 몸을 이룰지로다!"(창 2:24).

아담과 여자는 하나님 앞에서 순종하는 의미로 경배했다. 아담과 여자는 하나님의 말씀 중 "부모를 떠나"라고 한 대목을 음미해 본다. 아담과 하와는 자기들이 지음을 받고 첫날 부부가 되었음을 안다. 자신의 과거는 기실 없는 '사실'임도 알지만, 기억 속에는 분명히 경험이 존재한다. 아담과 여자는 유년기 소년기 청년기는 물론 부모에 대한 경험을 손색없는 기억으로 가진 남녀로 지음을 받았다. 그들에게 하나님이 말했다.

"부모를 떠나…"

첫 사람이며 최초의 가정을 꾸린 아담에게 '부모'라고 했음이 의미심장하다. 아담은 자기 정체성을 분명히 알고 있는 청년이다. 하나님의 천지창조 사역의 여섯째 날이 자신의 첫날이 됨도 안다. 자신으로부터 인류가 나올 것도 안다. 하나님이 뒤에서 들려주시는 선포 즉, "남자가 부모를 떠나 그의 아내와 합하여…"라고 할 때도 그 말이 자신에게 어떤 의미인지 익히 알고 있다. 아담의 정서에는 아버지 어머니가 완벽하게 들어있다.

전능자 하나님은 아담을 지으면서 이 모든 것을 아담이 이해하고 받아들일 수 있도록 충분히 교감을 주고받았다. 아담은 여기에 완벽하게 공감하고 동의했다. 여자도 그렇다. '어머니'는 하와가 출산했을 때 실재가 된다. 아담과 여자는 지금 하나님의 창조 사역의 첫 번째 부부로 시작하게 됨도 익히 알며 동의하고, 모든 면에서 아쉬움 없이 충만한 가운데 첫걸음을 떼었다. 이는 신비지만 현실이었다.

남편 아담이 어떻게 부모를 떠나 자신에게로 와서 한 가정을 이루는 것인지 여자도 충분히 이해하고 있다. 여자가 이 순간에 누릴 것은 오직 기쁨이다. 이미 사랑해 왔으며 앞으로 영원히 사랑할 아담과 만나 결혼하여 가정을 꾸려나갈 것을 생각하니 감동이 벅차오른다. 이 둘의 결혼은 완벽했다. 이들은 "벌거벗었으나 부끄러워하지 아니"했다.

4.

꽃뱀의 디스플레이

   손가락에 침 발라 창호지에 구멍 뚫고 신혼 방을 들여다보는 훼방꾼은 아담 부부에게도 있었다.
   "쉬잇 쉿! 스르륵 스르륵."
   뱀이 짓궂게 아담과 여자의 내밀한 신방을 엿본다. 아담과 여자는 전혀 개의치 않는다. 마음껏 사랑을 나누고 마음껏 사랑을 누렸다. 여자에게 뱀이 말을 건다.
   "연못가에서도 그렇고, 지금도 그렇고, 그게 그렇게도 좋아?"
   "좋지 그럼!"
   "언제부터 이것이 그리도 좋은 걸 알았어?"
   "언제부터긴, 너도 잘 알잖아, 왜 뻔한 질문을 하고 그래?"
   "그렇긴 해! 근데 배고프지 않아?"
   뱀이 여자와 눈을 맞추고 옆에 있는 아담을 도외시한 채 이죽거리며 대화를 이어간다. 여자는 수다 떨 듯 응대한다.
   "우리랑 같이 나갈까? 뭘 좀 요기를 해야지?"
   "동산 중앙에 선악을 알게 하는 나무 열매가 참 좋아 보이더라!"
   뱀이 기다렸다는 듯이 응수했다.

"그건 안 돼!"
곁에서 묵묵히 듣고 있던 아담이 대꾸했다.
"왜?"
"동산에 열리는 모든 열매를 다 먹어도 되지만 그것만은 먹지 말라 하셨거든!"
"왜? 먹으면 안 된대?"
뱀은 시치미를 뚝 떼고 아담과 여자를 바라보면서 묻는다.
"선악과를 따 먹는 날에는 반드시 죽는다고 하나님이 말씀하셨어!"
"그래?"
"그렇다니까!"
아담은 뱀이 묻는 말에 대꾸해 주다가 뭔가 생각 난 것처럼 자리에서 일어선다.
"여기 있어! 내가 나가서 머루와 다래를 따올게!"
아담이 잠시 자리를 비웠다. 그사이에 뱀은 여자에게 바싹 다가서면서 자기 등의 비늘을 세웠다가 접고, 다시 세우기를 거듭하면서 햇빛을 반사하는 디스플레이를 한다.
"어머! 아름다워라! 내가 만져 봐도 돼?"
"응 만져 봐! 내 등의 무늬가 곱지?"
"그래, 정말 곱기도 하다! 이것 좀 봐! 빛이 무지개처럼 퍼진다!"
"내 등의 꽃무늬는 아무도 흉내를 낼 수 없는 기하학무늬야!"
"그러네, 정말 기하학적 무늬가 맞네!"
"그렇고말고! 근데, 머루 다래가 무슨 맛이래?"
"아담이 좋아하는 열매야!"
"그 사이에 나하고 잠깐 어디 좀 다녀올까?"
"아담이 곧 올 텐데?"

"아담이 다니는 곳을 나도 아는데, 그가 도착하기 전에 우리가 갔다 올 수 있어!"

"그럼 얼른 다녀올까?"

여자는 뱀을 따라나섰다. 햇살이 뱀의 비늘에 반사하여 나뭇등걸과 이파리, 때로는 풀잎에도 반짝인다. 그 모습에 취해서 여자는 종알종알 따라간다. 뱀이 앞장서 당도한 곳은 선악을 알게 하는 나무 아래다.

"이렇게 맛난 열매를 안 따 먹고 지나친단 말이야?"

"하나님이 먹지도 말라, 만지지도 말라, 너희가 죽는다 하시니 아예 눈길도 주지 않았지!"

"아무리 그래도 그렇지, 참새가 방앗간을 어찌 그냥 지나갈 수 있어? 저기를 좀 바라봐!"

"응! 열매의 때깔이 너무 곱다!"

"그렇지?"

"지금 보니까 더 싱그러워!"

"색깔만 고운 게 아니잖아? 맛은 어떨 거 같아?"

"오늘 보니까 모양도 그렇고, 동산 과일 중에 제일 맛날 거 같아!"

"그래서 내가 여기로 와보자고 한 거야!"

"저걸 한 입 베어 물면 눈이 번쩍 뜨일 것 같다!"

"그치?"

"그래도 따 먹으면 안 돼!"

"왜 안 돼?"

"선악과를 따 먹는다는 것은 하나님께 순종하는 길에서 벗어나는 것을 의미하거든!"

"하나님이 아님, 누구에게 순종하게 되는 건데? 이 동산 안에 하나님 말고 순종할 이가 누가 또 있어?"

"네 말 듣고 보니 맞다! 저걸 따 먹는다고 그것이 하나님께 불순종하는 것도 아니네!"

"그렇다니까, 이 동산에서 선악과 안 먹어 봤다면, 아무것도 안 먹은 거나 마찬가지야!"

"아니야! 그래도 나는 저거 안 먹을 거야!"

"누가 들으면 내가 너에게 억지로 강요하는 줄 알겠다!"

삐친 것처럼 뱀이 여자의 발등을 스치면서 선악과나무에 오르기 시작했다. 많은 열매 중에서 여자 눈에 가장 탐스럽게 보이는 선악과 열매 쪽 가지를 탄다. 그러자 가지가 약간 아래로 늘어지면서 여자의 손에 닿을 수 있는 거리가 됐다. 여자는 손을 뻗었다.

"어머나, 촉감도 너무너무 부드럽다. 향기도 최고네!"

열매를 딴 여자는 우아한 동작으로 팔꿈치를 위로 올리며 한입에 베어 물었다.

뱀이 나무에 매달린 채 한마디 보탠다.

"선악과 먹고 죽는다는 말은 옳지 않아! 오히려 하나님처럼 지혜로워질걸?"

그때 저만치서 아담이 걸어온다. 두 손에 머루와 다래를 들고 있다.

"자기야! 내가 머루랑 다래랑 따 왔어!"

여자는 아담의 음성을 듣자 갑자기 마음이 조급해졌다. 아담이 가까이 오면, 지금 자기 손에 있는 선악과를 빼앗아 멀리 던져 버릴 것만 같았다. 여자는 선악과 한 개를 서둘러 입에 넣었다. 향기와 과즙이 한꺼번에 입안을 가득 채우고 아담의 코에까지 향기가 번졌다.

"자기야! 지금 뭘 한 거야?"

가까이 다가온 아담이 얼굴이 새파랗게 질리면서 여자를 힐책한다.

여자는 한순간에 세상을 달관한 현자의 얼굴처럼 되어, 뱀이 매달려 늘어진 가지에 달린 열매 한 개를 더 따더니 아담의 입으로 들이밀었다.

"일단 먹어나 봐! 먹고 나서 얘기해도 늦지 않아! 모름지기 남자는 여자 말을 잘 들어야 한다잖아!"

피해야 한다는 생각이나 어떤 판단을 할 수 있는 최소한의 순간마저 허용하지 않고 아담의 입술을 침범한 선악과 과즙이 아담의 입술과 아랫니 사이로 흘러들고 있다. 향기도 그렇고 맛도 그렇고, 다른 과일과는 뭔가가 한 차원 달랐다. 아담은 저항해야 한다는 생각 따위는 아예 없었던 것처럼 입을 더 벌린다. 여자는 아담이 베어 먹기 좋도록 넣어준다. 아담은 과즙의 맛과 향을 탐닉하면서 깨물었다.

"하나님 몰래 따 먹는 과일이 훨씬 더 맛이 있는 법이야!"

여전히 나뭇가지에 꼬리를 감고 매달려 있으면서 상반신을 나비처럼 나풀거리고 혀를 날름거리며 뱀이 말했다. 그의 말투에는 이미 어떤 거부하기 힘든 억압과 비아냥거림이 묻어있다. 마치 '너희는 이제 죽었다! 앞으로는 내 앞에서 꼼짝 못 하게 될걸!' 하는 뉘앙스다.

"거 봐라! 선악과 먹는다고 죽기는 왜 죽어, 세상이 더 환히 보이지?"

여자와 아담이 선악과로 배를 채웠다. 먹고 입에 남은 씨를 뱉으면서 두 사람은 서로의 알몸을 바라보았다. 여자의 두 눈이 게슴츠레해진다. 양 젖가슴의 꼭지에 돌기가 돋으며 발기하고 가랑이 사이는 축축해져 온다. 교태를 부리는 여자의 발기한 유두와 뒤로 빼돌리다가 다시 앞으로 가져오는 엉덩이를 아담이 거칠게 부여잡으며 자기의 남성을 밀착한다.

뱀이 바라보는 선악과나무 아래서 두 사람은 한참 동안 엉겨있다.

아담이 이윽고 자기 몸을 빼고 뒤로 물러 서려는데, 이번에는 여자가 아담의 엉덩이를 움켜쥔다.

"잠깐!"

"왜?"

"그냥 돌아서면 어떻게 해? 내가 부끄럽잖아!"

"부끄러워?"

"응! 저기 무화과나무 이파리 하나 따다 줘!"

"알았어!"

아담이 무화과나무 이파리 하나를 따왔다. 여자는 그걸로 아랫도리를 가렸다.

"보는 사람은 나밖에 없는데 왜 부끄럽다는 거야?"

"저기 뱀도 바라보고 있고, 나무와 풀숲이 우리를 보잖아!"

"그게 어쨌다고?"

"모르겠어! 이대로는 안 될 것 같아!"

여자는 자리에서 일어서면서 오른손으로는 젖가슴을, 왼손으로는 사타구니를 가렸다.

"아담! 자기도 그렇게 덜렁대며 서 있지만 말고 가릴 곳은 가려야 하잖아!"

"나도 가리는 것이 좋겠지?"

"당연하지! 석양 노을이 빨갛게 비치잖아!"

"빨개지면 안 되는 거였어?"

그러고 보니 아담 생각에도 감추는 편이 낫겠다 싶다. 왜냐면 남성의 심벌은 여성의 유두와 음부처럼 성적 욕구를 노골적으로 드러내기 때문이다. 수시로 발동하는 성적 욕구를 남들에게 들키지 않으려면 거기를 가리는 수밖에 없다고 생각했다.

그때부터 여자는 젖꼭지와 사타구니, 남자는 아랫도리를 드러내는 것은 나쁜 것이고 가리는 것이 선이라고 정했다. 이는 두 사람이 처음으로 정한 규정이다. 지금까지는 하나님이 모든 것을 결정했다. 그동안 아담과 여자는 하나님의 결정에 아무런 불편함이나 거부감 없이 순종했다. 그러나 이제부터는 아니다. 사사건건 이렇게 할 건지 저렇게 할 건지, 무엇이 선이고 무엇이 악인지에 대한 결정권을 아담과 하와가 거머쥐었다.

5.

그 결정 내가 할 거야

　에덴 동산에는 늘 알맞은 바람이 때에 맞춰 불어온다. 향긋한 냄새를 이리저리 퍼 날라, 동산에는 언제나 기분 좋은 향이 감돌았다. 바람이 실어오는 모든 냄새 중에 가장 좋은 향기는 하나님의 훈훈한 냄새다. 바람에 묻혀 하나님의 향취가 동산을 감쌀 때 동산은 평화에 겨워 가장 아름다운 빛을 발산한다. 아담과 여자는 그 냄새가 바람에 실려 오자 서로 마주 본다.
　"자기야! 우리 동산 나무 사이로 숨자!"
　"맞아! 그러는 것이 좋겠어!"
　두 사람은 수풀 속으로 들어갔다. 숲속 아름드리나무 뒤로 몸을 숨겼다. 그때 하나님의 음성이 들린다.
　"아담아 네가 어디 있느냐?"
　지금까지 아담이 들어왔던 하나님의 음성이긴 한데, 보통의 음성이 아니다. 심히 안타까워 실망에 찬 목소리다. 아담과 여자는 또 눈을 마주친다!
　"어떻게 하지?"
　아담이 속삭였다.

"어떻게 하긴, 대답하면 될 거 아냐?"
여자가 아담에게 눈을 흘기며 짜증스레 대꾸한다.
"알았다고오~, 근데 왜 짜증은 내고 난리야?"
"내가 언제 짜증 냈다고 그래?"
"흠, 흠!"
아담이 목청을 가다듬고 하나님의 부름에 대답한다.
"하나님의 소리를 듣고 내가 알몸이라서 두려워하여 나무 뒤로 몸을 가렸습니다!"
"크크!"
더듬거리면서 주저주저 대답하는 아담의 옆구리를 여자가 쿡쿡 찌르며 키득거렸다.
"누가 너의 벗었음을 너에게 알려주더냐?"
"저기…"
"내가 네게 먹지 말라 명한 그 나무 열매를 네가 먹었느냐?"
"이 여자가요!"
아담은 여자로부터 두어 걸음 떨어져 나무 뒤에서 앞으로 나오면서 변명한다.
"하나님이 저에게 배필로 주신 이 여자가 먼저 먹고, 나에게 억지로 권했습니다. 나는 먹지 말라고, 먹으면 안 된다고, 몇 번이나 분명히 말했습니다. 그러나…"
"그러나!"
"내가 머루와 다래를 따오겠노라 말하고 몇 송이 따 왔는데, 그 사이를 못 참고 이 여자가 선악과를 반쯤이나 먹고 있었습니다. 그리고 제 입에 들이밀었습니다. 어찌해볼 틈도 주지 않았습니다!"
아담은 여자를 나무 뒤에 두고 하나님 가까이 나아오고 있었다. 아담의 손에는 무화과나무 이파리가 들려 있다. 그걸로 자기 아랫도리를 가렸지만, 하나님께 자기변호를 하느라 이파리를 위로 치켜 올리며 털레털레 흔들기도 하다 보니 어느새 접히고 찢어졌다.

"먹는 날에는 반드시 죽으리라 한, 내 말이 생각나지 않더란 말이냐?"

"왜 생각나지 않았겠습니까! 생각나고말고요! 그러나 그때 분위기는 그런 것이 아니었습니다!"

"분위가 어떠했더란 말이냐?"

"좀 더 분명히 말씀드리자면, 여자가 이미 선악과를 먹고 눈빛이 달라져 있었어요! 만일 내가 거절하면 이 여자는 내 곁을 떠나버릴 것만 같았어요! 어찌 됐든 여자는 붙잡아야 하겠기에 제가 여자 곁으로 다가갔습니다. 선악과를 안 먹으면 저 여자와 함께하지 못할 것 같았어요! 그리고요, 여자의 주장을 무 자르듯 해서는 안 된다고 생각했어요!"

"내가 너에게 돕는 배필로 준 여자에 대하여 불만이 있다는 뜻이더냐?"

"꼭 그런 것은 아니지만요, 저에게는 결혼이 선택이 아니라 필연이었잖아요?"

"선택이 아니라 필연이었다고? 그런 측면이 없지는 않았다!"

"저에게도 여러 선택지를 주시고 그중에서 하나를 고르라 했었더라면 어땠을까 하는 생각이 들어요. 그랬더라면 제가 선택한 여인은 어쩌면 선악과를 따 먹지 않았을지도 모르는 일이잖습니까?"

"너의 변명을 들어는 준다마는, 네가 저 여자를 처음 봤을 때, 만일 그 자리에 다른 여자가 또 있었다면, 그 여자를 선택했을 거라는 뜻이더냐?"

"솔직히 그렇지는 않았습니다. 저 여자를 보는 순간 저의 마음에 티끌만큼의 미진함이 없이, 저 여자가 모든 면에서 완벽하게 좋아 보였습니다. 아니 좋았습니다. 그래서 제가 신부를 맞이하는 '신랑의 노래'를 불렀잖습니까!"

"그렇다면 지금 네가 나에게 하는 말들은 결국은 변명에 해당하겠구나!"

"변명이기는 하지만, 하나님께서 천지를 지으시면서 제가 첫 남성이 되었으니, 하나님의 뜻을 받들어 모든 것을 처음으로 시작해야 한다는 부담감이 어찌 저에게 없겠습니까, 그건 이를테면 장남의 부담과도 같은 그 어떤 것일 수 있다고 생각합니다!"

"너의 생각, 네가 말하고자 하는 의도, 내가 다 알겠다. 그러나 인류의 시작을 너와 저 여자, 단 한 쌍으로 시작하는 나의 의도를 너도 알고 있지 않았더냐?"

"예, 알고 있습니다. 하나님이 만일 선택적으로 맺어지는 수십 혹은 수백여 쌍으로 인류의 처음을 시작할 경우, 그들 각자의 후손들이 파당을 지어 그칠 줄 모르고 싸우게 될 것을 염려하신 것 알고 있습니다. 또 여러 부부 중에서 어떤 부부는 선악과를 따 먹고, 어떤 부부는 선악과를 안 따 먹었을 때, 그들 간의 극한 갈등이 문제가 되고, 그들의 후손 대대로 선악과를 따 먹은 조상의 후손과 그렇지 않은 조상의 후손 사이에서 야기되는 분란은 해결대책이 없어서 세상에는 평화가 없을 거라고 하신 말씀도 기억합니다! 저도 공감해요, 그러나 저 혼자 첫 사람이 된다는 일에 부담이 전혀 없다고는 말하지 못하겠어요! 물론 첫 사람이라는 영광스러운 느낌이 싫지는 않았지요, 그건 가슴 뿌듯한 일이기는 합니다!"

"그래 내 뜻을 잘 헤아리고 있어서 고맙구나! 그리고 또 한 가지,

인류의 시작을 서둘러서 여러 쌍으로 하여 급속히 번성케 해야 할 당위성도 없느니라! 그래서 너를 첫 사람으로 시작했고 짝을 지어줬는데, 네가 선악과를 따 먹었다니, 한탄스럽구나!"

"혹시, 하나님께서는 저희가 선악과를 따 먹으리라는 것을 알고 있지 않으셨던가요?"

"몰랐다고는 말하지 않으마. 그런데도 사랑하고, 또 사랑을 받아 보고자 했느니라! 나를 거역하고 선악과를 따 먹을 수 있음에도, 내 말에 순종하여 나를 사랑해 주기를 기대했느니라!"

"뱀을 지으시지 않았으면 좋을 뻔했습니다."

"그건 그렇지가 않아. 너희가 나를 사랑하기로 선택하려면 반대할 가능성도 똑같이 열어 두어야 하지 않겠느냐? 나는 어쩔 수 없이 마지못해 흉내나 내는 그런 사랑은 바라지 않는다."

"무슨 말씀이신지 알 듯하다가도 잘 모르겠습니다!"

"허허! 어쨌든 동산 중앙의 선악을 알게 하는 나무의 열매를 따 먹는다는 것이 어떤 의미인지는 충분히 알고 있으리라 여기는데 어떠냐?"

"잘 알고 있었습니다. 지금도 어떤 의미인지를 알지요! 그러나 마음의 생각으로는 알지만, 육신이 마음의 생각을 때로 거역하는 일이 있음도 압니다. 그런 중에도 하나님 사랑하기에 흔들림이 없었어야 했는데, 일이 이렇게 되고 말았습니다!"

"지금 너의 생각과 판단을 들어보고 싶다. 너는 선악과를 따 먹기 이전으로 스스로 되돌릴 수 있겠느냐?"

"상황도 그렇고, 저 자신도 그렇고요, 솔직히 되돌릴 수 있다고는 장담하지 못하겠습니다! 또 한편으로 생각해 보면 저도 알 만큼 알고, 이미 성인인데 저의 소견으로 세상을 바라보고 저의 선택에 제가 책임지는 삶이라야 하지 않겠습니까?"

"그렇게 생각했다는 뜻이구나!"

"네, 그리고 저희가 결혼할 때, 하나님께서 '남자가 부모를 떠나 그의 아내와 합하여 둘이 한 몸을 이룰지로다' 하시지 않았습니까?"

"네가 솔직하게 말하는 것은 좋다마는, 부모를 떠날 때 이렇게 거역하고 떠나라는 말이 아닌 줄을 너도 알고 있지 않으냐?"

"듣고 보니, 결과적으로 제가 하나님을 거역하고 떠나게 되었음을 인정합니다!"

여자는 그때까지 수풀 속에 숨어서 하나님과 아담과의 대화를 듣고 있었다. 하나님은 아담과 긴 대화를 일단 마치고 여자를 향했다.

"네가 어찌하여 이렇게 하였느냐?"

여자는 무화과나무 이파리를 손에 든 채, 엉거주춤 하나님 앞으로 모습을 드러냈다. 오른손으로는 가슴을, 왼손으로는 가랑이 사이를 덮었다. 그런 자세로 발을 떼어놓으니 한 걸음 한 걸음 옮길 때마다 허리 아래 엉덩이가 유난히 이쪽으로 저쪽으로 내둘렸다. 그렇게 몸을 비틀면서 걸었지만 대꾸하는 여자의 입은 대찼다.

"여호와 하나님! 지금 생각하니 뱀이 나를 계획적으로 꾀었습니다! 이제 알겠습니다. 뱀이 의도적으로 아담과 나 사이로 접근하여 우리를 꼬드겼습니다. 저는 그것을 눈치채지 못했습니다. 제 눈에 뱀 등의 꽃무늬가 진짜 아름다웠고요, 그 위로 비친 햇살이 너무너무 영롱했어요. 뱀이 그렇게 아름다운 모습을 보여주면서 의도적으로 선악과 쪽으로 가는 것을, 저는 전혀 눈치채지 못하고 따라갔습니다. 그때 아담은 과일을 따오겠다며 숲에 가 있었습니다. 아담이 잠깐 제 곁을 비운 틈을 뱀이 노렸던 것 같습니다. 지금 생각하니 이건 틀림없는 사실입니다. 여호와 하나님!"

"아담에게도 물었지만, 너에게도 물어본다!"

"예! 하명하시면 대답하겠습니다!"

여자는 참을성 없이 하나님의 말씀을 끊고 끼어들었다.

"선악을 알게 하는 나무 열매를 따 먹기 이전으로, 너 스스로 되돌아갈 수 있겠느냐?"

"…"

"왜 대답이 없느냐?"

"아담이 자신 없다고 대답했고, 저도…"

"그렇다면 내가 왜 선악을 알게 하는 나무 열매를 금했는지 그 의미를 알겠느냐?"

"어렴풋이 짐작할 수 있겠습니다!"

"말해 보겠느냐?"

"오직 하나님께만 순종하는 것이 더 큰 복락이라는 데에 동의가 되지 않았습니다. 유난히 선악과가 보암직하고 탐스러운 것에도 마음이 끌렸습니다. 선악과를 먹고 나서 알게 되었지만요, 저의 벗은 알몸을 제가 남들 앞에서는 가리는 것이 좋겠다고 제가 결정하는 것은 당연하게 생각됩니다. 자기 주도적인 결정권은 존중함이 마땅하다고 봅니다. 하나님과 대면할 때, 우리가 나무 뒤로 숨는 것도 꼭 나쁜 것만은 아니라고 생각됩니다."

"네가 지금 말한 그 생각들이 언제부터 시작되었는지 알고 하는 말이더냐?"

"네, 선악과를 먹은 이후에 생각의 물꼬가 틔었음을 스스로 느끼고 있어요!"

"허 참! 아담과 네가 내 명령을 어겼으니, 내가 진노하리라는 것도 알겠느냐?"

"이해하겠습니다. 저라도 화가 났을 거니까요!"

"나의 진노를 이제부터 너희가 감당해야 할 터인데, 각오는 되어 있느냐?"

"자기가 결정한 일의 뒤끝 책임은 자기가 감당하는 것이 옳다고 생각합니다!"

"세월이 흐른 후에 너희가 선악과를 따 먹기 이전으로 되돌리고 싶다는 생각이 들 수도 있지 않겠느냐?"

"지금 같아서는 그럴 리는 없을 것 같아요! 아담은 어떤지 몰라도 저는 그렇습니다!"

"알아들었다. 그러나 나는 너희와 너희의 후손 중에서 선악과를 따 먹기 이전의 상태를 그리워하는 날이 있을 줄로 안다. 나는 그때가 오기를 기다리려 하노라! 나는 그때가 오기를 간절히 기다릴 것이다. 또한, 틀림없이 마음이 내게로 향하는 자들이 있을 터이고, 그들의 마음이 간절해질 때가 올 터이니 나는 그때를 대비하노라!"

"…"

하나님은 이어서 뱀을 불러 그를 저주했다.

"너는 배로 다니며 살아있는 동안 흙을 먹을지며 여자와 원수가 되게 한다. 너의 후손도 여자의 후손과 원수가 되게 하리니, 언젠가 때가 되면 여자의 후손이 네 머리를 상하게 할 터인데, 너는 기껏해야 여자의 후손 발뒤꿈치만을 상하게 할 수 있을 뿐이니라."

"…"

뱀에게 간교함은 허락되었으나 창조주 앞에서 자기 의견을 드러내는 것은 허락되지 않았다. 하나님께 의사표시는 못하지만, 하나님이 뱀에게 간교함을 허락한 것은 사람에게 선택권을 보장하기 위함이다. 사람이 하나님께 순종하거나 불순종하거나 양자택일 조건의 균형을 위해서는, 하나님의 자비하심을 사람이 체감하는 만큼, 반대편의 유혹과 공작도 똑같이 균형의 눈금을 맞춰야 한다.

　하나님이 사람을 사랑하는 깊이만큼, 하나님께 불순종하도록 유혹하는 간교함도 깊어야 한다. 뱀은 간교함 때문에 하나님의 저주를 받게 되었지만, 그에 대해 불만을 가질 만한 품성은 부여받지 못했다. 하나님께 대한 사람의 불순종을 유도하는 쪽으로 뱀의 간교함이 쓰이는 것도, 결국은 뱀의 처지에서는 하나님께 대한 절대적 복종이다.

6.

멍에를 멘 소가 쟁기를 끈다

하나님이 창조한 에덴 동산은, 선악과를 따 먹지 않은 사람이 살기에 합당한 환경이었다. 범죄하지 않은 사람, 창조주 하나님께만 순종하는 사람, 하나님이 정하는 선악의 기준에 진정으로 동의하고 아무런 불만과 불평 없이 따라오는 사람, 마음을 다하고 목숨을 다하고 뜻을 다하고 힘을 다해 하나님을 사랑하며, 이웃을 자신과 같이 사랑하는 사람, 이들이 살기에 매우 합당한 환경으로 에덴 동산은 지어졌다.

동산 안의 두 사람이 선악과를 따 먹었다. 그때부터 에덴 동산은 그들에게는 마땅치 않은 곳이 되고 말았다. 선악과를 따 먹은 사람이 살아가야 할 세상은 에덴 동산이 아니다. 에덴에서 하나님은 아담과 하와 사이는 옷을 벗고 지내는 것이 선이라고 결정했다. 그러나 두 사람은 선악과를 먹은 이후 '부부일지라도 서로의 알몸은 부끄러운 것'으로 정함으로써 하나님의 결정과 충돌했다. 시간이 흐름에 따라 이러한 충돌 현상은 급속하게 확산할 것이다.

사람과 사람 사이에서도 충돌이 빈번하게 될 것이다. 지금 당장은 여자와 아담 두 사람이 합의하여 선악을 정하지만, 이들 둘 사이에서도 선악에 대한 기준이 상반되어 대립으로 치닫게 될 것은 명약관화하다. 나중에 이들의 후손이 번성하여 세상에 사람이 많아지면 모두가 자기의 입장이 선이고 상대의 입장은 악이라고 주장하게 될 것이다.

선악과를 따 먹은 아담 하와에게 에덴 동산은 돼지 목에 걸어준 진주 목걸이요, 개 발바닥에 붙여준 편자이다. 선악과를 따 먹은 아담 하와는 사사건건 맞부딪힐 터인데 에덴 동산에는 그 싸움을 멈추게 할 아무런 장치가 없다.

에덴 동산은 모든 가치판단을 하나님께 맡기고 순종하는 자에게 합당한 곳이다. 선과 악을 자신이 결정하는 자에게 에덴은 지옥이다. 하나님은 아담 하와를 내보내고 에덴 동산에 케루빔과 두루 도는 불칼을 두어 지키다가 에덴 동산에 합당한 자를 맞아들일 터이다.

하나님이 정한 선과 악의 기준에 따라 모든 이들이 순종하며 살아가는 에덴과 달리, 백가쟁명으로 저마다 제가 잘났다고 큰소리치는 이들의 이전투구 마당은 진흙탕이 될 수밖에 없다. 하나님은 그래서 에덴 동산을 폐쇄하기로 했다. 그리고 이들이 살아가야 하는 세상을 인간의 이전투구를 견딜 수 있는 환경으로 바꿔야 했다.

이제부터 사람은 서로 시기하고 질투하며 이웃의 발목을 잡아 끌어내리고, 남의 불행을 자기의 행복으로 여기면서 살아갈 터인데, 하나님이 조치해야 할 일은 무엇인가?

서로가 잘났다고 고집하며 싸움에 몰두하면 파국은 시간문제다. 그 싸움을 무엇으로든지 만류하지 않으면 안 된다. 자기가 정한 선악의 기준이 더 옳다고 목에 핏줄을 돋우며 싸우다가도 멈출 수밖에 없는 그 어떤 절박함이 있어야 한다. 멈출 뿐 아니라 함께 힘을 합하지 않으면 아니 되는 상황을 제공해야 한다. 사람들이 함께 지향해야 할 공통의 목표도 설정해 주어야 한다. 그렇지 않고는 선악 간의 다툼이 멎을 수 없다.

새벽부터 싸우다가 아침 조반 때가 오면 누군가는 밥상을 차려야 한다. 오전 내내 싸우다가 점심때가 되면 점심밥을 지어야 한다. 한 달 내내 싸우다가 양식이 떨어지면 먹을 것을 마련하기 위해서 논과 밭으로 나가야 한다. 먹을 양식이라는 공동의 목표가 이들의 싸움을 멎게 할 수 있다.

농부는 소를 부려 논밭을 간다. 소는 농부의 명령에 순종하여 쟁기를 끌어야 한다. 그런데 암소를 발견했다. 황소는 암소를 보자마자 발정하여 길길이 날뛴다. 농부가 소를 제어하는 방법은 코뚜레와 멍에다. 코를 뚫고 멍에를 등에 씌워야 소는 비로소 쟁기를 끈다.

하나님은 인간의 선악 간 자기결정권 행사를 잠시라도 내려놓고, 누군가는 집안 살림을 하고, 누군가는 밖에 나가 논밭을 갈아 양식을 마련하여 먹고 살도록 해야 한다. 그러자니 이들의 콧구멍 사이 벽을 뚫어 고리를 걸고 굴레를 씌워야 했다.

"내가 네게 임신의 고통을 크게 더 하리니 네가 수고하고 자식을 낳을 것이며 너는 남편을 원하고 남편은 너를 다스릴 것이니라"(창 3:16).

하나님은 여자에게 세 가지의 굴레를 씌웠다.

첫째, 임신의 고통이다.

출산의 고통만이 아니다. 생리의 고통에서부터 태중에 아이를 갖고 출산하기까지의 전반적인 과정에 고통을 부여했다. 이 조치는 고통을 겪는 시간이나마 여자를 '거룩하게' 하려는 방편이다. 태중에 아이가 있으니 매사에 조심하고, 시기하거나 질투하거나 다투지 말고, 좋은 생각만 하여야 한다. 최소한 이 기간만이라도.

둘째, "너는 남편을 원한다!"

모든 여자는 아내가 되는 순간부터 남편을 원하게 된다. 남편이 자기 아닌 다른 여자를 결코 사랑해서는 안 된다. 오로지 자신만을 사랑해 주기를 지나칠 정도로 바라게 된다. 사실 사람이 누군가를 원한다는 것처럼 힘들고 어려운 일도 없다. 부부라지만 배우자가 나만을 사랑해야 한다고 강요하는 순간 쌍방 간에 갈등이 시작된다. 아내가 남편을 원하는 것은 크나큰 형벌이다. 하나님 보시기에 선악을 자기가 결정하고 이전투구 하는 것보다는, 이 형벌의 감당이 차라리 낫다.

셋째, "남편이 너를 다스릴 것이다!"

다스린다는 것은 선악 간의 결정권을 행사한다는 것을 의미한다. 한 나라의 왕이 백성을 다스린다 함은 그 나라 안에서는 선악의 결정권을 왕이 가진다는 것을 의미한다. 백성은 왕이 정한 법에 복종해야 한다. 왕은 다스리고 백성은 다스림을 받는다. 아내가 남편의 다스림을 거부할수록 둘 사이의 갈등의 골은 깊어지겠으나, 밖으로 나가서 자기의 의와 자기의 선을 내세움으로 인한 세상과의 싸움보다는 낫다. 이것이 하나님의 생각이다.

아담에게도 이에 못지않은 굴레와 멍에가 부과됨은 당연하다.

"땅은 너로 말미암아 저주를 받고 너는 네 평생에 수고하여야 그 소산을 먹으리라 땅이 네게 가시덤불과 엉겅퀴를 낼 것이라 네가 먹을 것은 밭의 채소인즉 네가 흙으로 돌아갈 때까지 얼굴에 땀을 흘려야 먹을 것을 먹으리니 네가 그것에서 취함을 입었음이라 너는 흙이니 흙으로 돌아갈 것이니라"(창 3:17~19).

아담에게 부과된 굴레와 멍에의 취지도 여자에게 내려진 것과 같다. 다만 내용이 다를 뿐이다. 하나님은 범죄에 대하여 징계하면서 두 종류로 한다. 하나는 그야말로 굴레와 멍에를 씌워주는 것이다. 다른 하나는 저주이다. 하나님은 죄인에게는 굴레와 멍에를, 그들이 살아가야 할 땅을 비롯한 환경에는 저주를 내렸다.

저주는 축복의 반대말이다. 하나님은 땅을 저주했다. 잘못은 여자와 아담이 했는데 저주받은 쪽은 아무 죄를 물을 수 없는 땅이다. 땅을 다스리고 정복해야 하는 주인이 타락했으니 그 땅에 축복을 남겨둘 수 없다. 하나님이 땅을 저주한 일은 여자와 아담의 범죄에 따른 필연적 조치이다.

선악을 인간이 결정하면서 에덴에 산다면 그곳은 낙원이 아니라 지옥이 되고 만다. 에덴에는 인간의 선악 간 결정에 따른 치열한 다툼을 멈추게 할 제도적 장치가 애초부터 없었다. 에덴 동산은 인간의 그 어떤 수고도 필요치 않은 곳이었다. 그런데 두 사람이 범죄자가 되었다.

땅이 끊임없이 가시덤불과 엉겅퀴를 내니 가족을 부양해야 하는 아담은 잡초를 뽑아내는 수고를 해야 한다. 그러느라 땀 흘리는 동안만은 자기의 의를 관철하려는 다툼에서 떠나 '거룩하게' 된다. 일하는 남자가 멋진 이유다.

금지된 과일, 선악을 알게 하는 나무 열매를 먹고, 자유의지를 가진 모든 이들이 각자 생각하는 의를 내세우고, 자기의 소견은 선하고 상대의 소견은 악하다고 매도하면서 싸우게 될 인간을 하나님은 이렇게 해서라도 뜯어말려야 한다. 하나님의 이러한 징벌에 대해 죄

지은 인간은 오히려 감사함이 옳다. 그러나 이에 쉽게 동의하지 않을 것 또한 자명하다. 제각각 선과 악을 주장하고, 자기 잣대로 타인을 정죄하고, 자기의 선만이 옳다 할 것이다.

이들은 결국에는 자기의 잣대를 하나님에게도 들이밀 것이다. 하나님의 존재를 비롯하여 하나님이 지금 이렇게 섭리하고 다스리는 것을 악이라고 단정하고 수시로 삿대질할 것이다. 자기가 정한 선악 기준에 부합하지 않는 신은 신이 아니라 할 것이며, 종국에는 '하나님은 없다'고까지 주장할 것이다.

선악과를 따 먹은 잘못을 징계하고 땅을 저주하는 하나님의 이러한 취지를 아담과 하와는 알았을까. 불과 얼마 전 선악과를 따 먹기 이전이었다면, 하나님의 선하심을 이들이 충분히 이해하고 수용했을 터이나, 이들은 지금 하나님 앞에서 고개 빳빳이 쳐들고 한 마디도 지지 않는다. 여자와 아담은 속으로 부글부글 끓었다. 왜냐하면, 자신들의 소견으로 하나님이 내린 징벌을 따져보고 터무니없이 과하다고 판단했기 때문이다.

'이러려고 우리를 지었나?'

마치 사춘기를 맞아 반항하는 자녀와 같다. 하나님은 속으로 되뇐다.

'이렇게라도 해 두어야 그나마 너희들이 살아가게 되느니라! 어휴, 요놈들아!'

이런 줄 모르는 아담은 여자를 원망한다. 자신이 잠시 자리를 비운 사이, 그 새를 못 참고 뱀을 쪼르르 따라가 선악과를 따 먹었다니, 도무지 이 여자가 자기의 아내인지 뱀의 아내인지 모르겠다는 불만이 한없이 한없이 치밀어 올랐다. 하나님이 말씀을 다 마치자마자 아담이 여자에게 불퉁거리듯 내뱉었다.

"아담이 그의 아내 이름을 '하와'라 불렀으니 그는 모든 산 자의 어머니가 됨이더라"(창 3:20).

하나님으로부터 차마 감당하기 어려운, 재앙에 가까운 선포를 들은 다음 아담이 아내 이름을 지어 불렀다. '하와'라는 단어의 어원은 둘이다. 하나는 생명을 의미하는 '하야'이고 또 하나는 뱀을 의미하는 '히우야'이다. 하야와 히우야에서 '하와'가 파생했다. 뱀의 유혹에 따라 선악과를 따 먹고 자기에게도 권하여 동반 타락을 불러온 아내에게 '너는 뱀이야!'라고 부르고 싶었을까, 아니면 '너는 산 자의 어미, 생명이야'라고 부르고 싶었을까?

아담은 옳고 그름을 자기의 소견에 따라 자기가 판단하는 자기중심적인 사람이 된 상태이다. 여기서 여자에게 '하와'라는 이름을 지어 불렀다면 홧김에 지은 이름이다. 그러나 하나님의 앞이다. 얼마 전까지만 해도 무한 신뢰를 보냈던 창조주 하나님의 앞이니 아무리 심사가 뒤틀렸다 해도 그렇게까지 하지는 않았을지도 모른다. 성경의 기록자는 이 대목에 뒤이어 자체 해석을 붙였다.

"그는 모든 산 자의 어머니가 됨이더라."

이들이 아무리 타락했어도, 아직은 부모 앞에서까지 싸움하는 지경은 아니라는 뜻이다.

7.

베누스 푸디카

하나님 앞에서 두 사람은 한참을 서 있어야 했다. 아담은 양발을 어깨너비로 벌리고 양손을 축 늘어뜨리고 있었다. 간혹 아직 손에 쥐어져 있는 무화과나무 잎사귀로 아랫도리를 가리기도 했지만 이미 시들고 말랐다.

하와는 무화과 이파리가 시들자 땅에 버리고 나서 오른손으로는 가슴을 부여잡고 왼손으로는 배꼽 아래를 가렸다. 하나님 앞에서 그런 자세로 서서 꼬박꼬박 말대꾸했다. 종종 온몸을 배배 꼬기도 하고 체중의 중심을 오른발에 두었다가 왼발에 두었다가를 반복하고, 젖가슴과 아랫도리를 가리고 있는 양손을 아래위로 재빠르게 바꾸기도 한다. 그때마다 하나님은 가슴이 미어졌다.

'네 이 녀석, 내가 너를 얼마나 아름답게 지었는지 너의 가슴을 봐라! 봉긋이 솟아오른 봉오리가 얼마나 예쁘며, 또 엉덩이는 어떻고! 잘록한 허리에서 풍만하게 내려오는 곡선의 아름다움을 무엇에 비견하랴! 내가 창조한 것 중에서 가장 아름다운 곡선이니라, 그런데 이렇게 죄를 범하고 내 앞에서 온몸을 뒤틀어가면서 안절부절못하니, 딱해서 어이할까나?'

그 자리에서 자기 아내에게 '하와'라고 이름 지어 부르는 아담의 심정도 하나님은 능히 헤아리고 있었다. 아담이 가축과 새와 들짐승의 이름을 지어 부르더니, 아내 이름을 지을 때도 적합하고 잘 어울리는 이름을 지었다. 그러나 거기에는 남자의 분노도 스며있는 복합적 이름이다.

'부디 이 녀석아, 네 아내를 뱀이라고 몰아붙이지 말고, 꼭 생명 곧, 산 자의 어미라는 뜻으로 평생을 존중하면서 사이좋게 살아야 한다. 제발 부탁하노라!'

하나님이 이렇게 안타까워하는데 아담이 말을 꺼낸다.

"하나님! 저야 하나님께서 '선악과를 먹는 날에는 반드시 죽으리라' 하신 말씀의 뜻을 잘 알지만요, 뱀이 하와를 유혹할 때 그 대목을 가지고 말꼬리를 잡아 꼬드겼어요. 먹어도 죽지 않는다고요, 염려 말고 먹어보라고요!"

그러자 하와가 불쑥 끼어든다.

"그건 뱀 말이 틀리지 않았잖아! 지금 우리가 죽었어? 안 죽었잖아!"

이에 아담이 목청을 돋웠다.

"'먹는 날에는 반드시 죽으리라'라는 말씀이 무슨 뜻인지 알기나 해?"

"먹는 날에는 반드시 죽으리라 했다지만 지금 우리가 죽었어?"

하와도 지지 않았다. 하나님은 속이 상했다.

"그만들 두어라! 너희가 내 앞에서는 이미 죽은 것이니라, 그리고 죽는 것이 그리 급하더란 말이더냐, 죄를 지었으면 죗값을 치를 기회라도 있어야 할 것이니라, 그러니 하와는 마음을 누그러뜨리고, 아담은 하와의 있는 모습 그대로를 인정하고, 인내하면서 가정을 이끌어야 할 것이니라!"

"네!"

"네, 알겠습니다!"

하와는 양손을 아래위로 교차하면서 대답했다. 신속하게 두 손을 교체하는 하와의 교태가 요염했다. 그 모습을 바라보는 아담의 시선이 게슴츠레하다.

"너희가 죄를 가지고 영생한다는 것은 너무나 가혹한 일이다. 죄 없이 영생하고자 했던 이 에덴 동산을 폐쇄한다. 그러니 여기를 떠나거라! 아까 말한 대로 아담은 흙에서 왔으니 흙에서 먹을 것을 얻어야 할 것이다. 땅을 갈고 파종하고 김을 매고 추수하여 가족을 부양하여라!"

"알겠습니다, 하나님! 그런데요, 여기서 양식 삼았던 이삭 몇 가지를 씨앗으로 가져가도 되겠습니까?"

"그렇게 해도 좋다. 그리고 너희가 떠날 때 필요한 것들을 가지고 갈 수 있도록 내가 나귀 한 쌍을 준비해 줄 터이니 나귀 등에 싣고 가거라!"

"알겠습니다, 하나님! 그런데요, 에덴을 떠나 살아가야 하는 세상이 두렵습니다."

"거기는 어떤 곳인가요?"

"에덴에서처럼 모든 생물의 뜻을 서로 이해하고, 굳이 말하지 않아도 서로의 심중을 헤아리면서 소통하는 곳이 아니다. 네가 이름 지어준 생물들조차 이제는 너희처럼 각자 자기가 정한 기준에 따라 이기적으로 살아갈 것이다. 네가 이름 지어준 동물 중 힘세고 이빨이 날카로운 것들은 그것을 무기 삼아 자기 의를 주장할 것이다. 그것을 '본능'이라 한다. 너와 여자가 처음 마주했던 순간, 동산에 울려 퍼진 동물의 합창처럼 아름다운 축복의 하모니는 이제 더 이상 듣기를 기대하지 말거라!

 동물은 자기가 내는 소리조차 무기로 삼아 힘겨루기를 할 것이니, 특별히 조심해야 하느니라. 나무의 열매도 에덴 동산처럼 풍성하지 않을 것이며 열매 중에는 독이 든 것도 있으니 또한 조심하여라! 비와 바람도 이제는 향기를 퍼 나르지 않고, 자기의 능력이 폭력이 됨에도 아랑곳하지 않을 것이다!"

 "알겠습니다. 하나님!"

 "어린 양을 이리 곁에 두지 말고, 어린 염소 곁에 표범이 못 오게 할 것이며, 송아지와 어린 사자와 살진 짐승과 어린아이가 더불어 있으면 아니 될 것이니라, 암소 곁에는 곰이 못 오게 하고, 젖 먹는 아이가 독사의 구멍에서 장난치는 일은 위험하다.

 젖 뗀 아이가 독사의 굴에 손을 넣으면 죽게 될 것이다. 알겠느냐?"

 "명심하고 조심하겠습니다!"

 "에덴에서 나가기 전에 이곳 곡식의 씨앗을 챙겨주마! 또 당분간 먹을 수 있는 열매들을 비상식량으로 준비해 두었다! 나귀 등에 싣도록 해라! 또 너희가 입을 가죽옷을 지어 줄 터이니 그 옷을 겉에 입고 출발하도록 해라!"

 "고맙습니다!"

 아담과 하와가 함께 대답했다.

 "세상에 나가 살면서 천둥·번개가 치더라도 놀라지 말고, 달그림자가 땅을 가린다고 놀라지 말고, 땅의 그림자가 달이나 해를 가리더라도 놀라지 말거라!"

 "잘 알고 명심하겠습니다! 하나님!"

 이때 갑자기 하와가 훌쩍거리며 울기 시작한다. 하나님이 우는 하와를 측은히 바라본다.

"하와야! 내가 너를 남편을 돕는 배필로 지어 짝을 이루게 한 것 알고 있지?"

"네, 하나님!"

"남편을 잘 돕는 배필이 되도록 노력해야 할 것이야!"

"네, 하나님!"

하와의 두 눈에 맺힌 눈물방울이 주르륵 젖가슴 위로 구른다.

"이것으로 하나님과 우리 사이 인연이 끊어지는 것인지요?"

"하와! 그거는 아니잖아? 어찌 그리 철부지 같은 말을 해?"

"허허! 또 다툼이구나! 이제 곧 에덴에 아무도 들어오지 못하도록 천사들이 가로막고, 불 칼이 화염으로 지키겠지만, 나는 너희를 포기할 수가 없구나! 오래 참고 기다려 볼 것이야!"

하와는 하나님이 지어오신 입성을 보고는 주섬주섬 몸에 걸쳤다. 부드러운 천으로 안감을 댄 가죽 외투를 입고서야 하와는 자세를 바르게 할 수 있었다. 이제는 한 손은 젖가슴을, 한 손은 배꼽 아래를 가리지 않아도 되었다.

알몸의 여성이 하와처럼 가슴과 하체를 두 손으로 나누어 가리는 자태를 후대의 예술가들은 '베누스 푸디카'(Venus Pudica)라 명명했다. 그리스의 신화를 지어낸 사람들이 미의 여신 비너스를 알몸으로 빚어낼 때, 한 손은 가슴에 한 손은 하체에 두면서 그 자세에 따라 갸웃해진 요염한 몸매에 '정숙한 비너스'라는 뜻으로 '베누스 푸디카'라 이름 붙였다.

남성이 보기에 여성은 그렇게 해야 정숙해 보인다는 의미이다. 하나님 보기에는 건강한 알몸 그대로가 최고였지만, 선악과로 범죄 한 인간에게 여성은 요염한 자태를 빚어낼 때 정숙하다는 말을 듣게 되는 왜곡이 시작되었다.

아담은 두 마리의 나귀 등에 싣고 남은 이삿짐을 등짝에 걸머졌다. 가다가 먹을 열매와 채소 다발은 하와가 나누어 들었다. 하와는 아담이 과일을 담아오던 망태기와 하나님이 가죽옷을 지으면서 쓰고 남은 동물의 가죽은 물론 안감으로 쓰고 남은 명주실과 천, 목화솜과 실도 챙겼다. 떠나기 전 아담이 하나님께 묻는다.

"지금 이렇게 떠나지만, 하나님을 뵙고 싶을 때는 어떻게 해야 합니까? 지금처럼 제가 부르면 대답해 주시는 거지요?"

"너희가 전심으로 나를 원하고 부른다면 내가 대답하리라!"

"…?"

아담과 하와를 하나님은 긍휼의 눈으로 안타까이 보고 계셨다. 저들이 에덴을 떠나 험한 세상에서 온갖 풍파를 견디며 헤쳐 나가지 않으면 아니 될 삶의 질곡이 훤히 다 보인다. 그러나 그것은 저들이 선과 악을 자기네가 결정하면서 살아가야 하는 필연적인 환경이다.

이제는 모든 사물이 각자 자기 소견에 옳은 대로 살아가는 세상이다. 식물은 식물이 가진 속성에 따라, 동물은 자기 본능에 따라, 광물도 바람과 비와 추위와 더위를 견디면서 나름대로 구르고 부대껴 부서지고 깨어지면서 흩어지고 다시 뭉치기를 되풀이할 것이다. 사람도 저마다 자기 소견에 옳은 대로 살아갈 것이다. 에덴은 하나님의 소견에 옳은 대로 유지되는 곳이지만, 지금 이들이 향하는 곳은 하나님의 다스림을 거역한 세상이다.

길을 나서 한참을 걷다가 아담이 멈춰 서서 뒤를 돌아본다. 하와도 뒤를 돌아본다. 그때까지 하나님은 그 자리에서 바라보고 계시다가 어서 가라고, 가서 열심히 살라고, 싸우지 말고 사이좋게 살라고, 안타까이 손짓한다. 하나님에게서 멀어지면서 어둠이 짙어진다.

두 사람은 한참을 걸었다. 곧 동이 터 올 것이다. 이제는 하나님이 비추는 빛 아래 살지 않고, 해와 달과 별이 비추는 빛으로 어둠을 헤치면서 살아야 한다.

제2부

에덴 동산 밖에서

창세로부터 그의 보이지 아니하는 것들 곧 그의 영원하신 능력과
신성이 그가 만드신 만물에 분명히 보여 알려졌나니
그러므로 그들이 핑계하지 못할지니라(롬 1:20).

8.

원조 인디아나 존스

아담과 하와가 두 마리의 나귀를 앞세워 에덴에서 나와 걷기 시작했다. 하와가 나귀에게 말을 건다.

"나귀야! 너희가 고생이구나?"

"…"

"왜 아무 말 않느냐?"

"…"

"나귀! 힘들지?"

"힘들 때는 힘들다고 말하고, 괜찮으면 괜찮다고 말해야 우리가 너희와 함께 갈 거 아니니?"

하와가 말하면서 나귀의 엉덩이를 찰싹 때려줬다. 갑자기 나귀가 놀라 펄쩍펄쩍 뛰기 시작했다. 그 바람에 등에 실었던 이삿짐이 땅바닥으로 곤두박질하고 나귀는 계속 이리저리 뛴다. 나머지 한 마리도 동요되어 덩달아 고개를 저어댄다.

"하와! 잠깐! 에덴 동산 안의 나귀가 아니야! 하나님이 말씀하셨잖아, 모든 동물은 본능에 따라 움직이게 된다고 말이야!"

에덴 동산에서는 모든 피조물 간 소통에 어려움이 없었다. 바람결에 흔들리는 나뭇가지와 드러눕는 풀잎이 말을 걸어왔고, 구름도 바람도 의사를 표하면 아담은 다 이해할 수 있었다. 그러나 지금은 전혀 딴 피조물이 되어있다. 피조물 간의 소통이 차단되었다. 아담은 하나님이 해 주신 말씀을 어렴풋이 가늠해가면서 갈 길을 재촉했다.

밤새 걸었다. 먼동이 텄다. 떠오른 해가 비친 세상은 에덴의 풍경과 너무나 달랐다. 시야에 잡힌 모든 산은 민둥산이고 골짜기에는 물이 말라 있다. 한낮에는 햇볕이 너무 따가워 그늘을 찾아야 했지만 아무리 걸어도 마땅한 그늘이 눈에 띄지 않았다. 아담과 하와는 바위 아래 그늘진 곳에 털썩 앉았다.

겨우 진정시켜 끌고 온 나귀 두 마리도 쉬도록 해 주고, 싸 들고나온 이삿짐 보따리를 바닥에 내려놓는데 바로 앞 바위틈에서 뱀 한 마리가 똬리를 틀고 있다. 하와가 뱀에게 말을 걸었다.

"여기까지 따라온 거였어?"

하와의 말에는 아랑곳하지 않고 뱀은 작은 입을 벌려 혀를 날름거린다. 하와가 가까이 다가갔다. 그러자 뱀이 똬리를 반쯤 풀어 윗몸을 일으키며 하와를 공격했다. 곁에서 보고 있던 아담이 재빠르게 달려들어 뱀의 목을 잡아챘다. 뱀은 이내 아담의 팔뚝을 휘감으면서 "쉬잇 쉿" 소리를 낸다. 동시에 입안에서 액체를 뿜어낸다. 아담은 뱀의 목을 쥔 손을 아래로 내리뻗어 뱀의 머리가 자기를 향하지 못하도록 방어했다. 뱀이 뿜어내는 액체가 땅바닥으로 흩뿌려진다. 갑작스러운 광경에 하와가 비명을 질렀다.

"어머나, 뱀! 너 왜 그러는데?"

뱀은 아담의 팔뚝을 조여 온다. 아담도 당황하여 손목에 힘을 주어 뱀의 목을 조였다. 한참을 그렇게 아담과 뱀이 힘겨루기를 했다. 뱀이 힘을 쓸수록 아담도 목을 조인 손아귀에 힘을 가했다. 너무 힘을 쓴 탓에 뱀의 목이 뭉그러진다. 아담의 팔뚝을 감았던 뱀의 몸통이 스르르 풀리면서 땅을 향해 일직선을 이룬다.

"뱀! 왜 그래?"

하와가 다가가 뱀의 등을 만지려 하다가 뭔가 섬뜩함을 느꼈던지 손을 얼른 뒤로 빼며 소스라친다.

"이거 뭐야?"

"왜 이렇게 되는 거지?"

"뱀, 말해봐!"

아담도 당혹스럽기는 마찬가지였다. 자신이 목을 세게 잡아 비틀어 목이 뭉그러졌다고 해서 이렇게 축 늘어지는 상황이 이해되지 않았다. 하와를 쳐다보면서 말한다.

"이게 어떻게 된 거지?"

"뱀이 완전히 축 늘어졌어! 땅에 내려놔 봐! 어떻게 하는지!"

아담이 땅바닥에 뱀을 조심스럽게 내려놓았다. 뱀은 아무렇게나 땅바닥에 놓인 채 꼼짝도 안 한다. 한참을 기다려도 움직일 기미가 없다. 하와가 아담의 품을 파고들면서 외친다.

"어머! 이게 뭐야? 갑자기 무서워져, 자기야!"

"그래, 나도 뭔가 기분이 아주 안 좋아!"

아담이 다시 뱀을 집어 들어보았지만 뱀은 아무런 반응을 보이지 않았다.

"무섭다! 얼른 우리가 다른 곳으로 가자! 아니면 자기가 안 보이는 곳으로 치우든지!"

아담이 뱀을 든 채 바위 뒤로 돌아가서 내던지고 왔다.

"뱀이 왜 대답을 안 했지? 에덴에서는 뱀이 먼저 우리에게 말을 걸었잖아!"

"그러게 말이야!"

"그러고 보니 바위도 말이 없어! 저기 좀 봐 바위틈에 자란 풀잎도 말이 없어! 불어오는 바람도 말이 없고 향기도 가져오지 않아! 저기 구름 좀 봐, 구름도 말을 안 해! 오늘따라 높게 뜬 해도 말을 안 해!"

하와가 경악하며 비명처럼 말을 쏟아냈다. 아담은 구름을 쳐다본다.

"구름아! 말해봐! 에덴에서는 내가 동물의 이름을 지으러 호수광장으로 향할 때 네가 나에게 말을 걸었잖아? 그때 내가 잠들었을 때 햇볕을 가려달라고 너에게 부탁했고, 알았다고 말했잖아, 그리고 내가 잠들었을 때 네가 그렇게 해 줬잖아?"

구름은 아무 반응 없이 무심한 듯 둥실거리며 하늘에서 노닐었다. 너무 높이 떠서 이제는 햇볕을 가려줄 수도 없을 만큼 멀어져갔다. 하와와 아담은 서로를 마주 보면서 너무 당혹스럽고 놀라워 벌어진 입을 다물 줄 몰랐다.

"아담! 이게 뭐야! 모두가 달라졌어! 해도, 구름도, 바람도, 들풀도 모두가 입을 다물었어! 아무 말도 안 해! 대답도 안 해! 에덴에서는 이렇지 않았잖아? 거기서는 모두와 말을 주고받았잖아? 이제 우리 어떻게 해?"

하와가 울부짖으면서 아담의 품을 파고들었다. 아담은 그런 하와의 행동에는 관심조차 줄 수 없다는 듯, 해 구름 허공 들풀을 번갈아 바라보면서 양팔을 높이 쳐들고 허공에 내지르면서 깊은 탄식을 토해냈다.

"허얼! 이게 뭔데요?

하나님! 이건 아니잖아요?

하나님 말씀해 주세요!

하나님 어디 계세요?

하나님 계시면 나와 보세요!"

모든 것이 제 자리에 붙박이처럼 고요하고 아무런 반응이 없었다. 하나님도 대답이 없다. 아담의 높이 든 두 손은 아직도 내려오지 않았다. 아담의 허리를 껴안은 하와의 팔은 아직 풀리지 않았다. 탄식에 이어 아담은 울부짖는다.

"이건 아니잖아요? 이건 아니잖아요?"

"무섭다. 정말 무섭다, 아담! 나 무서워! 너무 무서워!"

하와는 갑자기 오한이 난 사람처럼 몸을 부들부들 떨기 시작했다. 입에서는 윗니 아랫니가 맞부딪히는 소리가 난다. 무릎에 힘이 빠지는지 아담을 껴안은 두 손이 아담의 가슴에서 허리로, 허리에서 엉덩이 아래로 흘러내리더니 털썩 주저앉는다. 아담은 여전히 두 팔을 허공에 휘저으며 괴성을 질러댄다.

"이게 뭡니까? 이건 아니잖아요?"

한참을 그렇게 하고 있는데 이들 주위로 까마귀가 꾀어들기 시작했다.

"끼룩끼룩!"

푸드덕푸드덕 날갯짓을 하면서 가까이에 내려앉았다. 그들 중 몇 마리가 아담과 하와가 짊어지고 나온 몇몇 묶음들을 입으로 쪼아본다. 건포도와 머루 다래 등 열매와 채소를 쪼아댄다.

"왜 그러는데? 동산에 잔뜩 있는 것이 열매와 채소인데, 왜 그래 너희들?"

하와가 새에게 외쳤지만, 까마귀들은 서너 걸음 뒤로 물러났다가 다시 다가와 쪼아대기를 되풀이한다.

"아담! 저 새 좀 어떻게 해봐!"

아담이 그제야 시선을 아래로 내려 부리로 쪼아대는 새들을 보았다.

"너희들 까마귀구나! 내가 이름 지어줬잖아? 그런데 왜 그래?"

아담이 크게 소리를 지르자, 다시 주춤주춤 뒷걸음질로 물러선다.

"말을 해봐! 왜 그러는데? 내가 너희들 이름 지어 줄 때는 즐거워했잖아? 좋아했잖아? 그러지 않았어? 그런데 지금 와서 '까마귀'라는 이름이 못마땅하다는 거야 뭐야? 내가 너희들에게 지어준 그 이름, 나는 심사숙고하여 불러 준 이름이야!"

"…"

까마귀들은 큰 음성에 놀라 뒷걸음치거나 가벼운 날갯짓으로 조금 떨어졌다가, 잠시 조용해지면 다시 접근하기를 반복한다. 한 녀석이 다래가 달린 줄기를 부리로 찍어 흔들어댔다. 다른 녀석은 머루 송이를 찍었다.

"무섭다! 아담! 저것들 멀리 쫓아줘! 무서워! 싫어! 싫어!"

아담이 발길질을 시작했다. 까마귀 있는 쪽으로 빠르게 걸음을 옮겨 발길질을 해대자 그제야 까마귀들이 조금 멀찍이 달아난다.

"더 멀리 쫓아줘! 더 멀리! 다시는 우리 곁에 얼씬거리지 못하게 쫓아줘!"

아담은 돌멩이 몇 개를 집어 까마귀를 향해 던졌다. 푸드덕하면서 까마귀 떼가 공중으로 날아오르는데 그중 한 마리가 돌에 맞았다. 땅에 떨어져 버둥거리더니 이내 움직임을 멈춘다.

"쫓아줘! 자기야! 쫓아줘!"

하와가 비명을 연거푸 질러댄다. 아담이 죽은 까마귀를 집어서 멀리 던졌다.

"하와! 우리가 지금 뭘 하는 거지?"

"몰라! 몰라! 무섭고 떨려!"

"하와, 뱀이 우리 곁으로 올 수 없는 곳, 새떼가 우리 곁으로 올 수 없는 곳, 그런 곳을 찾아야 하겠다. 얼른 짐을 추슬러서 그런 곳 어디 없나 찾아보자!"

두 사람이 돌아서는데 저만치서 또 한 떼의 까마귀 떼가 무언가를 찢어 나누고 있다. 자세히 보니 아담이 던진 뱀이었다. 하와가 아담의 가슴으로 파고들며 흐느낀다.

"왜 저래?"

"정신 차리자! 우리는 지금 에덴 동산에 있는 게 아니거든!"

둘은 바위들이 널려있는 곳에서 한참을 걸어갔다. 나귀도 제법 잘 따라오고 있었다. 마침 커다란 바위 아래 굴이 보인다. 속을 들여다보니 안에서 물 흐르는 소리가 들린다. 아담이 하와의 손을 잡아 허리를 굽히고 들어갔다. 바깥에 햇볕이 있어서 굴 안이 아주 어둡지는 않았다. 안으로 들어가니 공간이 제법 널찍했다.

두 사람은 그곳에 짐을 내려놓고 더 깊은 쪽을 보니 동굴이 계속 이어지고 울퉁불퉁한 바닥의 굴곡 틈새로 물이 고여 흐른다. 두 사람은 등을 마주 대고 털썩 주저앉았다. 하와는 한숨을 내뱉는다.

아담은 그제야 에덴을 떠나기 전 하나님의 당부 말씀이 생각났다. 이빨이 날카로운 동물은 이빨을, 발톱이 날카로운 동물은 발톱을 무기 삼아 덤빌 것이며, 이리, 표범, 사자, 곰 등 맹수를 조심해야 한다고 당부하시던 말씀이 생각났다. 아담은 잠시도 긴장을 풀어서는 안 되었다. 동굴 안쪽도 확인해 두지 않으면 위험할 수도 있다.

"하와, 저 동굴 깊은 곳에 뭐가 있는지 가봐야 할 것 같아! 여기서 잠깐 기다려봐 내가 들어가 볼 테니까!"

"나를 혼자 두고 가겠다는 거야 지금?"

"그럼, 어떻게 해?"

"무서워! 나 혼자 있을 수 없어! 무서워졌어!"

"잠깐, 조용히 해봐! 저 안에서 무슨 소리가 난 것 같아!"
"하나님, 맙소사!"
"조용해 봐! 지금 나도 무서워!"
하와는 소리 내어 꺼이꺼이 운다. 아담은 무릎을 파르르 떨면서 한 손을 땅에 짚어 몸을 낮추면서 시선을 집중하고 귀를 기울여본다.
"하와 눈 감아!"
갑자기 아담이 하와의 머리를 가슴으로 끌어안으며 외마디를 질렀다. 동굴 안쪽 어두운 곳에 자잘하게 반짝이는 숱한 빛들이 명멸하고 있다. 아담과 하와가 소리를 죽이자 그곳에서 나오던 소음이 점점 분명하게 들려왔다.
"찌익찍 찌익찍 찍찍!"
"너희들 박쥐구나! 그렇지? 너희는 내가 박쥐라고 이름 지어 불렀어! 맞지?"
아담이 반가운 소리로 외쳤다.
"아담! 박쥐가 뭐야? 이빨이 사나워? 발톱이 날카로워?"
"아니야, 쥐만 한데 날개가 달려있고 주로 동굴 안에서 살아! 내가 박쥐라고 이름 지었어!"
아담과 하와에게는 아무런 대꾸도 없이 박쥐가 내는 소리가 점점 가깝게 들려온다.
"아담! 아까 까마귀도 아무 대답 안 했어! 뱀도 그렇고! 이제는 동물이 우리에게 아무 말도 안 해! 분명해! 그러니 말 걸지 마! 걸어봐야 소용없어!"
"맞아! 그 말이 맞네! 알았어! 그러면 저것들을 쫓아내야겠어!"
"어떻게 할 건데!"
"아까 까마귀 쫓아내듯이 돌을 던져야지!"

말을 마침과 동시에 연거푸 돌을 집어 던졌다. 갑자기 돌이 날아들자 놀란 박쥐들이 한꺼번에 동굴 입구 쪽을 향해 일시에 저공비행을 시작했다. 그들은 아담과 하와의 머리를 기막히게 피하면서 스쳐 날았다. 하와가 기겁했다.

"무서워! 아담! 멈춰!"

박쥐 떼가 새까맣게 아담과 하와를 농락하듯 지나 동굴 입구를 향했다. 하와가 엎드린 위에 아담이 감싸며 납작 엎드렸다. 박쥐 떼가 동굴 밖으로 내밀 내밀하더니 되돌아온다. 동굴 밖은 햇볕이 있었다. 다시 날아드는 박쥐 떼 일진과 동굴 안에서 조금 늦게 입구를 향하던 이진이 서로 엉키면서 잠시 동굴은 전쟁터를 방불했다. 그러면서도 서로 부딪히는 녀석들은 없었다.

박쥐 떼가 놀라 동굴 밖으로 나갔을 때, 거기 서 있던 나귀 두 마리는 깜짝 놀라서 울음소리를 내고 몇 걸음 펄쩍펄쩍 뛰었다. 그 바람에 등에 실려 있던 짐들이 다시 땅바닥으로 패대기쳐졌다.

"하와 여기는 우리가 있을 곳이 못 돼!"

"저것들을 다 쫓아낼 수 없을까?"

"다시 되돌아오잖아! 잠시 숨을 죽이고 엎드려 있어 보자!"

소동 끝에 박쥐가 모두 동굴 안쪽으로 되돌아갔다. 한참을 두 사람은 납작 엎드려 있었다. 동굴 안이 잠잠해졌다.

"하와! 우리가 박쥐를 건드리지 않으면 박쥐도 우리를 해치지 않을 것 같아! 그러니 여기서 조금 쉬면서 다음 갈 곳을 생각해 보자!"

"아담, 그게 좋겠어! 다행히 박쥐 말고는 다른 위험한 동물은 없는 것 같아, 그리고 여기는 물도 있어서 다행이야."

"동굴 입구를 다른 동물이 들어오지 못하도록 무언가로 막아야 하겠지?"

"입구를 막으면 이 안이 깜깜해지고, 박쥐들이 소동을 낼 수도 있어!"
"나무 막대로 가로질러 놓으면 어떨까?"
"그게 좋겠다. 내가 나가서 마땅한 것을 찾아볼게!"
"아니야! 나도 같이 가! 나 혼자 있으면 무서워!"
하와가 손을 내밀었다. 아담이 하와의 손을 잡아 일으켰다. 조용조용 동굴 밖으로 기어 나왔다. 밖에는 나귀 등에 실렸던 짐들이 여기저기 흩어져 있었다. 다행히 두 마리의 나귀는 다시 돌아와서 서로 고개를 비벼대면서 주인을 반겼다. 에덴 동산에서는 나귀와도 의사소통했지만, 이제는 쇠귀에 경 읽기가 되었다. 그나마 나귀끼리는 무언가 교감하고 있음이 분명했다.
"너희들은 우리를 떠나지 않았구나! 그래 고맙다!"
하와와 아담이 나귀 등을 어루만져 주었다. 사람이 자기네에게 고마워하는 마음을 아는지 모르는지 나귀들은 놀라지 않고 눈을 껌벅거린다.

9.

하와는 생리통, 아담은 물갈이

나귀를 바깥에 두고 두 사람은 동굴 안으로 들어왔다. 박쥐를 자극하지 않도록 조심하면서 하와가 보따리 안에서 열매 몇 개를 꺼내어 입에 넣어본다.

"어머, 이거 왜 이렇게 맛이 없어?"

"뭔데?"

"다래, 머루!"

"왜 맛이 없어? 내가 먹어볼게!"

아담이 입에 넣어보더니 갑자기 퉤퉤 하고는 뱉어낸다.

"맛이 왜 이 모양이지?"

에덴에서는 머루의 신맛과 다래의 단맛이 입안에 착착 감겼는데 어쩐지 모래알처럼 맛을 느끼지 못하겠고 신맛도 싫고, 단맛도 달갑지 않다. 둘은 한동안 서로 얼굴을 마주 보다가 아담이 먼저 벌렁 누웠다. 조금 후 하와도 다리를 뻗고 동굴 안 너럭바위에 드러눕는다. 등이 바위에 닿자마자 하와는 비명을 질렀다.

"어머나, 등이 너무 아파! 이런 곳에 어떻게 누워?"

그 소리에 아담이 벌떡 일어났다. 에덴 동산에서는 풀밭이든, 바위

위든, 나뭇등걸 위든 드러누울 때 전혀 불편함을 느끼지 못했었다. 모든 곳이 안락했다. 그러나 이곳은 그렇지 않았다.

"하와! 조금 참아! 그리고 이런 환경에 적응해야 할 것 같아! 에덴동산과는 달라도 너무 다르다! 이쪽으로 와, 내가 누웠던 자리에 누워봐!"

아담도 바위에 드러누웠을 때 등이 아프고 온몸이 쑤셨지만, 하나님의 말씀을 떠올리면서 달라진 환경에 적응해보려고 신음을 참고 누워 있다가 하와의 불평 소리에 자리를 바꿔주었다.

아담이 누웠던 자리에 하와가 누웠다. 별반 다를 것이 없다. 하와는 신음을 연발하면서도 온몸을 쭉 뻗고 견딘다. 아담이 그 옆에서 걱정스레 얼굴을 드려다 보았다. 윤기가 흐르던 하와의 얼굴이 까칠해졌다. 삼단같이 고왔던 머리카락은 부스스하다. 하와가 피곤했던지 이내 잠에 빠져든다.

아담은 밖에 있는 나귀들을 돌아보고 다시 들어와 아까 삼키다가 내뱉었던 열매를 다시 집어 입에 넣어본다. 아까보다는 조금 맛을 느낄 수 있었다. 시장한 탓에 꾸역꾸역 목구멍으로 넘겼다.

열매와 시든 채소도 허겁지겁 목에 넘기다 보니 목이 칼칼해졌다. 옆에 있는 웅덩이에 입을 대고 물을 마셨다. 동굴 안쪽 박쥐들의 파드득파드득하는 소리가 간헐적으로 들려온다. 동굴 밖이 캄캄해졌다. 광야에서 첫날밤이 지나고 있었다.

아담은 잠이 오지 않는다. 선악과를 따 먹은 이후 일어났던 일들이 마치 꿈같이 여겨진다. 새벽녘이 되었다. 잠결에 하와가 얼굴을 찡그리고, 아랫배에 손을 대면서 작은 신음을 낸다. 몸을 이리 뒤척이고 저리 뒤척이기를 반복하면서 앓는 소리가 점점 커진다. 불안해진 아담이 하와의 양어깨를 잡고 흔들어 깨운다.

"하와! 왜 그래?"

"으응! 머리가 터질 듯하고 아랫배가 너무 아프고 온몸 마디마디가 다 아파!"

"이거 어떻게 하지? 일어나 앉아봐!"

"아니야! 일어나면 더 아플 것 같아."

"전에도 이렇게 아픈 적이 있었어?"

"생리할 때 이런 증상을 약간 느끼기는 했지만 이렇게 심하지 않았어!"

"그럼 생리통인 거야?"

"그럴지도 몰라! 아마 올 때가 되었지 싶다! 그런데 이렇게 온몸이 조여 올까?"

"못 견디겠어?"

"모르겠어!"

"뭐 좀 먹어보면 어떨까? 에덴에서 나오고 아무것도 안 먹었잖아?"

"아니야 생각 없어!"

하와의 생리가 시작되었다. 생리통이 시작되었다. 그러나 이전과는 여러 면에서 달랐다. 전에는 아프거나 힘들다고 생각한 적이 없었다. 하와는 고통 중에 하나님의 징벌 말씀을 떠올렸다.

"네게 임신하는 고통을 크게 더 하리니"(창 3:16).

하와는 기분전환을 위하여 동굴 밖으로 나갔다. 에덴 동산을 벗어나 두 번째 맞이하는 아침이다. 동굴 밖에 있던 두 마리의 나귀에게도 그동안 아무 먹이도 주지 않았다는 것이 생각났다. 그제야 하와는 동굴 밖의 풍경을 두루 돌아본다. 험하지는 않지만 완만한 경사를 이루고 있는 바위산이다. 드문드문 풀이나 나무가 보이기는 했지만, 윤기가 없어 보였다. 저 멀리 바위산 중턱에 염소들이 무언가를 열심히 뜯어먹는다.

생리통도 잊을 겸해서 하와는 이곳저곳을 돌아본다. 자세히 보니 바위틈으로 실낱같은 풀들이 나서 자라고 있다. 간혹 떨기나무도 자라고 있었다. 하와는 마른 풀잎을 긁어모았다. 에덴에서 자라던 채소 모양의 것들도 간혹 눈에 띄었다. 그런 풀들도 뜯어 모았다. 그러나 동굴에서 너무 멀어지면 되돌아올 수 없을 것을 알고 주위를 맴돌았다.

한참을 그러모은 덤불이며 풀을 한 아름을 안고 동굴 앞으로 왔다. 동굴 앞에 내려놓으니 나귀 두 마리가 마른 풀을 골라 먹는다. 하와는 다행이다 싶었다. 에덴에서 먹던 채소 모양의 풀을 골라 동굴 안으로 가지고 들어갔다. 안에 들어가 보니 이번에는 아담이 배를 움켜쥐고 몸부림친다.

"아담! 왜 그래? 어디가 아파서 그래?"

"배가 아파! 나도 배가 아파!"

"이를 어째?"

"어떻게 하면 좋지! '하나님! 좀 도와주세요!'"

하와는 자기도 모르는 사이 하나님을 불렀다.

"하나님 도와주세요!"

그 소리를 듣더니 아담도 하나님을 부른다.

"하나님! 너무나 배가 아파요!"

아담이 갑자기 동굴 밖으로 뛰쳐나갔다.

"어디 가는 거야? 아담! 나도 같이 가!"

"아냐! 하와는 여기 있어! 볼일 좀 보고 올게!"

아담은 동굴 밖으로 나와 얼마 가지 못하고 바위 뒤에서 주저앉았다. 그리고는 설사를 해댔다. 에덴에서 나와 먹은 것이라고는 어제 저녁 동굴 안에서 삼킨 다래, 머루뿐인데 설사는 계속되었다.

두 사람은 동굴 안에 마주 앉았다. 서로의 손을 잡았다. 하와는 생리통이 너무 심해 견디기 어려웠고 아담은 설사병에 지칠 대로 지쳤다. 하와가 훌쩍거린다.

"내가 아무래도 잘못했던 것 같아! 뱀의 유혹을 이겨내야 했는데, 그러지 못했어! 또 먹더라도 나만 먹고 말았어야 했는데, 자기에게 권한 것은 내 죄야!"

"인제 와서 그런 소리 하면 뭐 해? 앞으로 견디고 나아갈 것을 염려해야지!"

10.

물살에 떠내려간 무스탕

 "우리가 먹어야 할 것은 밭의 채소라고 하나님은 말씀하셨어! 이 말은 우리가 농사를 지어야 한다는 뜻이야! 비록 땅이 가시덤불과 엉겅퀴를 낼지라도 우리는 채소를 먹어야 한댔으니, 농사지을 곳을 찾아야 해!"
 "농사지어야 한다면서 가시덤불과 엉겅퀴를 내겠다고 말씀한 것은 웬 심술이래? 있던 가시와 엉겅퀴도 치워주셔야 하는 것 아니야? 하나님은 왜 그러신대? 알다가도 모르겠어!"
 "그것들을 제거하면서 이마에 땀을 흘려야 우리가 먹고살 수 있댔어! 다툴 일이 아니라 농사지을 궁리를 해야 해!"
 두 사람은 동굴에서 며칠간을 더 머물면서 두루 돌아다녀 보았다. 그동안 하와의 생리통도 아담의 배탈도 가라앉았다. 두 사람은 길을 나섰다. 나귀 두 마리의 등에 짐을 잘 꾸려 얹고 걷기 시작했다. 해가 중천으로 솟아오르자 하나님이 지어주신 가죽옷은 벗어들었다.
 "우리가 하나님의 말씀을 어기고 선악과를 따 먹었음에도 하나님은 우리에게 이렇게 좋은 가죽옷을 지어주셨어! 감사한 일이야!"
 "쳇, 웬 감사?

그렇다면 우리를 에덴에서 내쫓지 말았어야 하는 거 아냐?"
 "선악과 따 먹으면 에덴에서 쫓겨난다고 말씀해 주었더라면 더 좋았을 뻔했어! 하나님은 왜 그렇게 말씀 안 하고 '죽으리라'고 했을까?"
 "맞아! 차라리 죽는다는 말을 하지나 말지! 그렇게 뻥치지 말고, 선악과를 따 먹으면 너희는 에덴에서 쫓겨날 것이다. 쫓겨나면 개고생하게 된다고 말해주었어야 하는 거 아냐? 그랬더라면 아무리 뱀이 유혹해도 내가 선악과 안 따 먹지!"
 "하나님이 우리에게 '선악과 먹기 이전으로 되돌릴 수 있겠느냐?'고 물으셨을 때, 그럴 수 있다고 말하지 그랬어?"
 "그렇게는 안 되지! 나도 생각이 있는데! 나도 좋고 나쁜 것을 분간할 수 있고, 나도 판단할 수 있는데, 그렇게는 안 되지!"
 "어쨌든 자기와 내가 선악과를 따 먹음으로써 이렇게 개고생하잖아? 나는 지금 하나님께 되돌릴 수 있다고 말할 걸 그랬나 하고 후회가 되기도 해!"
 "대장부가 쪼잔하기는, 요 며칠 고생한 것 때문에 그런 생각을 했단 말이야?"
 "하와는 그런 생각 안 들어?"
 "들기는 왜 들어! 내 인생 내가 살고, 내가 책임지면 되지 뭐!"
 "자기 속내 어디에 그런 강단이 들어있어?"
 "이런 강단 없이 세상을 어떻게 살아갈 건데?"
 두 사람은 아웅다웅하면서 산을 넘었다. 산 하나를 넘자 제법 큰 강이 눈앞에 나타났다. 강 건너편을 보니 지금까지와는 다르게 드문드문 숲이 우거져있다.
 "와! 저기다! 저기가 우리의 살 곳이다. 저기서 농사를 짓고, 양을 키워 가죽으로 옷을 해 입으면 되겠다!"

아담이 환호성을 질렀다. 그러나 하와는 시큰둥하다.

"하나님이 우리를 아주 버리기에는 아까웠나 봐, 쳇!"

하와는 고생스러운 것에 대해 하나님께 불평을 쏟아내며 푸념하는 습관이 들기 시작했다.

"그런데 강을 어떻게 건너지? 나귀들은 이 강을 건널 수 있을까?"

"나귀? 수영 잘 해! 내가 에덴에서 여러 번 봤어!"

"그래? 그럼 여기서 건너자! 강폭이 넓어서 멀기는 하지만 여기가 안전할 것 같아!"

"아니야! 여기는 강폭이 너무 넓어서 힘들 것 같아! 나귀도 수영 잘하고, 자기나 나나 수영은 익숙하니까 상류로 가 보자, 그러면 강폭이 좁아지는 곳이 있을 거야! 거기서 건너야 해!"

"상류는 강폭이 좁은 대신 수심이 깊고 물살이 세서 위험해!"

아담은 강폭이 넓은 하류에서 건너자 하고, 하와는 상류로 올라가 강폭이 좁은 곳에서 후딱 건너야 한다고 의견이 갈렸다. 여기서 건너느냐, 상류로 올라가서 건너느냐를 두고 다툼이 일었다. 이것도 선악 간의 다툼이다.

"에덴에 있을 때는 서로가 눈빛만 보고도 매양 의견이 일치되었는데, 자기 많이 변했어! 자신이 변해도 너무 변했다는 것, 하와 당신도 알아?"

"사돈 남의 말 하네, 변한 건 내가 아니라 아담, 당신이지! 에덴에서는 내가 하자는 대로 다 따라줬잖아?"

"무슨 소리야! 내가 하자는 대로 당신이 다 따라줬지, 내가 언제 자기가 하자는 대로 따라 줬다고 그래?"

"어얼레? 무슨 소리여 시방?"

하와는 목에 핏대를 세우면서 조금도 지지 않고 대들었다.

아담 생각에 이렇게 다투다가는 해가 떨어져도 끝이 날 것 같지 않았다. 아담이 결국은 양보안을 냈다.
"알았어! 자기가 수영에 자신이 있다 하니, 하와, 당신 주장대로 상류로 올라가 건너자!"
두 사람은 나귀를 앞세워 강가를 따라 한참 올라갔다. 강폭이 좁아지면서 물살이 빠른 것이 눈에 띄기는 했지만, 하와는 능히 건널 만하다고 생각했다.
"여기가 좋겠어!"
하와가 지정하는 곳에서 강 건널 준비를 했다. 아담과 하와, 두 마리의 나귀가 차례로 강물에 발목을 담갔다. 수온은 견딜 만했다. 한 걸음 두 걸음 강심으로 접근한다. 나귀들도 두려움 없이 잘 따라온다. 나귀 등에 실린 짐들이 걱정이기는 한데, 물속에서도 떠내려가지 않도록 끈으로 잘 매두었으니, 안심하고 용기를 냈다. 강폭의 삼분의 일쯤까지는 아주 깊지 않아서 수영하다 걷기를 반복하며 들어갔다. 그때였다.
"에구머니나!"
비명을 지르더니 하와가 물속에서 뒤집혔다. 가슴 깊이의 수심 아래 큰 바위에 발을 디뎠는데 바위에 낀 이끼에 미끄러졌다. 순간적으로 중심을 잃고 넘어졌는데 바위 아래 수심이 뜻밖으로 깊었다. 게다가 물속에 소용돌이가 있었다. 수온이 낮은 물과 합치는 지점의 소용돌이에 그만 중심을 잃고 말았다.
당황한 아담이 손을 뻗었으나 이미 손이 닿을 수 있는 거리에서 벗어나고 말았다. 겉으로 보기에는 물살이 급하지 않았지만, 수심이 깊은 곳은 수온도 차고 물살이 걷잡을 수 없이 빨랐다. 하와는 이내 급류에 휩쓸리면서 하류로 빠르게 내려간다.

"하와! 강 밖으로 헤엄쳐! 되돌아 나가자! 오던 길로 헤엄쳐!"

하와가 알아들었는지 못 알아들었는지 한동안 머리까지 물속에 쏙 들어갔다가 쏙 나오기를 몇 차례 하면서 하류로 떠내려갔다. 아담이 손에 들었던 것이며 등에 진 것 모두를 내던지고 하와를 따라 헤엄쳐 갔다. 생각보다 강물의 수심이 깊었고 물살도 만만치 않았다. 놀란 나귀는 본능적인 동작으로 빠르게 강을 헤엄쳐 저 멀리 건너가고 있다.

아담은 에덴에서부터 물에 익숙했고, 물에 빠진 사람은 어떻게 접근하여 건져내야 한다는 것까지도 알고 있었다. 물론 하와도 물에는 익숙했다. 아담이 하와 가까이 갔을 때, 하와도 비로소 정신을 수습하고 물살에 적응하면서 중심을 되찾았다.

두 사람이 안도하면서 수영을 했지만, 강바닥은 위험물이 많았다. 자칫 잘못하면 다시 위험이 올 수 있다. 강을 건너기에는 무리였다.

"하와, 강은 다음에 건너고 되돌아가야 해! 이쪽으로 헤엄쳐 되돌아 나가자!"

하와는 말없이 마신 물을 토해내며 물살에 순응하여 강 바깥으로 방향을 잡았다. 두 사람은 이미 에덴에서 가지고 나온 모든 것을 강물에 헌납하고 알몸만 남았다. 가까스로 되돌아 강을 벗어나 보니 애초에 두 사람이 입씨름했던 곳이다.

"거 봐! 내가 여기서 건너자고 했을 때 내 말을 들었다면 이렇게 고생하지 않고도 건넜을 거 아냐?"

"그래서 어쨌다고?"

"하와, 당신 말 듣고 상류로 올라가 건너다가 나귀 두 마리 잃고, 하나님이 챙겨주신 것이며, 모든 것 다 물에 떠내려 보냈잖아?"

"나도 잃은 것은 아까워! 하나님이 챙겨주신 가죽옷과 자투리, 안감으로 쓰고 남은 명주와 무명천이며 말린 포도도 아까워!"

앙칼지게 대꾸하고 하와는 돌아서서 어깨를 들썩이며 눈물을 쏟아낸다.

"울지 마! 내가 잘못했어, 우리가 무사하게 되짚어 강을 나왔으니, 하나님께 감사하자!"

"감사는 무슨 감사? 나는 감사하기 싫어!"

"알았어! 알았어!"

"하나님이 정말 우리를 돌보아주고 있기는 한 거야?"

"하와, 나는 그렇게 생각해! 그렇게 생각하고 싶어! 그렇게 생각하고 믿을 때, 하나님이 돌봐 주실 것 같은 기분이야!"

"기분이 그렇다는 거야? 진짜로 하나님이 돌봐 주신다는 거야?"

"하나님이 돌봐 주지 않으면 우리가 어찌 여기까지라도 왔겠어? 나는 그렇게 믿고 싶어!"

"'그렇게 믿고 싶어' '그렇게 믿고 싶어' 점점 입에 발린다! 암튼 알았어, 나도 그렇게 믿고 싶어진다. 점점"

"말을 좀 순화해서 하자! 그렇게 막 하지 말고!"

"내가 뭘 어쨌다고 그래?"

"알았어, 알았어! 이제 우리는 알몸이 되었어! 모든 것 다 잃고 오직 당신과 나뿐이야, 먹을 것도 없고, 입을 것도 없고, 나귀도 안 보여! 걱정도 안 돼?"

"그게 모두 내 탓이라는 거야?"

"하와! 솔직히 말하면 당신 탓이잖아, 내 말 들었으면 이렇지 않았을 거라는 사실, 몰라서 그래?"

"그래 모든 것이 다 내 탓이다! 그래서 어떻게 하자는 건데?"

하와는 아담 쪽으로 돌아서면서 오른손으로는 양 젖가슴을 가리고, 왼손으로는 사타구니를 가렸다. 엉거주춤 '베누스 푸디카' 자세를 다시 취하며 아담을 향해 언성을 높였다. 아담도 아랫도리가 부끄러운지 손을 슬쩍 그곳에 둔다.

"그만두자! 자꾸 싸운다고 좋아지는 것은 없어!"
"모든 것이 내 탓이라는 거잖아, 지금?"
"알았어, 그만두자고!"
"나는 분해서 그만둘 수 없어! 내가 강에서 미끄러졌을 때 잡아주지도 않은 사람이 누군데?"
"내가 잡고 싶어도 잡을 수가 없었잖아!"
"그거 다 핑계인 거, 내가 모를 줄 알아?"
"그만하자! 해도 저물었어! 이제 잠잘 곳을 찾자!"

아담이 돌아서서 바위틈 어디 잠잘 곳 없나 하고 걸음을 옮긴다. 그제야 하와도 분을 삭이면서 따라나섰다. 아담이 하룻밤 잠자기에 마땅한 곳을 찾아냈다. 두 사람이 눕기에 조금은 옹색했지만 마치 삼각 천막처럼 커다란 바위들이 기울어져, 입구로 공격하는 들짐승의 접근도 막을 수 있어서 안심하고 하룻밤 보낼 수 있을 것 같았다.

밤이면 늘 하와가 먼저 잠이 들었다. 아담은 하와가 잠이 깰 때까지 곁에 앉아서 지켜보다가 하와가 부스스 일어나려고 하면 그때야 잠을 청했다. 그러나 그 날은 강에서 지치고 다투느라 진이 빠져, 두 사람 다 나란히 자리에 누웠다. 하와는 아직도 화가 덜 풀렸는지 등을 돌려 눕는다.

"하와! 이리 와! 아까 일은 잊어버려!"
"흥!"

아담이 하와를 뒤에서 포옹하면서 몸을 돌려 눕혔다. 아담이 하와의 젖가슴을 자기 가슴에 밀착시켰다. 하와는 못 이기는 척 아담에게 몸을 맡긴다. 딱 달라붙은 두 사람의 가슴으로 알 수 없는 짜릿한 전류가 통했다. 전류가 관통하면서 다툼으로 가슴에 쌓였던 앙금이 스르르 녹아 사라짐을 느꼈다.

둘 사이 갈등의 찌꺼기가 사라지면서 두 육체 사이에는 아무 거리낌이 없게 되었다. 하와도 아담의 몸짓에 호응했다. 아담은 하와가 진정 자기의 뼈와 살임을 다시 되새기면서 체동을 시작했다. 하와는 아담의 온몸이 자기의 아랫도리를 통해 자신의 몸속으로 완벽하게 흡입되는 느낌에 탄성을 내뿜었다. 아담은 에덴에서의 첫 경험의 순간이 재현되는 듯 감격에 겨워 부르르 진저리쳤다.

그때와 다른 것이 있다면 동물이 합창으로 들려주었던 합환교향악이 없다는 점이다. 그래도 두 사람은 좋았다. 에덴에서 나온 이후 모처럼 만의 만족스러운 알몸 향연이었다. 충분한 시간 교합에서 몸을 풀고, 둘 다 스르르 잠에 빠져든다. 가끔 멀리서 들려오는 사자의 이빨 드러내는 소리에 몸을 뒤척이기도 하면서 깊은 잠을 모처럼의 꿀맛으로 즐겼다.

아침이 왔다. 하와가 먼저 잠에서 깼다.

"해야! 좀 더 일찍 깨워주지 그랬어? 오늘 강을 건너야 하는데!"

"…"

"쳇, 아무 말 않겠다 이거지?"

하와는 잠에서 아직 깨지 않은 아담의 조각같이 잘생긴 얼굴을 한참 들여다본다. 아담의 아랫도리는 여느 새벽처럼 튼튼하게 발기했다. 에덴에서 나오면서 속옷까지 해 입고 나와서 잠잘 때는 언제나 옷을 입고 잤는데, 그날 아침은 둘 다 알몸이다. 하와는 묘한 기분이 들었다.

아담의 머리끝서 발끝까지가 다 자기의 것이어야 된다는 야릇한 욕망이 고개를 쳐들었다. 그동안은 느껴보지 못했던 새로운 감정이다. 아직 잠에서 깨지 않은 아담을 자신이 어떻게 소유할지를 궁리했다. 얼굴을 쓰다듬으면 자기 것이 될까 하여 조용히 쓰다듬어봤다. 가슴을 만지고 튼실한 허벅지를 만져야 자기 것이 될까 하여 어루만져보기도 했다.

"너는 남편을 원하고…"

하나님이 하신 말씀이다. 지금 느끼는 이 감정도 남편을 원하는 것일까 하는 생각과 함께 아담의 온몸을 애무하다가 아담의 아랫도리에 자기의 아랫도리를 포개어본다. 아담은 잠에서 살포시 깨어난다. 잠깐 몸을 뒤척이더니 하와를 쓰다듬다가 몸 위로 올라앉은 하와가 싫지 않은 듯, 두 팔을 올려 하와를 안았다. 누운 채로 두 무릎을 하와의 엉덩이 뒤로 일으켜 세운다.

하와는 자기 안에 있는 아담의 갈비뼈 한 개뿐 아니라 모두를 다 가지지 않고는 만족할 수 없다는 듯, 아담의 몸뚱어리를 탐했다. 아담은 하와 안에 있는 자기 왼편 갈비뼈 하나를 찾아내어 기어이 '터치다운'하고야 말겠다는 듯이 깊숙이 돌진했다. 두 육체 사이에 가로막힌 것은 하나도 없다. 두 사람은 서로 살을 섞음으로써 적어도 이 순간만은 한 몸임을 거듭거듭 확인했다.

두 사람의 합환의 유희는 지칠 줄 몰랐다. 이들 곁에는 챙겨야 할 나귀도 없다. 잃을까 걱정되는 옷가지도 없다. 행여 맛이 변할까 신경 쓰이는 먹을거리도 없다. 걱정이 필요한 것이라곤 아무것도 없다. 오직 둘 뿐이었고, 둘 사이에 걸리적거리는 것도 없다. 지난 저녁, 그리고 이날 아침 두 사람의 합환은 마치 에덴에서와같이 완벽에 가까웠다. 아담은 발끝에서 머리끝까지 남김없이 하와 안으로 흡입되고, 신음처럼 노래했다.

"이는 내 뼈 중의 뼈요, 살 중의 살이로다!"

하와의 몸 안에 있는 자신의 왼쪽 갈비뼈 하나 기어이 확인하고, 환희와 감동에 부르르 떨면서 외쳐 부르는 노래다.
'너는 나의 것, 나는 너의 것! 우리는 둘이 아니다, 우리는 하나다!'
둘은 해가 중천에 못 박히도록 환희를 되풀이했다.

'굳이 여러 쌍을 선택적으로 만들어 대량 번식해야 할 만큼
서둘러야 할 이유는 없는 거란다!'

하나님이 인류의 출발을 이들 두 사람으로 시작하는 이유를 설명하면서 들려주셨던 말씀이 두 사람 귀에 동시에 울렸다. 아담과 하와도 저 강을 서둘러 건너야 할 이유가 없다는 생각을 똑같이 했다. 온종일 깊고도 질기고 달콤한 포옹의 어우러짐을 즐기다가 두 사람이 배고픔을 느낀 것은 어느덧 해가 중천에서 서편으로 기울기 시작할 무렵이었다.
"배고프다!"
"나도!"
"강을 건너갈까?"
"건너면 먹을 것이 있을 거야!"
"지금 건너자!"
"그래 건너자!"
두 사람은 벌거벗었으나 부끄러움을 내던지고 강으로 내달렸다. 아담이 먼저 강물에 발목을 적시나 했더니 이내 풍덩 하고 뛰어든다. 하와도 그 뒤를 따랐다. 에덴에서 폭포가 있는 비손 강 연못에서처럼 뛰어들었다. 둘은 익숙한 솜씨로 물살을 탔다. 수영하기 좋은 날이다. 수영하면서 챙겨야 할 군더더기는 아무것도 없다.

11.

아담 문답 - 샛별과 강

아담은 하와가 앞에서 헤엄치도록 뒤따르며 강을 건넌다. 유속에 저항하지 않고 조금씩 건너편으로 근접해갔다. 해는 서산에 뉘엿뉘엿 기울었지만 이른 초저녁 달이 야트막하게 떠올랐다. 헤엄쳐 건너기에 어스름은 전혀 장애물이 아니었다. 두 사람은 출발한 곳에서 대각선으로 강을 건널 수 있었다. 강 건너에 목표지점이 딱히 없었기 때문에 물에 온전히 몸을 맡기고 하류로 떠내려가면서 헤엄쳐 건너편에 당도했다.

발이 바닥에 닿을만하여 몸을 세워보니 잔자갈이 편평하게 깔렸다. 둘은 손을 잡고 서서히 걸어 나오는데 발바닥에 자갈의 촉감이 좋다. 가끔 커다란 돌이 있어 넘어질 듯하다가 물속에서 다시 균형을 잡아가며 걸어 나올 수 있었다. 물에서 벗어나자 잔자갈 밑으로 고운 모래가 깔려있다. 모래톱이 이어지고 드문드문 자갈도 있었다. 한참을 걸어 산기슭에 이르니 키 작은 풀밭이 연해 있다. 아담이 풀싹을 밟으며 말한다.

"풀들아, 미안해. 밟고 가도 되겠지?"

"…"

아무런 반응이 없다. 반응이 있었겠지만 서로 소통이 되지 않는다. 가끔 불어오는 바람도 무심하기는 마찬가지다. 어디서 불어오는지 물어도 대답이 없다. 향기를 가져오지도 않는다. 아담은 잠시 멈추고 달을 바라본다.

"달! 너도 이제 내 물음에 묵묵부답인 거냐?"

왼편으로 기우는 달이 홀로 빛을 쏟아내면서 아담과 하와에게는 관심조차 없는 듯했다. 두 사람은 침묵에 젖는다.

'아, 여기는 에덴이 아니지!'

모든 사물과 소통이 단절된 환경에 아담과 하와는 익숙해져야 했다. 산기슭에는 엉성하기는 하지만 목초가 덮여있는 구릉지가 있다. 하와는 아담의 손을 잡고 오면서도 한 다른 손은 사타구니를 가린다. 아담의 손을 안 잡을 때는 잡았던 손으로 가슴을 가리는 것이 이미 습관이 되었다.

선악과를 따 먹자마자 하와는 그 자세를 즐겨 취했다. 라틴어 '베누스 푸디카'의 원조는 '비너스'가 아니라 하와다. 선악과 이후 '정숙한 여인'은 부끄러운 곳을 가리는 게 선이요 미덕이 되었다. 하나님은 아니라 했지만, 하와가 다르게 결정했다. 엉거주춤 따라오는 하와를 보면서 아담도 안타까웠던지 한마디 한다.

"여기에도 무화과나무처럼 잎이 넓은 식물이 있을까?"

"있겠지만, 하나님이 해 주신 것처럼 우리도 동물 가죽으로 옷을 지어 입어야 하지 않겠어? 자기도 그렇고!"

"나는 뭐 아무래도 괜찮은데?"

"괜찮기는 하루에 열두 번도 더 변하는 모습이 부끄럽지도 않아?"

"어떻게 열두 번씩이나 변한다는 거야?"

"길어졌다 짧아졌다, 늘어졌다 오그라들었다, 굵어졌다 가늘어졌다, 빳빳해졌다 쪼그라들었다 하잖아?"
"그랬어, 내가?"
"그걸 몰랐단 말이야?"
"그랬나! 히히히!"
아담은 음흉스레 웃었다.
"그러고 보니 부끄러운 것이 맞네! 알았어! 나도 가려야겠군!"
밤이 깊어가지만 둘은 구릉지 끝까지 가서 야트막한 산을 바라본다. 에덴 동산에 비하면 엉성하기는 하지만 군데군데 덩굴 숲이 있고, 키가 쭉 뻗은 나무도 한두 그루 서 있다. 아담은 하와의 손을 잡고 덩굴에 가봤다. 어쩌면 그것은 다래 덩굴일지도 모른다. 머루 덩굴이라도 좋고 어쩌면 으름이 벌어지고 있을지도 모른다.
가까이 다가서는데 하와가 "아야!" 하고 비명을 지르면서 주저앉는다. 주저앉다가 또 한 번 자지러지는 비명을 지르면서 바닥으로 나뒹군다. 땅바닥으로 뻗어 나온 찔레 덩굴을 모르고 밟았다가, 쓰러지면서 엉덩이가 다시 찔레 가시 위를 덮쳤다. 설상가상이다.
아담은 하나님이 말씀하신 가시와 엉겅퀴를 상기하면서 조심조심 디딜 곳을 살피며 하와를 일으켜 세운다.
"안 되겠어! 날이 밝을 때까지는 저 아래 풀밭에 있다가, 해 뜨면 오자!"
"아, 모르겠어, 아야! 아야야!"
아담이 하와의 발바닥과 엉덩이에 박힌 가시들을 조심조심 제거했다. 가시를 뺄 때마다 빨간 피가 비쳤다.
"이거 그냥 두면 덧날 텐데 어떡하지?"
"어디 고운 흙이라도 피 나는 곳에 묻혀서 지혈시켜줘!"
"그 정도까지는 아니야!"

아담이 하와를 이끌고 조심조심 쉴 만한 곳으로 이동했다.

"여기서 날이 밝아오기를 기다리자!"

"나, 슬슬 졸음이 와!"

"이쪽으로 누워봐!"

아담이 하와의 머리를 자기 무릎 위로 누인다. 하와는 머리가 바닥에 닿기만 하면 잠든다. 규칙적인 숨소리가 작게 코 고는 소리로 바뀐다. 아담은 하와의 머리카락을 쓰다듬으면서 하늘을 바라본다. 별들이 총총하다. 에덴에서 볼 때처럼 영롱하지는 않았다. 에덴에서는 별들도 아담과 이야기를 나눴었다.

"샛별, 너는 여기서 거기까지가 얼마나 먼 거린지 알아?"

"알지, 그걸 모르겠어?"

"나는 모르겠어, 얼마나 먼데?"

"내가 뿜어내는 빛이 에덴까지 가려면 아담의 맥박이 일백이십 번은 뛰어야 해!"

"그렇게나 멀어?"

"나는 그래도 가까운 거지! 햇빛이 에덴에까지 당도하려면 아담의 맥박 사백팔십 번은 족히 세어야 할걸!"

"그럼 아침 해가 뜬 다음에, 내가 맥박 사백팔십 번을 헤아린 다음에 햇빛을 보게 되는 거야?"

"엄밀히 말하면 그렇다고 봐야 할걸!"

"그러나 눈을 뜨자마자 햇살은 눈부시게 비치는데?"

"그건 하나님이 그렇게 해 두셨기 때문이야!"

"하나님이 어떻게 하셨는데?"

"에덴에서 가장 멀리 있는 별의 빛이 에덴에 당도하려면 일백억 년도 더 걸리거든, 그런데 하나님은 창조 넷째 날 여러 별을 지으실 때, 그 빛을 에덴에 이미 비춘 모습, 그러니까 빛을 끌어 땅에 도착시킨 상태로 지으셨지!"

"샛별, 너는 참 아는 것도 많다."

"별이 별빛에 대해 아는 것은 상식이지, 넷째 날 지음 받은 발광체들은 모두 알고 있는 건데 뭐!"

"그렇구나! 그러나 후대의 사람들이 그걸 이해하려 들까?"

"별빛을 받아 반짝반짝하는 저 유프라테스 강에게 설명을 부탁해 보는 것도 좋겠다!"

"유프라테스강이 그걸 설명해 줄 수 있을까?"

그때 유프라테스강이 나섰다.

"내가 뭐 아는 것이 있겠느냐마는 샛별과 아담이 대화하는 걸 옆에서 들으니 나도 한마디 거들고 싶다."

"그래, 유프라테스 너의 말도 듣고 싶어, 들려줘!"

"에덴에는 네 개의 강이 흐르고 있잖아?"

"그렇지!"

"네 강이 만들어진 날은 알다시피 셋째 날이야, 그 날에 하나님이 '천하의 물이 한 곳으로 모이고 뭍이 드러나라' 명령하셨을 때, 하나로 뒤섞여 범벅이었던 뭍과 물이 나뉘면서 에덴에는 네 개의 강이 만들어졌지!"

"그건 나도 알고 있어!" 아담이 대답했다.

"그때를 생각해 봐, 강의 발원지에서부터 바다에 이르기까지 아주 먼 거리인데, 그날부터 강바닥을 다지고, 물이 땅속으로 스며들지 않도록 암반층과 다져진 진흙층과 모래층과 자갈층을 켜켜이 쌓아놓고 나서 발원지의 물이 졸졸 흐르도록 했을까?"

"무슨 뜻이야 그게?"

아담은 얼른 알아듣지 못하겠다는 투로 다음 말을 재촉했다.

"하나님이 셋째 날에 강을 만들 때 이야기인데, 천하의 물이 바다로 모이게 하고 뭍을 드러낼 때 뭍이 드러나면서 거기에는 강이 있었을 거 아니야?"

"그렇지, 당연히!"

"그날 하나님은 강물 아래로는 지층을 완성 짓고, 강의 발원지에서부터 바다에 이르기까지 강물이 찰랑찰랑 넘치면서 도도하게 흘러가는 완벽한 모습의 강으로 지으셨다는 것을 말하고 있는 거야!"

"그건 우리가 모두 알고 있는 거잖아?"

"그렇지, 그러나 후대의 사람들은 강의 바닥을 완성한 다음, 발원지에서 물이 졸졸 흐르기 시작했을 것으로 추측할 거야! 만일 하나님이 강을 그렇게 시작하셨다면 상류에서 출발한 물은 아직 이곳 폭포가 있는 광장에 도착하지 못했을걸!"

"이제 알겠어! 샛별이 유프라테스강 이야기도 들어보자고 한 이유를 알겠다. 그러니까 하나님이 우주에 별과 은하를 만들면서 별빛이 별에서 출발하도록 하셨더라면 그 빛이 아직 에덴에 도착하지 못했을 거란 뜻이잖아?"

"아담! 역시 말귀를 잘 알아듣는구나?"

"그런데, 샛별, 유프라테스! 왜 하나님은 그렇게 하셨을까?"

"그건 너무나 당연한 거 아냐?"

샛별과 강이 합창하듯 외쳤다.

"그게 왜 당연하다는 거지?"

"요런 맹추 같으니라고, 아담 너도 하나님이 여섯째 날 만드시면서 그때부터 성장해야 하는 갓난아기로 만들지 않고, 당장에 장가들기 알맞은 나이로 지으셨잖아?"

"그게 그것과 무슨 상관이지?"

"하나님이 말씀 안 해 주셨어?"

"말씀 안 해 주었다기보다는, 내가 묻지 않았지!"

"여쭤보지 그랬어?"

"다 알고 있는 걸 뭣 때문에 물어봐?"

"안다면서 모르고 있잖아? 잘 들어봐! 아담을 하루아침에 청년으로 지은 것이나, 수십억 광년 거리의 별빛을 창조와 동시에 에덴까지 비추는 상태로 지은 것이나, 강물이 바다까지 이미 흐르는 상태로 지으신 것이나, 그게 그거 아닌가?"

"아하! 그렇게 되네, 샛별, 유프라테스! 너희가 나보다 훨씬 똑똑하다. 그치?"

"그렇다고 볼 수는 없지!"

"왜?"

"우리가 아는 것이라고는 이것뿐이지만, 아담 너는 평생에 걸쳐서 아는 것이 더 많아질 거야, 그러니 아담이 우리와는 비교할 수 없을 만큼 뛰어나지!"

아담은 에덴에 있을 때 샛별과 유프라테스강과 더불어 주고받았던 이야기를 떠올리면서 쓴웃음을 지었다. 하와는 아담의 허벅지를 베개 삼아 누워 깊은 잠에 빠져들고 있었다.

아담은 에덴에서 나온 이후 새로운 도구를 많이 만들어야 했다. 아담이 만들어 사용하는 도구는 하나님이 지은 것과는 달랐다. 아담이 땀을 식히기 위해 만든 부채는 부치기 시작하면 그때부터 바람이 부채에서 출발하여 얼굴에 닿았다. 텃밭에 물을 끌어들이기 위해서 수로를 만들고 물꼬를 트면 물은 도랑에서 출발하여 텃밭에 이른다. 하나님이 텃밭에 물을 댄다면 아마도 도랑에서 텃밭에 이르는 수로에 동시에 물이 흐르도록 했을 것이다. 사람이 과일을 얻기 위해 과수원을 만들자면 묘목을 심어야 하지만, 하나님은 에덴에 이미 열매가 영글어 따 먹기에 알맞은 과일나무들로 채웠다.

아담은 에덴의 강 유프라테스에서 멀리 떠나왔지만, 밤하늘 샛별은 여전히 보인다. 아담은 조용히 샛별에게 말을 붙여본다.

"샛별아!"

"…"

"샛별!"

"…"

아담은 눈물을 글썽이면서, 목구멍에 기어드는 목소리로 다시 한번 불러본다.

"샛별아~"

아담의 눈물방울이 잠자는 하와의 볼에 떨어졌다. 하와는 그런데도 아랑곳없이 잔다. 저 멀리서 늑대 울음소리가 들려온다. 갑자기 소름이 돋는다. 에덴 동산에서 하나님의 주선으로 아담이 하와를 처음 만나 품에 안았을 때는 온갖 동물들이 저마다의 소리로 절묘한 교향악을 연출했다.

그때는 늑대의 부르짖음도 교향악단의 맨 뒷자리에서 간간이 부딪혀 울림소리를 내어 하모니를 절정으로 이끌던 심벌즈 소리처럼 아름다웠지만, 지금은 어쩐지 오싹한 느낌마저 든다. 늑대 울음이 교향악단 타악기 자리로 다시 찾아가는 날이 과연 올 수 있을까?

"늑대야! 그 날이 다시 오면 좋겠다! 그렇지?"

"우우우~"

대답 대신 늑대는 사나운 울음으로 달빛을 쩬다. 늑대 울음소리에 잠들었던 들쥐가 놀라 달아나는 소리가 희미하게 들리는 듯하다. 아담은 하와의 머리를 바닥에 조심스럽게 내려놓고 주변에서 돌멩이 하나를 집어 늑대 울음소리 나는 곳을 향해 힘껏 던졌다. 그 소리에 놀라 늑대가 도망치는지, 풀숲 헤집는 소리가 거칠게 들린다.

  밤이 깊어지면서 기온이 떨어지자 하와가 몸을 웅크린다. 그런 하와에게 아담이 해 줄 수 있는 것은 몸으로 하와를 감싸 안아주는 것뿐이다. 이미 동녘이 뿌옇게 밝기 시작했다. 아담은 하와 곁에 누우면서 하와를 꼭 끌어안아 줬다. 잠시 후 안았던 손이 스르르 풀리면서 아담은 그제야 늦은 잠에 빠져든다.

12.

하와 문답 - 바위와 나무

맥박이 480번이나 뛴 다음에야 땅에 도착한다는 햇살이 하와의 눈을 뜨게 했다. 그러나 맥박 수를 세지 않아도 햇빛은 이미 아침이슬에 영롱하다. 하와가 눈을 뜨고 일어난다. 이번에는 하와가 아담의 머리를 자기 무릎 위로 올린다.

하와는 깊이 잠든 아담이 깨지 않도록 조심스럽게 무릎베개를 이쪽저쪽으로 바꿔준다. 몸을 돌리자 하와의 시야에 야트막한 산이 들어왔다. 이리저리 눈길을 돌리는데 골짜기에 제법 큰 바위가 보인다. 저 바위도 이제는 대화가 안 통하겠지, 하면서 체념의 한숨을 가볍게 내뱉었다.

에덴에서 폭포를 이루던 절벽 바위와 나누던 대화가 떠올랐다.

"바위야!"

"왜?"

"네 속에는 뭐가 들었어?"

"그것이 왜 궁금한데?"

"이 동산 안에서 네가 가장 큰 바위니까 그렇지!"

"내가 얼마나 큰지 하와가 다 봤어?"

"다 봤지 그럼, 지금 다 보이잖아?"

"보이는 게 다가 아니라는 것을 모르는구나? 하와가 보는 것보다 훨씬 더 큰 내 몸뚱어리가 땅속에 박혀있거든?"

"그 큰 덩어리 속에 뭐가 들었는지 궁금하다! 가르쳐 줄 수 있어?"

"내 속에는 지층의 모양이 있어!"

"그게 뭔데?"

"모래층, 자갈층, 암반층, 뭐 이런 거 있잖아?"

"있지!"

"그 모양이 내 속에 다양하게 들어있지!"

"그래?"

"근데 그게 왜 네 속에 들어있지?"

"하나님이 셋째 날 천하의 물을 한 곳으로 모으고 땅이 드러나게 하셨잖아?"

"그랬지!"

"'그랬지?' 하와가 어떻게 그걸 알아? 하와는 여섯째 날 지어졌는데?"

"그렇지만 나는 알고 있어, 어떻게 내가 그 사실을 알게 되었는지에 대해서 지금까지 궁금하게 생각해 본 적이 한 번도 없었어! 근데, 바위야, 네 이야기를 듣고 보니 내가 생각해도 이상하다. 하나님이 아담과 나는 여섯째 날 지으셨는데, 셋째 날에 바위가 만들어졌다는 것을 내가 어떻게 알게 되었지?"

"그것을 가지고 후대의 사람들이 엄청난 논란을 벌이게 될 걸?"

"그걸 바위 네가 어떻게 알아?"

"경험하지 않고도 알게 되는 현상으로 사람들은 골머리를 앓게 될 거야!"

"맞다. 나는 경험하지 않았어도 아는 것들이 많은 것 같아! 그건 그렇고 네 안에 지층의 흔적이 왜 있는지 그거나 말해 줘!"

"왜냐면, 내 안에는 지층의 흔적도 있고 '화석'이라는 것도 있어! 하나님이 바위를 만들 때 그렇게 하셨어! 그런데 나중에 하나님을 의심하는 사람들에게는 영원한 수수께끼가 될 거야!"

"듣고 보니 나도 의심이 간다. 지층이라는 것은 거대한 물이 휩쓸릴 때 순간적으로 무거운 것은 밑으로 빠르게 가라앉고 그다음 차차 무거운 순서대로 가라앉으면서 층을 이루는 거잖아?"

"그렇지, 하와도 많이 알고 있구나!"

"나 우습게 보면 안 돼, 나 이래 봬도 아담의 갈빗대에서 나온 여자야!"

"삐친 거야?"

"삐치기야 하겠어, 말이 그렇다는 거지, 그나저나 셋째 날 지음 받은 바위, 네 속에 지층의 흔적과 화석이 있다면 누구든지 의심하는 것은 당연한 거 아니야?"

"그럼, 하와가 지음을 받은 지 하루 만에 아담의 아내가 되고 둘이 한 몸 된 건 어떻게 설명할 건데?"

"맞다! 그러네!"

"거 봐! 내 안에 지층의 흔적과 화석이 들어있는 것은 하와, 네가 지음 받은 당일에 결혼할 수 있었던 것에 견준다면 이상할 일이 하나도 없어!"

"하나님이 바위를 처음 만들 때 그 속에 지층의 흔적과 화석을 넣어 지었다는 말이네?"

"당연하지! 에덴 동산 지을 때 거대한 바위를 만들면서 오직 흙으로만 꼭꼭 다져서 만들었다면 그게 더 이상한 일 아니야?"

"하긴 그렇다. 시루떡 쪄 주시는 어머니가 쌀가루만 넣을 리 없지, 쌀가루 한 켜에 고물 한 켜를 반복하여 시루를 채우고 떡을 쪄 주시지!"

"그렇고말고! 그것이 하나님의 권능이고, 하나님의 영광이고, 하나님의 사랑이지!"

"그래도 바위, 네가 그렇게 말하는 건 너무 나간 거 아니야?"

"그렇긴 해! 바위 따위인 내가 뭘 안다고?"

"삐친 거야?"

"존심 상했어!"

"에이, 농담도 못 해?"

"깔깔깔"

하와는 에덴에서의 추억을 되새김하면서 아담이 잠에서 깨기를 기다린다.

해는 이미 하늘의 사분지 일쯤 되는 지점까지 솟아올라 있다. 에덴 동산에서 나온 이후 아담은 늦게 잠들고 늦게 일어났고, 하와는 일찍 잠들고 일찍 일어났다. 그러나 아직은 서로에게 불평하지 않았다.

하와는 말 없는 바위를 쳐다본다. 바위 옆에는 제법 밑동이 굵은 나무가 한 그루 서 있고 그 나무 위로 어떤 덩굴이 올라가서 나뭇가지를 덮고 있다. 하와는 그 나무를 물끄러미 바라보다가 에덴 동산에서 나무와 이야기를 나눴던 추억을 꺼낸다.

"나무야, 에덴 동산 나무 중에서 네가 제일 커?"

"아니, 유프라테스강 상류에 가면 내 몸피의 세 배나 되는 메타세쿼이아가 있어!"

"그런데, 나무야, 네 속에는 뭐가 들어있어?"

"하와는 속에 뭐가 들어있는지가 늘 궁금한가 봐?"

"왜?"

"바위에게는 바위 속에 뭣이 들어있는지 물어봤잖아?"

"그랬지, 내가 머릿속에 든 게 많아서 그런가 봐!"

"속에 든 것을 다 알아야 직성이 풀리는 여자구나?"

"이래 봬도 나 갈빗대 나온 여자야!"

"호호호! 그래? 아주 오랜 세월이 흐른 다음에 어떤 여자는 이렇게 말할 거야!"

"어떻게?"

"나, '이대' 나온 여자야!"

"'이대'가 뭔데? 그것도 갈빗대의 한 종류야?"

"모르지 나도! 하와가 모르는 것을 나무인 내가 알겠어? 그냥 농담이야!"

"암튼, 네 속에 뭐가 들어있는지 궁금해!"

"내 속에는 '나이테'가 있어!"

"나이테?"

"그게 왜 네 속에 들어있어?"

"나무에 나이테가 있는 것은 너무 당연한 거 아니야?"

"그건 나도 알아, 나무에는 나이테가 있지."

"그런데, 너도 바위처럼 셋째 날에 지음 받았잖아? 그런데 어떻게 네 속에 나이테가 있다는 거지?"

"쳇, 그럼 하와 너는 여섯째 날 지음 받았으면서 가슴이 어찌 그리 풍만하며, 허리는 잘록하고 엉덩이는 어찌 그리 절구통만이나 하며, 또 생리도 하잖아,

그 찰랑거리는 긴 머리카락은 그만큼 자라려면 아마도 10년도 더 길러야 할걸?"

"듣고 보니 네 말 맞다. 에덴 동산 안에 있는 모든 나무는 나이테를 가지고 있겠구나!"

"당연하지!"

에덴에서는 모든 것들과 의사소통했는데, 지금은 아담과도 말이 잘 통하지 않는다. 서로 얼굴을 마주 보면서 대화를 하는데도 서로의 뜻이 상대에게 전달이 안 될 때가 있다.

하와는 물끄러미 아담을 얼굴을 내려다본다.

제3부

번성

하나님이 그들에게 복을 주시며
하나님이 그들에게 이르시되
생육하고 번성하여 땅에 충만하라,
땅을 정복하라,
바다의 물고기와
하늘의 새와
땅에 움직이는
모든 생물을 다스리라 하시니라(창 1:28).

13.

덕순이, 옥자, 삼순이

아담이 잠에서 깨어나자 두 사람은 누가 먼저랄 것도 없이 산으로 향한다. 거기에 가야 먹을거리가 있다. 어제 가시덩굴을 밟고 넘어지면서 엉덩이에 가시가 박히는 아픔보다도 배고픔이 더 급하다. 강을 건너다 가진 것을 다 잃고 난 이후 제대로 먹지 못했다.

아담이 앞장서서 가시덩굴을 치우면서 숲속으로 들어갔다. 숲이라고 해봐야 무릎 아래에서 맴도는 관목과 칡덩굴이다. 간간이 키를 훌쩍 넘는 나무도 있었지만, 키만 컸지 먹을 만한 열매는 없다. 한참을 이리저리 헤매어 산딸기 몇 개를 입에 넣을 수 있었다. 개암열매도 따서 껍질을 깨고 속을 꺼내 먹었다. 가시가 있는 찔레도 갓 돋아난 순은 밑동을 꺾어서 껍질을 벗기면 먹을 만하다. 어느 정도 허기가 가셨다. 둘은 적당한 바위를 찾아 그 위에 걸터앉았다.

아담이 하와에게 시선을 돌리면 하와는 습관적으로 양발을 가운데로 오므리고 베누스 푸디카(Venus Pudica) 자세를 한다. 그걸 보면서 아담이 멋쩍은지 떡갈나무 이파리를 따서 하와에게 건넨다. 그리고 자신의 배꼽 아래를 슬쩍 가려본다. 그때 옆에서 바스락 소리가 났다. 소리 나는 쪽을 바라보니 토끼 한 마리가 햇볕 아래로 고개를 내밀고 있다.

"토끼야!"

하와가 큰 소리로 부르자 토끼는 서두르지도 않고 폴짝거리면서 몇 걸음 물러선다. 하와가 생각난 듯이 아담을 돌아보면서 말한다.

"아, 맞다! 토끼를 잡아서 가죽을 벗겨 옷을 만들어야 할까 봐!"

"어떻게 가죽을 벗길 건데?"

"하나님이 에덴에서 우리에게 가죽옷 해 줄 때 봤잖아?"

"그때 나는 왠지 섬뜩한 생각이 들었어! 그래서 안 쳐다보고 고개를 돌렸지 뭐야?"

"사내가 돼가지고, 그것이 왜 무서워?"

"하와는 무섭지 않았어?"

"무섭기는 왜 무서워, 하나님이 동물을 잡아서 가죽을 벗길 때 나는 유심히 쳐다봤어!"

"그럼 내가 토끼를 잡아 오면 자기가 가죽을 벗길 수 있겠네?"

"토끼를 잡아 와봐, 내가 가죽을 벗겨볼 거야!"

"알았어!"

아담이 대답하고 토끼가 사라진 쪽으로 성큼성큼 다가갔다.

"하와! 이리 와봐! 여기 토끼굴인데, 안에 보니 새끼가 있어!"

하와가 얼른 일어나 아담이 간 발자국을 따라갔다.

"어머 새끼를 다섯 마리나 낳았네, 아까 그 토끼가 어미 같은데 어디 갔지?"

"저기 있다!"

조금 떨어진 곳에서 어미 토끼 두 마리가 두 눈을 크게 뜨고 아담과 하와를 바라본다. 토끼는 아직 사람을 적으로 인식하지 않는 듯했다. 이번에는 아담이 토끼를 불러본다.

"토끼야! 이리 와봐!"

소리를 들었는지 못 들었는지 대답은 없고 그 자리에서 꼼짝 않고 서 있다. 하와가 다가가서 살며시 안아봤다. 암수 두 마리가 모두 하와 가슴에 안겼다.

"새끼가 있으니 어미 토끼 가죽을 벗길 수는 없겠다!"

"그래, 여기 그냥 두고 내려갔다가 다음에 오기로 하자!"

두 사람은 다시 산기슭으로 되돌아왔다. 어젯밤에 잠을 청했던 그 자리다. 그곳에서 며칠을 보내게 되었다. 배고프면 산으로 올라가 열매를 따서 배를 채웠다. 허기를 다 면할 수는 없었지만, 그런대로 연명할 수 있었다. 가끔 아담은 하와를 거처에 놔두고 혼자 올라가서 먹을거리를 구해 오기도 했다. 날씨가 점점 추워지고 있었지만 견디기 알맞은 추위다.

어느 날 하와가 정색하고 말한다.

"아담! 나, 아기 가졌다!"

"그래? 어떻게 알았어?"

"대번에 알았지! 지난번 동굴 속에서 있었던 생리 이후 소식이 없기도 했지만 느낌이 왔어!"

"그래 다행이야! 고맙다! 자기!"

"근데 딸일 것 같아!"

"어떻게 그런 느낌이 들어?"

"기분에 그럴 것 같아!"

"아이 낳아본 경험도 없으면서?"

"여자의 육감이란 것이 있어!"

"하나님께 감사하자!"

"싫어! 나 하나님께 감사하고 싶은 마음 없거든?"

"그래 알았어! 알았어!"

두 사람은 출산을 준비했다. 아무래도 들짐승의 공격을 막으려면 밤에도 안전하게 잠잘 수 있는 움막이 필요했다. 토끼가 적당한 깊이의 굴을 파고 들어갔던 것과 같이 아담도 마땅한 곳을 찾아 야트막하게 땅을 팠다. 에덴을 나와 첫 밤을 지새웠던 바위 틈새 동굴이 있으면 좋겠지만 여기에는 없다.

　아담은 토끼굴과 동굴을 연상하면서 집을 지었다. 이곳저곳을 돌아다닌 끝에 기둥으로 쓸 만한 나무토막을 구해다가 바위가 맞닿은 것처럼 사방에 세우고 윗부분을 한데 묶어서 고정하고 마른풀로 출입구만 놔두고 사방을 둘렀다. 무릎 높이 만큼 판 땅바닥에는 부드러운 풀잎을 깔았다.

　하와는 배가 점점 불러오면서 움집 안에서 온종일 보내는 날이 많았다. 아무래도 출산이 가까이 왔나 보다. 아담은 출산 후를 대비하여 이것저것 준비하느라 분주한 나날을 보냈다. 과일을 따서 말리기도 하고, 채소로는 시래기를 만들어 서까래에 걸어두기도 했다. 머루는 시들게 두었다가 그늘에 잘 말린 후 먹어도 맛이 좋았다.

　아무래도 출산 시기에 날이 더 추울 것 같아서, 아담이 전에 보아두었던 어미 토끼 두 마리를 잡아 왔다. 새끼들도 많이 커서 뛰어다니고 있었다. 아담이 어미 토끼를 잡을 때까지 두 마리 모두 공포심을 전혀 느끼지 않고 잡혀주었다.

　토끼를 잡아 와서 하와에게 주니 하와는 부른 배를 쓰다듬으며 일어나 토끼 목을 조였다. 아담이 유심히 쳐다보고 있다.

　"하나님이 이렇게 해서 가죽을 벗겼다는 거야?"

　"그렇지!"

　"에이! 나는 또 외면하고 싶어진다."

　"배 속의 아이를 생각해 봐, 어찌 그럴 수 있어, 아빠가 될 거잖아,

나중에 아이에게 뭐라고 할 거야?"

"그렇구나! 이리 줘, 내가 할게"

숨이 끊어져서 축 늘어진 두 마리 토끼를 아담이 들고 움집 뒤로 흐르는 도랑으로 갔다. 거기서 아담은 가죽을 벗기고 나머지는 모두 땅속에 묻었다.

'토끼야, 미안해! 내가 너에게 이렇게까지 하게 될 줄은 몰랐다.'

가죽이 잘 마르도록 나뭇가지를 꺾어서 이리저리 마름질하고 나뭇가지 위에 올려놓았다.

"토끼 두 마리의 가죽으로는 갓난 애기 배내저고리도 안 나올 텐데, 자기가 다시 올라가서 새끼 토끼들도 자랐을 거니까 잡아 와!"

그 말에 아담은 주저 없이 토끼굴로 올라갔다. 토끼굴이 보였다. 다 자란 토끼 다섯 마리가 장난을 치는지 이리저리 뛰면서 노닌다. 마음속으로 '토끼야 미안하다'라고 되뇌면서 다가갔다. 네댓 걸음 더 떼면 잡을 수 있었다. 그때였다. 토끼들이 아담을 발견하더니 일시에 달아나기 시작한다.

"어어? 이 녀석들아! 어딜 가는 거야? 이리와!"

그러나 토끼들은 산 위쪽으로 뿔뿔이 흩어지면서 멀찍이 달아난다. 그중 한 마리를 쫓았으나 덤불 속으로 숨었는지 보이지 않는다. 토끼는 긴 뒷다리를 이용하려 아담의 걸음보다 훨씬 빠르게 산을 탔다. 아담은 포기했다. 움집으로 돌아와 하와에게 그 이야기를 들려주었다.

"아마도 그동안은 우리가 토끼를 해치지 않으니 가만있었는데, 어미 두 마리를 잡아가는 것을 보고 달아나야 산다고 느꼈는지도 모를 일이네!"

"그럼 앞으로 토끼 가죽은 포기해야 해?"

"아니지, 달아나는 토끼를 잡을 방도를 찾아야지!"
"굳이 그렇게까지 해야 할까?"
"그렇게 하지 않고 아이를 어떻게 키울 건데?"
때가 되자 하와는 진통을 시작했다. 진통의 간격이 좁혀오면서 고통은 더욱 커졌다. 하와는 거칠 것 없이 비명을 질러댔다. 아담이 안타까워 탄식한다.
"하나님! 하와에게 임신하는 고통을 크게 더하고 수고해야 자식을 낳을 것이라 하셨는데, 하와의 고통을 차마 바라볼 수 없어요! 하나님! 도와주세요!"
"하나님 찾지 마! 우리를 쫓아낸 분을 왜 찾아! 애는 내가 낳는다!"
산통 중에도 하와는 목에 핏대를 돋우면서 비명을 질러댄다. 아담이 하와의 손을 꽉 잡고 진정시킨다.
"알았어, 알았어! 하나님 안 찾을게!"
"애는 내가 낳아! 하나님이 낳아주는 거 아니거든?"
고래고래 비명을 지르더니, 아이의 머리가 나오고, 이어서 어깨가 나왔다. 다리까지 다 나오고 아담은 미리 준비한 돌칼로 탯줄을 잘랐다. 하와는 온몸에 땀이 범벅되었지만, 안도의 미소를 지으면서 아이를 가슴에 안는다. 하와의 느낌대로 딸이었다. 아기는 건강하게 자랐다.
"자기가 아기 이름을 지어봐!"
"왜?"
"자기는 이름 짓는 전문가잖아? 안 그래?"
"그렇기는 하지! 내가 이름 지어준 동물들이 얼마나 많은데!"
"뭐라고 지을 거야?"
"애기가 너무 딱해 보이지?"

"그렇기는 해 너무 여리고 작아서 손대기도 어렵도록 딱하다!"
"덕순이 어때?"
"왜 덕순이야?"
"딱하다고 '딱순'이라고 부르기는 그렇잖아, 덕순이라 하면 덕스럽고 순하고!"
"촌스럽기는 하지만 그래도 최고의 작명가가 지었으니 그렇게 해야겠네!"
"덕순아! 까꿍, 까꿍?"

덕순이는 무럭무럭 자랐다. 하와의 젖은 부족함이 없었다. 덕순이가 돌을 지나기도 전에 하와는 또 아기를 가졌다. 연년생으로 낳은 둘째도 딸이었다. 아담은 둘째의 이름은 '옥자'라 지어 불렀다. 덕순이가 네 살, 옥자가 세 살이 되었다. 셋째가 들어섰다. 이번에도 딸이었다. 아담은 셋째 딸 이름을 '삼순'이라 지어 불렀다. 세 딸의 재롱에 아담과 하와는 푹 젖어 들었다.

"아담! 우리가 이렇게 딸만 연거푸 낳으면 어찌 되는 거야?"
"어찌 되기는, 하나님이 주시는 대로 낳아야지!"
"우리로 번성케 하여 세상을 다스리게 하자 하셨는데, 딸만 낳아서 번성이 되냐고?"
"그래서 하나님께 불만이야?"
"그렇잖아? 번성하게 하려면 딸 아들 골고루 섞어서 낳게 해 주셔야지 이렇게 줄줄이 딸만 낳으면 어떻게 해?"
"'애는 내가 낳는다!' 소리소리 지르더니, 이제는 하나님 탓하는 거야?"
"몰라 나도!"
"걱정하지 말고, 건강하게 잘 키울 생각을 하자!"

"그나저나 덕순이 옥자가 서로 싸워서 걱정이야!"
"한 살 터울이라서 그래, 내가 보기에는 덕순이가 언니랍시고 옥자에게 심하게 하는 때가 많아, 덕순이를 단단히 꾸짖어 줘야 해!"
"아니지, 그래도 언니인데, 질서를 세워줘야지, 당신처럼 그렇게 애들 둘이 서로 싸웠을 때, 불러 앉혀놓고 잘잘못을 따지면 안 돼, 그러면 언니의 권위가 서지 않아서 옥자가 언니에게 더 대들 거야, 그러니 덕순이 기를 세워줘야 해!"
"한 살 차인데 꼭 언니 대접을 받도록 해 줄 필요는 없잖아?"
"내 생각은 달라, 나는 질서가 중요하다고 생각해, 언니의 권위가 바로 서야 해!"
"그렇다고 무조건 언니 편을 들어주면 옥자가 너무 억울할 거 같은데?"

아담과 하와는 덕순이 옥자가 다투는 일로 의견이 갈려서 티격태격했다. 하와는 언니에게 권위를 실어주는 일에, 아담은 누가 더 잘못했는지를 가리는 일에 비중을 두었다. 둘이 싸우다가 하와에게 들켰을 때는 동생인 옥자가 꾸지람을 듣고, 아담에게 들켰을 때는 언니 덕순이가 꾸지람을 들었다.

어느 날 옥자는 자신을 꾸짖는 어머니에게 대들었다.
"엄마는 왜 늘 언니 역성만 들어! 왜 그러는데?"
"저것이 버릇없기는?"
"엄마가 둘째 딸의 서러움을 알아?"
"그걸 왜 몰라 이것아! 엄마는 너희들 그런 심정 다 알아!"
"어떻게 알아? 엄마는 태어나면서 어른이었다고 했잖아?"
"그래서 어쨌는데?"
"어른으로 태어나서 그날 아빠에게 시집갔으니, 어린 애 마음을 어떻게 알겠냐고?"

앙칼지게 대들다가 훌쩍훌쩍 운다.

"저것이 엄마에게 못 할 말이 없네?"

"왜 내가 틀린 말 했어?"

"옥자야 이리 와 봐! 덕순이도 이리 와서 곁에 앉아보렴! 아빠 엄마는 하나님이 청년으로 지어서 그날 결혼시켰지만, 아빠 엄마에게도 너희들처럼 어린 시절의 추억이 다 있어!"

"어떻게 그럴 수 있어요, 엄마?"

덕순이도 이 대목에서는 어머니를 이해할 수 없다는 듯 옥자와 합세하여 똑같은 표정으로 의아스럽게 쳐다본다.

"엄마 아빠가 그렇게 된 것은 천하 만물을 지으신 하나님의 섭리야! 하나님은 못 하는 일이 없고, 모르는 것이 없는 분이야! 그러니 아빠 엄마를 청년으로 처음 지으셨지만, 엄마 아빠에게는 어린 시절 뛰놀던 기억도 다 있단다."

"그걸 지금 우리보고 믿으라고요?"

옥자가 작정했다는 듯이 야무지게 따지고 든다.

"아이고 요것아, 엄마가 그렇다면 그런 줄 알아야지, 버릇없이 그러면 못써! 동생 삼순이도 있는데, 보고 배우면 어떻게 하려고 그래?"

"삼순이도 크면 나하고 똑같이 생각하고 엄마에게 따지고 들걸!"

14.

가인, 아벨, 삼돌이

내리 딸만 셋 낳고 걱정이 된 사람은 하와였다. 아담은 느긋하게 있었지만, 왠지 하와는 조바심을 냈다. 하나님 이야기만 나오면 불퉁거리던 하와가 어느 때부턴가 진지해졌다.

"아담! 나, 하나님께 기도해야 되겠어!"

"와우! 자기가 하나님께 기도를 다 하겠다니, 하나님이 깜짝 놀라겠다!"

"기도할 거야! 도와줘!"

"기도하면 하나님이 도와줄 건데, 왜 나한테 도와달라고 하는 거야?"

"여자가 혼자 애 낳아?"

"진통할 때마다, '애는 내가 낳는다, 하나님 찾지 마!' 하더니만!"

"아우, 저 인간 이럴 때는 정말 도움이 안 된다!"

"당신은 덕순이 권위는 잘 세우면서 왜 남편 권위는 안 세워주는 거야?"

"지금 이 마당에 그딴 생각을 하고 있었다는 거야? 어처구니없다 정말!"

"동생 앞에서 언니의 권위 못지않게, 아내 앞에서 남편의 권위도 있다고 생각해, 자기와 나 사이 권위로 질서가 제대로 서야지 아이들이 보고 배울 거 아닌감?"

"갑자기 할 말이 없어지는데, 당신이 그딴 생각이나 하고 있었다니, 정말 기막히다!"

"나도 남자인데, 왜 존중받고 싶은 마음이 없겠어?"

이렇게 티격태격하는 중에 넷째를 잉태했다. 이번에는 아들이다. 하와는 아담에게 아들 이름은 자기가 짓겠다고 했다.

"이 아이 이름은 '가인'으로 할 거야! 내가 하나님의 도우심으로 아들을 낳았거든!"

"하나님의 도우심으로 낳은 아들, 가인! 좋은 이름이네!"

하와는 가인을 낳은 직후에 또 잉태했다. 연년생으로 아이를 낳았는데, 아들이다. 다섯째로 낳은 아들 이름은 '아벨'이라 지었다. 연년생인 가인과 아벨은 사내아이답고 씩씩하게 자라가는 중에 요 녀석들도 덕순이 옥자처럼 심하게 다툰다. 어느 날 아담과 하와가 머리를 맞댔다. 하와가 먼저 말을 꺼낸다.

"가인과 아벨을 덕순이 옥자가 싸울 때처럼 훈육하면 안 돼!"

"무슨 말이야?"

"당신은 아이들 싸우면 무릎 꿇려 앉히고, 누가 잘했느냐 누가 잘못 했느냐, 시시콜콜 따져서 형이든 아우든 잘 못 한 아이를 그 자리에서 나무라고 벌을 주는데, 그 방식에 나는 찬성할 수 없어!"

"그럼 어떻게 하겠다는 거야?"

"형제간에 싸우면 그 자리에서는 무조건 아벨을 꾸짖어서 싸움을 그치게 하고, 나중에 아벨 없는 자리에서 가인을 불러 타일러야 해!"

"그러면 아벨이 너무 억울하잖아?"

"그렇게 하지 않으면 형의 권위가 설 수 없어! 가인은 장남이야 장남! 당신처럼 장남이라고!"

"내가 왜 장남이야?"

"장남이지 그럼, 하나님의 장남 아니야?"

"당신 말 잘했어, 그런데 왜 나에게는 장남의 권위를 세워주지 않는 거지?"

"남편이 장남이니까 아내가 남편 권위를 세워줘야 한다고? 그럼 남편이 장남이 아니고 차남이면 어떻게 되는 거야?"

"어휴! 말로는 내가 당신을 못 당한다! 암튼 앞으로는 애들 싸우면 나는 짐짓 모른 체할 터이니 당신이 알아서 아이들 가르쳐, 그게 좋겠어!"

"알았어! 당신은 바깥일에 더 신경을 써줘. 나는 집안에서 아이들 키울게!"

이때부터 가인과 아벨 사이 서열이 분명해지기 시작했다. 가인은 장남의 권위를 한껏 누렸다. 하와는 가인에게 어지간한 잘못이 있어도 항상 아벨을 꾸짖었다.

"형에게는 대드는 게 아니야! 형은 아우보다 먼저 태어났기 때문에 형에게 동생이 맞서는 것은 잘했다고 할 수 없어!"

가인과 아벨은 한 살 터울이지만 둘 사이 장남과 차남의 서열이 추상같았다. 장남의 권위가 세워지면서 가인은 의젓해지고 아벨은 고분고분해졌다. 그 사이에 하와는 이년 터울 혹은 삼 년 터울로, 때로는 연년생으로 아이를 낳았다. 하나님은 임신하는 고통을 더하여 수고하고 자식을 낳을 것이라고 했지만 출산이 거듭되면서 하와는 용변하듯 쑥쑥 애를 낳았다.

"하나님이 거짓말하신 거 아닐까?"

"왜?"

"당신이 이제는 밭고랑에서 일하다가도 애를 순풍순풍 낳잖아?"
 "남자들은 이래서 탈이라고! 그 고통이 사라진 줄 알아! 사라진 것이 아니고 내가 참아내는 데 익숙해진 거라는 것을 몰라?"
 "그런 거였어?"
 아이들 덕에 집안이 늘 시끌벅적했다. 가인은 동생들을 거느리고 아버지와 어머니를 도왔다. 가인은 장남의 권위를 내세워 동생들을 휘어잡았다. 위로 세 명의 누나들까지 가인의 호령 앞에 수그러들 정도가 되었다. 아버지 보는 앞에서는 아버지에게 순종하기를 깎듯이 하여 아우들 앞에 모범을 보였다. 그런 모습에 아담은 하와의 자녀 양육 방식에 대한 불만이 수그러들었다.
 가인이 청년기를 맞이하면서 코밑이 거뭇거뭇해지고 온몸에 털이 자라기 시작했다. 어른티가 제법 났다. 소년에서 남자가 되어가고 있었다. 결혼 적령기에 이르렀다. 연년생이니 아벨도 마찬가지다.
 "아담! 쟤들 짝을 지어줘야 하지 않겠어?"
 "나도 고민하고 있었어! 친남매 간에 결혼을 시키는 것에 대해서 말이야!"
 "아담! 고민할 것을 고민해야지! 자기하고 나와의 결혼을 생각해 봐!"
 "우리 결혼이 뭐가 어때서?"
 "나는 당신의 갈비뼈잖아? 그러니 나와 당신의 결혼은 자기 몸끼리의 결혼이야!"
 "듣고 보니 그러네!"
 "우리가 자식들 간에 서로 결혼시키는 것은 하나님의 뜻이야! 하나님이 당신과 나, 단 한 쌍의 부부로 시작했을 때는 자신끼리의 결혼으로 하셨고, 다음은 친 남매간 결혼인데, 왜 쓸데없는 고민을 해?"

"하와! 당신 말이 맞네! 우리는 자신과 결혼하고, 2대는 친 남매간 결혼이니 자연스럽네, 여보, 그러면 가인은 누구와 짝을 지어줄까?"

"내가 보기에 가인과는 첫째 덕순이보다 둘째 옥자가 잘 어울려, 눈치를 보아하니 가인은 옥자를 좋아하는 것 같아!"

가인이 스무 살 청년이 되던 해, 부모들은 가인과 옥자가 서로 끌리도록 분위기를 은근하게 만들어주었다. 그리고 결혼시켰다. 결혼하자마자 분가시켰다. 가인은 장남답게 아버지의 가업인 농업을 이어받아 농사를 지었다.

가인과 옥자는 결혼하자마자 수태하고 자녀를 낳았다. 가인과 옥자가 아이 낳는 것을 곁에서 본 아벨도 결혼하고 싶은 마음이 부쩍 더했다. 아벨은 셋째누나 삼순에게 마음을 주고 있었다. 부모들은 허락하고 아벨 삼순 커플을 탄생시켰다. 이들도 잘 어울리는 가정을 꾸려나갔다.

아벨 삼순 부부도 결혼하자마자 기다렸다는 듯이 아이를 낳기 시작했다. 아벨은 양을 치겠다고 했다. 양을 쳐서 털을 깎아 실을 잣고 천을 짰다. 또 젖을 짜서 양식에 보탰다. 양이 늙으면 가죽을 벗겨 옷을 해 입었다.

첫째 딸 덕순이는 아우들이 먼저 출가하여 조카들이 생기는데도 마음이 태평했다. 덕순은 성격이 털털하고 사내 같은 면이 있어서 남동생들이 쉽게 넘보지 못했다. 어머니 하와가 그걸 잘 알고 아벨 아래로 태어난 삼돌이와 짝을 지어주는 데 성공했다. 이 땅에 벌써 세 쌍의 부부가 추가되어 네 가정이 되었다.

자녀 세대는 친 남매간에 결혼했지만, 손자 대에 가서는 사촌 간 결혼이 가능하게 되었다. 아담 하와는 손자 대에서는 가능하면 사촌 간 결혼을 권장했다. 아담은 하나님에게 자기는 선택의 여지없이 하와와 결혼했다고 투덜댔던 일을 떠올렸다. 그랬는데 어느덧 친 남매간 결혼을 거쳐 4촌간, 6촌간 결혼이 이루어지고 있다. 머지않아 8촌간 결혼도 나오게 될 것이다. 아담 하와가 슬하의 자손들 이름을 일일이 다 기억할 수 없을 만큼 식솔이 늘어갔다.

하와의 출산 빈도는 여전했다. 어쩌다 연년생을 낳기도 했지만 서너 살 터울로 아이를 낳았다. 식구가 늘자 모두가 한 곳에 모여 살아가기에는 여러 가지로 어려움이 야기되었다. 아담은 이곳저곳을 물색해가면서 장성하여 가정을 이루는 아이들을 적당히 떼어 놓고 각자가 처한 곳에서 마을을 이루며 살아가도록 했다.

15.

미루와 세리 스캔들

어느 날 아벨의 아내 삼순이 친정어머니이자 시어머니이기도 한 하와를 찾아왔다.
"어머님, 세리 년이 벌써 초경을 했어요!"
세리는 아벨 삼순 부부의 둘째 딸이다.
"어머나, 그래, 벌써 그렇게 되었구나!"
"네, 그런데 걱정이 있어요!"
"뭔데?"
"초경을 한 계집애가 젖가슴 가릴 생각을 도무지 안 해요!"
"초경할 나이면 가슴이 제법 봉긋할 텐데?"
"네, 제가 가려야 한다고 말해주면, 답답하게 왜 가려야 하냐고 대드니 뭐라고 설명해 줘야 할지 궁색해서 어머님께 여쭤보려고요!"
"호호호!"
"어머님, 왜 갑자기 웃으세요?"
"옛날에 너희 아버지와 그 문제로 다툰 일이 생각나서 그래!"
"어떻게 다투었는데요?"
"내가 남자의 아랫도리를 가려야 한다고 말하면서 길어졌다 짧아졌다. 굵어졌다 가늘어졌다. 발딱 서 있다가 축 늘어지곤 한다고 흥을 잡았더랬지!"

"그런 일이 있었어요?"

"그때 여자의 젖가슴을 왜 가려야 하는지 너희 아버지가 말해 준 것을 생각하니 웃음이 난다."

"그때 아버님이 뭐라 하셨는데요?"

"여자의 젖꼭지도 수시로 변한다는 거야! 어떤 때는 탱글탱글하다가 어떤 때는 쏙 들어가 있기도 하고, 어떤 때는 꼭지 주변에 자잘한 돌기가 일어나 있기도 하다는 거야!"

"쑥스럽게도 그런 말씀을 나누셨단 말이에요?"

"에덴 동산에서 쫓겨나 얼마 안 되었을 때였지, 그때는 너희들 낳기 전이었고, 또 엄마 아빠가 너무 놀라서 뭐를 고르고 가리고 할 경황도 없었을 때였다."

"그런 일이 있었군요!"

"그때 너희 아버지 말을 듣고 깨우쳤다. 여자의 젖가슴과 젖꼭지는 성적 충동에 대단히 민감한 곳 중의 하나다!"

"그렇지요!"

"어떤 때는 팽만감이 오기도 하고, 유두가 단단해지면 주변에 돌기가 돋고 그러잖아?"

"그렇지요!"

"그 느낌은 솔직히 말하면 성적으로 관련될 때라는 것을 부인할 수 없지?"

"어린 시절에는 몰랐지만, 나중에 알게 되는 것 같아요!"

"그거 봐, 그러니 감추는 것이 답이라는 거다!"

"네 알겠어요! 세리에게 그렇게 설득하면 될 것도 같아요! 고마워요, 어머님!"

 아벨의 아내 삼순이가 둘째 딸 세리 일로 이야기를 나누고 한참의 세월이 흘렀다. 세리도 짝을 찾아줘야 할 시기가 다가오고 있었다. 그럴 무렵 이번에는 하와가 정색하고 남편을 자기 앞에 앉혔다.

 "여보 이 일을 어떻게 해결하면 좋겠어요?"

 "무슨 일인데?"

 "아 글쎄 우리 열다섯째 '미루'가 제 형 아벨의 딸 세리와 연애한다잖아요!"

 "뭐야? 그럼 어떻게 되는 거야? 조카와 결혼하겠다는 거야? 그렇게 되면 손녀가 며느리로 들어온다는 얘긴데, 그건 안 돼!"

 "그렇지요?"

 "그럼, 그건 안 될 일이지, 그렇게 되면 촌수 따지기가 복잡해지잖아, 만일 고놈들이 결혼해서 아기를 낳으면 우리의 손주가 되는 거야 증손주가 되는 거야? 그렇게 되면 안 되는 거 아냐?"

 "그래서 걱정이 돼요! 어떻게 해야 할지!"

 "아벨과 삼순이는 뭐라고 해?"

 "걔네들도 난감해하지요! 뭘 어떻게 말려야 하는 건지, 짝을 지어줘야 하는 건지, 갈피를 못 잡고 있어요."

 "그렇겠지!"

 미루는 위로 누나와 형을 줄줄이 두고 태어났기 때문에 어려서부터 부모보다는 누나와 형들의 보살핌을 더 많이 받고 자랐다. 열째까지는 아담과 하와가 직접 보살피고 챙겨봤지만 열째가 넘어서면서부터는 부모의 손길이 미치는 빈도가 현저히 줄어들었다. 식솔이 늘어날수록 아담과 하와가 육아에 전념하기도 어려웠다.

 미루는 크게 속 썩이는 일도 없고 그렇다고 어딘가 특출난 데가 있는 것도 아니어서 눈에 보이는 듯 안 보이는 듯 자란 아들이다. 미루는 형 가인과 아벨이 결혼하자 누나와 형이 이룬 신혼집에 관심이 유독 많았다. 가인 형, 옥자 누나 부부의 신혼 방에서 부부 사이에 끼어들어 잠자는 것을 좋아했다. 그러다 가인과 옥자 부부 눈 밖에 났다.

자기를 싫어하는 것을 알고 나서 미루는 아벨 형과 삼순이 누나 부부를 따라다녔다. 세리는 아벨 삼순 부부의 둘째 딸이다. 첫째 아들에 비해 여리고 잘 우는 세리를 미루가 달래주면 금새 울음을 뚝 그치곤 했다. 미루는 세리를 업어서 키우다시피 했다. 세리의 젖가슴이 봉긋하게 솟아오를 무렵 미루는 이성에 대해 눈 뜨고 있었다. 그런데 가장 가까이 있는 세리를 보면서 야릇하게 감정이 변하는 것을 느꼈다.

세리는 자신에게 나타나는 여성의 성징을 전혀 부끄러움 없이 드러냈다. 어려서부터 가까이 해 온 습관 그대로였다. 미루는 조카의 젖가슴이 부풀고 엉덩이가 커지는 모습 앞에서 자신의 아랫도리가 뻐근해지는 느낌을 숨기려 하지 않았다. 아벨과 삼순은 아우와 딸 사이의 연정을 눈치챘지만, 거기에 신경 쓸 만한 여유가 없었다.

여름이면 미루는 세리를 데리고 강가에서 멱을 감았다. 해가 뉘엿뉘엿 기울면 강 상류 쪽으로 갔다. 가다 보면 잔디밭 위로 소나무 두어 그루의 가지가 서로 엉켜 움막처럼 안온한 느낌을 주는 둘만의 아지트가 있다. 거기서 미루와 세리는 어른이 되어갔다.

미루는 자신의 행동에 어떤 의미가 있는지는 개의치 않았다. 단지 욕구에 충실했다. '내 뼈 중의 뼈요 살 중의 살이로다' 하는 따위의 오묘함은 알지도 못했다. 어린 시절 잠자다가 어렴풋이 목격한 어른의 행위가 어언간 자기의 일이 되어있었다. 세리는 미루의 격정적인 파트너였지만 때로는 노리개이기도 했다. 부족 안에서 처음으로 드러난 숙질간의 연정이다.

미루와 세리는 자신들을 바라보는 사람들의 야릇한 시선도 알아챘다. 세리는 그게 싫다며 미루 품에서 우는 일이 잦아졌다. 어느 날 사람들이 모두 잠든 한밤중에 세리를 데리고 강변 아지트로 왔다.

"세리야, 우리 저 강 건너로 도망칠까?"

"강 건너엔 나무도 귀하고 풀도 별로 없고 맨 바위산이라는데, 거기로 가면 어떻게 해?"

"삼촌만 믿어! 할아버지 할머니도 강 건너편에서 이쪽으로 건너오셨어. 그곳에도 사람이 살 수는 있다고 했어, 그러니 나만 믿고 가자! 강을 건넌 다음 사람들이 우리를 쫓아오지 못하도록 멀리 가야 해! 거기에 가서 우리 둘이 살자!"

"알았어, 삼촌 따라갈게!"

"고맙다. 가자!"

두 사람은 강을 건넜다.

이튿날 날이 밝은 후 둘이 없어진 것을 알고 아벨과 삼순 부부가 아담과 하와의 움집으로 찾아왔다. 아담, 하와 그리고 아벨 삼순 네 사람이 둘러앉았다. 아담이 아벨 삼순 부부에게 말을 꺼냈다.

"너희 생각에는 어떻게 했으면 좋겠냐?"

"저희는 아버님 어머님 말씀에 따르겠습니다. 찾아 나서라 하면 지금이라도 나서겠습니다."

한참 침묵이 흐른 다음, 하와가 결단한 듯 아담을 향해 말했다.

"여보! 눈 한번 질끈 감아 줍시다! 지금 찾아다가 닦달해봐야 엎질러진 물 돌이킬 수도 없고 떼어놓는다고 해결될 것 같지도 않아요!"

아담이 곁에서 고개를 끄덕거리다가 거들었다.

"너희 어머니 말이 맞다. 너희는 돌아가서 하던 일 하거라!"

"아버님, 어떻게 그렇게 할 수 있겠어요! 저는 세리를 찾아 나설 거예요!"

삼순이 훌쩍거리면서 대꾸했다. 그러자 아벨이 나섰다.

"여보! 삼순 누님! 여기서 자꾸 이러면 어떻게 해?"

"당신은 세리 걱정 안 돼요?"

"걱정이야 되지만 그 아이들이 어디로 갔는지도 알 수 없잖아?"

"그러니까 찾아 나선다는 거지요!"

아벨 삼순 부부가 자리에서 일어나 돌아갔다.

그들이 가고 나서 아담이 하와에게 툭 한마디 던진다.

"흐음! 이런 일은 어떻게 하는 것이 좋을지, 당신이 하나님께 여쭤 보지 그래?"

"하나님이 응답해 줘야 묻든지 말든지 할 거 아녜요?"

"또 배알이 틀어졌군! 가인 태어났을 때를 생각해 봐요!"

"하나님이 대답해 주나 마나 뭐 어쩌겠어요, 그것들 찾아오면, 둘 사이를 떼어놓고 못 만나게 감시할 수도 없는 노릇인데!"

"그렇긴 해요, 어떻든지 간에 당신이 잘 타일러 주었으니, 그것들 걱정은 덮어두기로 합시다. 살다가 힘들면 돌아오겠지!"

그 사건 후 비슷한 일이 연달아 터졌다. 숙질간에, 어떤 경우는 조손 간에도 눈이 맞아 결혼하겠다는 일들이 속출했다. 나중에는 촌수를 헤아리기도 어려웠다. 하와가 이번에도 매듭을 지었다.

"여보! 촌수를 따져보면 가깝지도 않아요! 숙질간은 3촌 간이고 조손 간은 4촌이니 우리가 이해하고 넘깁시다!"

"하와! 당신 말이 옳네, 이제는 길을 걷다 보면 모르는 사람을 만날 때도 있으니 말이야!"

16.

아프리오리, 선험, 추체험

 미루와 세리가 야반도주한 지 시간이 꽤 지났다. 아벨 삼순 부부로부터 연락이 왔다. 삼순이의 닦달에 못 배긴 아벨이 이리저리 찾다가 강 건너에서 미루와 세리를 찾았는데 그들이 한사코 되돌아오지 않겠다고 한다는 것이다. 그리고 세리는 이미 아이를 가져 배가 불렀다고 했다. 아벨은 며칠간 미루와 세리가 그곳에서 살아갈 수 있도록 이것저것 도와주고 되돌아왔다고 했다. 전언을 듣고 하와가 아담에게 한 마디 했다.
 "거 봐요! 내가 뭐랬어요!"
 "하와, 당신이 내린 결론이 이번에도 딱 들어맞았네! 어쨌든 당신 정말 신통하다!"
 "그것이 다 아이를 낳는 엄마의 본능적 감각이에요, 그리고 당신이 나에게 뭐랬어요?"
 "뭐랬는데?"
 "하와! '모든 산 자의 어미' 그렇게 불러 주고 벌써 잊었단 말이에요?"
 "아무리 그래도 그렇지, 당신은 마치 에덴에서 쫓겨나올 때, 이런 일이 일어나면 이렇게 처리하고, 저런 일이 일어나면 저렇게 처리하라고 누군가로부터 가르침을 야무지게 받은 것 같단 생각이 들어요!"

"누가 나를 가르쳤겠어요! 당신하고 잠시도 떨어져 지낸 일도 없는데요!"

"그러게 내가 당신에게 신통하다고 하지 않소?"

누구로부터 가르침을 받은 일도 없고, 경험한 일도 없었지만, 돌발 상황이 터질 때마다 하와는 마치 예상했다는 듯이 척척 결론을 도출해냈다. 하와 자신도 자문해 볼 때가 있었다. 왜 아이들이 싸우면 속이 상하고, 잘 지내면 덩달아 기분이 좋은지, 착한 것에는 호감이 가고 악한 것에는 혐오감이 생기는지, 상대가 나에게 공감해 주면 기쁘고 반발하면 불쾌한지 등등, 이 모든 정서적 바탕이 언제부터 자기 안에 들어와 있었는지 궁금해지기도 했다.

아담 하와 부부는 시시때때로 자녀를 불러 앉혀놓고 에덴 동산 이야기를 해 줬다. 자녀 앞에 해 줄 수 있는 이야기가 에덴 동산 말고는 거의 없었기 때문이기도 했지만, 아이들이 자라면서 자기네는 부모가 있는데, 엄마 아빠에게는 왜 부모가 없는지 질문하면 에덴 동산과 하나님 이야기를 해 주게 된다.

하나님 이야기를 듣는 아이들은 호기심에 귀를 쫑긋하기도 했지만 이해할 수 없다는 듯이 눈을 동그랗게 뜨기도 했다. 그러나 더 이상 나올 이야기가 없으니 아이들의 궁금증 해소는 아쉽게도 늘 그쯤에서 멈췄다. 고개를 갸우뚱하면서 일어나는 아이들은 그때부터 자기 나름대로 이치의 테두리 안에서 상상의 나래를 펴 갈 것이다.

아담 하와가 해결해야 하는 더 큰 일은 공동체 안에서 질서를 잡아가는 것이었다. 자녀는 부모에게 왜 순종해야 하는지, 아우는 언니의 말을 왜 들어야 하는지, 남자와 여자는 왜 구별되는지, 사람들은 왜 사이좋게 지내야 하는지를 가르쳐야 했다. 그러나 '왜'라는 질문에 대한 대답이 늘 궁색했다.

가정에 질서가 바로 서고 서로 간에 화목할 때 마음이 편하다. 아담 하와는 자기네가 평안함을 느끼는 쪽으로 자녀를 다스리고 관계를 유지하도록 했지만, 관계를 설명하고 질서와 윤리 도덕을 가르치기에는 어려움이 적지 않았다.

어울려 놀다가 지나치게 욕심을 내는 아이에게 욕심이 왜 나쁜지를 설명하려면 나름대로 체계가 있어야 한다. 아담과 하와가 보기에는 분명히 욕심을 더 내는 아이가 나빠 보였다. 그러나 그것이 왜 나쁜지를 설명하기는 쉽지 않았다. 형제간에 싸우다가 상대의 얼굴을 할퀴어 상처를 냈을 때는 어찌 됐든 상처를 낸 것이 더 무거운 죄라고 가르치고 싶은데, 조리 있게 설명하자니 막막하기도 했다.

처음부터 동생이 잘못했고, 철없는 동생이 터무니없이 때를 부려 형의 기분을 매우 격앙케 한 것은 아우의 명백한 잘못이다. 그러나 형이 자기의 분을 못 이겨 아우 얼굴에 손톱자국을 낸 일은 더 큰 잘못이라고 가르친다는 것은 용이한 일이 아니었다. 폭력이 촉발된 원인이야 어떻든 간에 폭력은 죄라고 가르치고 싶었지만 적당한 논리가 아쉬웠다.

어느 때부턴가 아담과 하와 부부는 아이들에게 에덴 동산 중앙에 있는 선악과 따 먹은 일에 대해 이야기하지 않을 수 없었다. 그 사건은 창조주 하나님의 명령을 위반한 것이고 그로 인해 자기들이 엄한 징벌을 받았다는 사실은 자녀가 부모의 명령에 순종해야 하는 이유를 설명하기에 적합했기 때문이다.

설령 선악과를 따 먹게 된 인과적 경과가 자기네 입장에서 보면 매우 필연적이었다 하더라도, 선악과가 금단의 열매이기 때문에 하나님 앞에서는 잘못이고, 따 먹게 된 과정을 설명하는 일은 변명에 지나지 않는다. 이를 거울삼아 아담 하와는 자녀를 훈육했다. 사람 사이의 폭력은 폭력을 불러온 전후 사정에 피치 못할 원인이 있다손 치더라도 폭력을 행한 자가 벌을 받아 마땅하다는 것을 납득시키기에도 선악과 사건이 적격이었다.

형제자매 간에 서로 이해해 주고, 서로 사랑해야 하는 이유에 대해서도 아담 하와 부부는 설명해 주고 이해시켜야 했다. 자녀를 낳은 부모는 형제자매간에 지극히 사랑하면서 우애가 돈독한 가정을 이루기를 간절히 바라게 된다. 우애하는 모습을 볼 때 부모의 마음이 기쁘다. 그러나 형제간에 다툼이 일어나고 아들 며느리 간에 다툼이 일어나 소소한 폭력이라도 발생하면 한없는 안타까움이 인다.

그러나 자녀는 부모의 심정만큼 간절하지 않다. 서로 이해다툼이 벌어지면 결코 양보하려 들지 않는다. 한 핏줄이라도 이는 어쩔 수 없다. 이러한 부모와 자식 간의 혈연에 대한 정서적 차이도 아담과 하와는 극복해야 했다.

"내가 왜 동생을 사랑해야 하는데요?"

"왜 형을 이해해야 하나요?"

"무엇 때문에 내가 손해 봐야 한단 말입니까?"

"나는 다섯 대 맞을 때까지 참고 참다가 딱 한 대 때렸을 뿐인데, 코피가 터졌어요! 그럼에도 내 잘못인가요?"

때로 부모 앞에서 직설적으로 항의도 했다. 말로는 안 하더라도 표정에는 불만이 가득한 것을 모르지 않았다. 부모가 자녀를 가르친다는 것은 곧 이러한 문제들의 해결인데, 그 해결이 아담과 하와에게 쉬운 일이 아니었다. 이 모든 어려움이 아담 하와가 인류의 첫 부부였기 때문이라는 것을 아담 하와는 익히 알고 있었다.

자기들이 전통의 물꼬를 잘 터놔야 대대손손 도덕과 윤리가 자리를 제대로 잡아갈 것이라는 자각도 있었다. 이런 관습과 전통이 누적되고 점점 체계가 잡히면 부모가 자녀를 납득시키기에 큰 어려움이 없겠지만, 아담 하와 부부에게는 자녀에게 내세울 아무런 전통이나 당위가 없다. 어느 날 하와가 아담에게 진지하게 말했다.

"여보! 옥자에게 아무리 가르쳐도 걸핏하면 '엄마가 둘째 딸의 서러움을 알아?' 하니 어떻게 하면 좋아요?"

"아벨도 둘째 아들의 서러움을 아느냐고 합디까?"

"아벨은 그렇지는 않아요!"

"그나저나 여보!"

"예!"

"당신은 유년시절에 대한 기억이 어떤 거요?"

"뭐 언젠가 당신과 이야기 나눈 적이 있지만, 어렸을 때 나는 어쩌면 둘째 옥자와 같지 않았던가 하는 생각이 들어요! 옥자처럼 둘째 딸의 비애도 겪었던 것 같고, 엄마 아빠의 지극한 사랑을 넘치게 받았던 것도 같고, 또 형제간에 싸웠던 기억도 있는 것 같아요! 당신도 그렇다고 나에게 말하지 않았던가요?"

"그렇지, 당신이나 나나, 청년 이전 시절이 생략되었지만, 그것이 우리에게 결손이라는 생각은 추호도 해 보지 않았잖아!"

"그랬지요! 불만이나 부족함 같은 것은 전혀 못 느끼고, 젊음의 청춘에 물이 올라 얼마나 신이 났었는지, 지금 생각해도 흐뭇해요!"

"그렇지, 나도 그래요! 그러나 인제 와서 내 어린 시절을 돌이켜보면 나도 아벨처럼 성장한 것 같다는 느낌이 들곤 해요, 그런데 당신이 가진 유년시절 어머니에 대한 기억은 어떤 거지?"

"지금 생각하면 '우리 어머니'는 꼭 지금의 나 같았다고 여겨져요!"

"그래? 나도 그래, 나도 어머니에 대한 '인지'는 꼭 하와, 당신이 었거니 하는 생각이 들어!"

"어머! 그럼 이게 어떻게 되는 거예요, 우리에게는 어머니가 없었는데 자식을 낳아 키우다 보니 우리의 과거가 현재의 체험으로 대체되었다는 거예요 뭐예요?"

"그러게 말이야, 듣고 보니 그럴 수도 있겠네! 그러나 어쨌든 당신이나 나나 유년의 기억이 편부 혹은 편모슬하가 아니라 자애로움이 넘치는 양친 부모 슬하에 자란 것으로 당신과 나에게 각인되어있는 게 맞지?"

"그건 분명해요, 에덴에서 나온 이후 아이들 생기기 전에도 당신과 그렇게 과거를 회상했었잖아요?"

"그랬지, 그래서 당신이나 내가 똑같이 '역시 하나님이셔!' 했었지!"

"지금 생각해도 하나님은 당신과 나를 정말이지 흠과 티가 없이 지으셨음이 분명해요!"

"좋으신 하나님이지! 그래서 당신이 그렇게 애를 잘 낳고 있는 거 아니겠어?"

"암튼 여보! 우리 애들에게도 좋으신 하나님으로 가르쳐야 하지 않겠어요?"

"그럼 당신과 나의 선악과 범죄는 어떻게 되는 거요?"

"부모가 손상을 입어도 자식이 바르게 자라 준다면 그것쯤이야 대수로운 일이 아니잖아요!"

"그건 그래! 어쨌든 아이들이 서로 화목해야 우리 마음이 편하잖아!"

"하나님을 좋으신 하나님으로 안 가르칠 수 없어요! 아이들에게 가르쳐야 해요!"

"그럽시다! 하나님은 좋으신 하나님으로, 당신과 나는 범죄자로 커밍아웃할 수밖에 없구려!"

"가인은 이미 철이 제법 들어서 약간 늦은 감이 있지만, 아벨 밑으로는 그렇게 늦었다고 볼 수 없어요! 지금부터라도 아이들에게 하나님을 가르쳐서 하나님의 섭리와 경륜을 알게 해야 할 것 같아요!"

아담과 하와는 그 이후로 거리낌 없이 선악과 사건을 들려주면서 자녀를 훈육했다. 하나님의 천지창조에 대해서도 열심히 가르쳤다. 첫째 날에 빛, 둘째 날에는 하늘, 셋째 날에는 땅과 바다 그리고 식물, 넷째 날에는 해 달 별을 비롯한 광명체, 다섯째 날에는 조류와 어패류를 지으시고 여섯째 날에 사람과 육지 동물 지으셨음을 들려줬다.

그 이야기를 듣는 아이들 눈을 보면 처음에는 흥미롭게 듣다가, 에덴에서는 해 달 별과 동물을 비롯한 모든 사물과 사람이 대화했다는 대목에 이르면 모두 시큰둥했다. '나는 아무리 뱀과 말을 해도 안 되던데…' 하는 궁금증을 드러내면서 자리에서 일어섰다.

"여보 아담! 나도 그건 정말 궁금해요! 당신과 내가 범죄 하여 징벌받은 것은 알겠는데, 왜 모든 피조물과 우리 사이 대화가 단절된 거지요?"

"나도 그 점이 무척 궁금했었지, 그런데 어느 날 문득 이런 생각을 했어요!"

"어떤 생각이요?"

"하나님이 우리를 지으실 때 복을 주시면서 생육하고 번성하여 땅을 정복하고 움직이는 모든 생물을 다스리라 하셨잖아?"

"그랬지요!"

"그때 하나님은 전지하신 분이니 당신이 먼저 선악과를 따 먹고 남편인 내게 권하여 같이 타락할 것도 알고 계셨을 거 아니요?"

"그야 그렇지요!"

"그러면, 하나님은 우리가 타락하기 이전의 상태에서 땅을 정복하고 생물을 다스리기를 원하신 것일까, 아니면 타락한 이후 지금의 우리 모습으로 땅을 정복하고 생물을 다스리기를 원하셨을까 하는 의문이 들더라고!"

"어머, 당신은 그런 생각까지, 나는 그 생각에는 미치지 못했어요!"

"그런 의문 끝에 한 가지 답이 나오더라고!"

"어떤 답이 나왔어요?"

"만일 우리가 선악과를 따 먹지 않았더라면 에덴 동산의 그 조건에서 우리가 땅을 정복하고 생물을 다스렸을 거 아니요?"

"그야 그렇겠지요?"

"그런데, 우리가 선악과 따 먹은 이후, 하나님 입장에서 볼 때 엄청나게 변했단 말이요, 그렇게 변해버렸으니, 다른 것들도 변하는 것이 맞겠다는 생각이 어느 순간 스치더라고!"

"남자들은 그런 것까지 생각하기를 좋아하나 봐요?"

"암튼 그런 묵상을 했었지!"

"듣고 보니, 아담, 당신은 하나님의 막둥이가 아니라 장남이 확실한 것 같아요!"

"왜 그래 갑자기?"

"당신 말 듣고 보니 너무나 당연하잖아요!"

"그렇게 생각했다면 지금부터라도 남편 권위를 장남 권위로 제대로 세워주겠다는 거요?"

"그건 장담할 수 없겠네, 당신은 종종 철부지 같은 행동을 하잖아요!"

"그랬나?"

"그나저나 여보 아담!"

"왜요?"

"우리는 하나님을 배신한 범죄자라 치더라도, 땅과 모든 피조물은 에덴 상태로 그냥 둔다고 해서 문제 될 것이 있을까 하는 생각은 여전히 남잖아요?"

"나도 그 생각을 했소! 그런데 조금 더 생각해 봅시다. 에덴에서는 당신이나 내가 구름에게 이리 와라, 저리 가라 할 때 구름이 우리의 말에 잘 순종했잖소?"

"그렇지요, 어디 구름뿐이에요? 바람도 그렇고, 동물들도 우리가 부르면 즉시 달려오곤 했잖아요?"

"그때는 당신이나 내가 온전히 하나님이 정해주시는 선악 기준을 따랐지!"

"그랬지요!"

"그러나 이제는 당신 생각 따로, 내 생각 따로가 되었단 말이오!"

"그래서 어쨌다고요?"

"나는 구름에게 이리 오라 하는데, 당신은 저리 가라 하면 구름이 어떻게 해야 하겠소?"

"..."

"또 사람들이 호피무늬 가죽옷을 만들겠다고 달려가는 호랑이를 불렀단 말입니다. 그래서 호랑이가 고분고분 다가오면 얼마 못 가서 호랑이는 멸종되고 말 거 아니겠소?"

"아, 그래서 우리가 선악과를 먹고 각자 자기 생각에 옳은 대로 하는 중구난방이 되었으니 호랑이를 지키기 위해서는 사람과 적대적 입장으로 만들 수밖에 없었다는 설명인 거예요?"

"내 생각에 그럴 수도 있겠다는 것이오!"

"당신 생각에 일리가 있어요! 그러고 보니 당신은 하나님의 충실한 대변자이시네!"

"하나님에게 당신과 나 같은 존재가 어디 또 있겠어?"

"그렇지요, 선악과 따 먹기 전에는 하나님 앞에서 우리가 순전했잖아요!"

"당신도 하나님의 심정을 꽤 많이 헤아리고 있네?"

"애들 키우면서 말 안 듣고 속 썩일 때, 하나님도 당신과 나 때문에 얼마나 속이 상하셨을까, 이런 생각이 들 때가 있어요!"

17.

버선목이라 뒤집어 보일 수도 없고

하나님은 아담과 하와를 내보내면서 결혼한 자녀 분가 시키는 부모처럼 이것저것 살뜰하게 챙겨주었다. 동물을 잡아 가죽을 벗겨 모피 옷까지 해 입혔다.

그들은 비록 선악과를 따 먹었지만, 인류의 첫 사람, 첫 번째 부부다. 하나님은 그들에게 첫 번째 가정을 이뤄 번성하기를 기대했다. 선악과를 따 먹은 범죄자였지만 아담과 하와에게 그럴 만한 역량은 남겨 두었다. 하나님과의 관계가 훼절 되기는 했어도 흐트러진 정신을 잘 수습한다면 그럭저럭 살아가면서 번성하고 이 땅을 다스릴 만도 했다.

장남 가인이 장성하여 가정을 이룬 후 아벨과 삼돌이도 연달아 짝을 맺어 가정을 가졌다. 이들도 별 탈 없이 자녀를 생산했다. 아담과 하와의 손자도 결혼하여 그들도 손자를 보았으니 아담에게는 손자의 손자다. 헤아려 보니 에덴에서 나온 지 일백여 년이 훌쩍 지났다. 장남 가인과 차남 아벨의 나이도 백 세를 넘겼으니 말이다.

처음에는 한 곳에 옹기종기 모여 살았으나 식솔이 늘어나면서 자기 살길을 찾겠다고 산을 넘고 물을 건너는 자손이 있어 이곳저곳에

취락을 이루었다. 아담이 맘먹고 자기 자손이 사는 고을을 모두 돌아보자면 달포 가지고도 부족했다. 그러다 보니 아담의 소일은 두루 돌아보면서 사는 모습을 살피고 가르치고 훈육하는 일로 채워져 가고 있었다.

자손 중에서 가끔 철학적 사색을 하는 녀석도 있었다. 이를테면 이 세상은 어떻게 비롯했는가, 자기를 낳은 부모와 조상, 특히 자기보다 까마득히 위에 있는 아담과 하와의 근본에 대하여 궁금히 여기면서 아주 까다롭게 질문하는 때도 있었다.

"여보! 왜 아이들이 이런 문제로 의문을 갖지?"

"그러게 말예요! 당신과 나는 에덴의 경험이 있으니 당연하게 여기지만, 이들은 그걸 경험하지 못했으니, 한편 생각하면 그럴 수도 있겠다 싶어요!"

"당신과 내가 해결해야 할 것 중에서 이 문제가 점점 시급해지는 것 같소!"

"사람들은 그저 열심히 살면 될 텐데, 왜 쓸데없는 일에 신경을 곤두세우는 지 원 참!"

"지내다 보면 그런 것이 궁금해지기도 하겠지!"

"당신과 나만이 경험한 에덴 동산을 이 이상 어떻게 더 깨우쳐 줄 수 있겠어요?"

"할미, 할아비가 들려주는 얘기를 곧이곧대로 믿으면 좋으련만, 어디 모두가 그렇기야 하겠소, 당신과 내가 이해하면서 그 아이들이 믿을 수 있도록 기회가 되는 대로 더 가르치고 참아내면서 기다리는 길밖에 더 있겠소?"

"하나님이 당신과 나처럼 모든 사람을 결혼 적령기로 태어나도록 했더라면 어땠을까요?"

"당신 그 생각, 썩 좋은데?"
"내 생각이 평소에는 별 볼 일 없었다는 뜻으로 들리는데요?"
"여자들 소견은 아무래도 남자와 비교할 때 조금 다른 데가 있는 것은 부인할 수 없지!"
"그거야 똑같지 않나요? 남자들의 밴댕이 소갈딱지는 얼마나 기가 찬지 알기나 하우?"
"이러다 또 싸움 나겠소!"
"남자들이 여자의 소견을 가지고 가타부타 평가하겠다는 당신의 그 생각부터가 비뚤어졌다는 것을 왜 몰라요?"
"알았어요, 알았어! 당신 말이 다 옳아요!"
"옳긴 뭐가 옳아요?"
"당신이 말했지 않소? 하나님이 이 땅에서 번성하여 땅을 정복하고 피조물을 다스릴 인간을 지을 때, 하나님이 갓난아기로 시작하지 않고 다른 방법, 이를테면 당신과 나처럼 성년으로 모두가 태어나도록 했더라면, 우리가 굳이 가르치지 않아도, 저 태양을 누가 어떻게 왜 만들었는지 다 알고, 자신의 탄생과 평생에 해야 할 일과 결국은 어디로 가야 하는지를 다 알 것이란 말, 그 말이 내 생각에도 옳다, 그 뜻이오!"
"그건 정말 그렇지 않나요?"
"그렇지, 당신과 내가 결혼 적령기로 지음을 받았어도 영유아기는 물론 유소년 시절과 청년 시절의 체험에 관한 기억에 부족함이 전혀 없듯이, 모든 이들이 다 그렇게 체험과 추억을 겸비하고 성년으로 태어나면 참 좋았지 않았을까 하는 생각, 듣고 보니 그럴듯하네!"
"그러니 이 문제를 어떻게 하면 좋겠어요? 당신과 내가 후손에게 전하는 하나님에 대한 이야기, 에덴 동산에서의 체험담은 이제 그들에게 잔소리가 되었어요, 우리가 부끄러움을 무릅 쓰고 선악과 따 먹은 얘기까지 다 해주는데도 들으려 하지 않아요, 에덴의 '에'자만 꺼내도 귀를 막고 달아나버려요, 하나님의 '하'자만 꺼내도 걸음아 날 살려라 하고 도망치니 어쩌면 좋겠어요?"

"한편 생각하면 그런 행동을 이해 못할 바는 아니지! 당신과 나는 하나님에 대한 분명한 경험이 있고, 에덴에서 보낸 일이 아직도 어제 일처럼 생생하지만, 아이들은 당신과 내가 전해주는 이야기만 듣게 되잖아?"

"여보, 내가 오래전부터 생각해 온 일인데 말이오, 후손을 한자리에 모이도록 해서 어떤 의식을 치르도록 하면 어떨까요?"

"의식이라니 그게 무슨 말이오?"

"당신과 내가 아무리 에덴 동산 이야기, 하나님 이야기 들려 줘봐야 잔소리밖에 안 되니, 그들을 모아놓고 당신이 주관하고 내가 옆에서 거들면서, 하나님과 교감하는 행사를 해보자는 거지요!"

"그런 게 왜 필요하며, 그런 것이 먹혀들 것 같아서 그런 말을 하는 거요?"

"아담! 생각해 봐요! 당신과 내가 하나님과 에덴에 대해서 말로만 들려줬지, 그걸 행동으로 보여 준 일은 한 번도 없어요! 당신과 나의 행동 속에서 어떻게 하나님이 드러날 수가 있겠어요, 또 에덴을 만드신 하나님의 천지창조가 우리의 입술로만 전해졌지, 행동으로 드러난 것이 어디 있어요, 그래서 생각과 입술로만 하지 말고, 행동으로도 에덴 동산과 하나님의 섭리를 보여주자는 뜻이에요!"

"행동으로 보여주자?"

"그렇지요!"

"행동으로 후손에게 보이자, 그걸 어떻게 행동을 보일 수 있을지

나로서는 난감한데, 당신이 생각해 둔 것이 있소?"

"아이들이 저희 태어난 날, 또 결혼한 날, 자녀 출산 날을 기억해 두었다가 기념하기도 하잖아요?"

"그렇지, 그건 아벨이 제일 잘 하는 거 아니요?"

"맞아요! 아벨은 당신과 나의 생일까지 꼬치꼬치 물어서 챙겨주잖아요!"

"그러고 보니 당신과 나에게 아벨이 참으로 귀한 자식이구려!"

"아벨의 그 마음 씀이 참으로 기특해요! 어디서 그런 지극함이 나왔는지 아벨의 얼굴을 바라보고 있노라면 마음에 뿌듯함이 차올라요! 당신도 그렇지요?"

"그렇긴 하지! 그래서 아벨이 분가한다고 했을 때 멀리 못 가게 했잖아!"

"아벨이 당신과 나에게 생일이며 결혼기념일 또 자녀 출산 때마다 선물을 들고 찾아오듯이, 우리 후손이 모두 모여 하나님께 그런 감사의 뜻을 표하는 의식이 어떨까, 그런 생각을 오래 전부터 했는데, 당신이 늘 내 말을 무시하니까, 내가 지금까지 참다가 말을 꺼낸 거예요!"

"참, 나 원, 내가 언제 당신 말을 무시했다고 그러는 거요?"

"남자는 자기들의 관점에서 늘 여자의 말을 폄훼하는 아주 못된 습관이 있다는 것 정말 몰라요?"

"나야 그렇다 치더라도, 그러면 사내아이들이 다 그렇다는 거요?"

"아이들 낳아 기르고 가르쳐 가정을 꾸려주고 분가시키면서 그것도 눈치채지 못했다는 거예요?"

"그런 게 있었어요?"

"남자들의 자기중심, 그거 진짜 누가 말려요?"

"참, 나 원! 대책이 안 서는구먼!"

"그런 대책 말고, 하나님을 이해 못 하고, 하나님의 창조 이야기를 건성건성 들어 넘기는 우리 후손을 위한 대책을 세워야 해요! 시기를 정해두고 한자리에 모이게 해서, 당신과 내가 엄숙하게 전하는 하나님과 에덴 이야기를 모두가 듣게 하고, 하나님과 무언가 교감하는 의례를 만들어서 지내면 좋겠어요!"

"하와, 당신의 이야기를 들으면서 생각해 보니, 한번 해 볼 만하다는 생각이 드네! 당신과 내가 아이들로부터 선물을 받듯이 하나님이 선물을 받도록 하자는 거잖아?"

"그렇지요, 그렇게 함으로써 당신과 내가 생각과 말만이 아니라, 행동과 실천으로 창조주 하나님과 에덴 동산의 이야기를 드러내니 좋고, 후손이 우리를 믿어주니 좋고요!"

"그거 좋겠소!"

"당신이 내 말을 받아들인 것이 얼마 만인지 까마득하지만, 아무튼 하나님께 드리는 의례를 꼭 정해서 지내도록 합시다!"

18.

불타오르네

한동안 아담과 하와는 하나님께 드리는 의례에 대한 토론을 이어 갔다. 어떻게 해야 하나님이 기꺼이 받으실지, 하나님께는 무엇을 어떻게 드려야 할지, 하나님 앞에 바치는 선물은 어떤 것으로 하며, 의례를 마치고 나서 그 선물은 어떻게 처리하는 것이 좋을지 숙고했다.

"여보! 당신과 나, 둘이서만 이렇게 꿍꿍 앓을 것이 아니라, 가인과 아벨을 불러서 그들의 의견도 들으며 함께 대책을 찾으면 어떻겠소?"

"그것도 괜찮을 것 같아요, 당신과 나의 생각은 어느 정도 일치가 되어 있으니 우선 그 둘을 불러서 의견을 듣고, 정해지는 대로 우리가 도와서 가인과 아벨이 의식을 치르도록 합시다!"

아담과 하와는 연통을 놓아 가인과 아벨을 불러들였다. 가인과 아벨을 따라 옥자와 삼순이도 부모님의 움집을 찾아왔다. 가인과 아벨 부부는 아담과 하와의 의견을 경청하면서 수긍하는 태도를 보였다. 가인이 먼저 자기 생각을 말했다.

"저야 아버님께서 말씀하시면 그대로 따르겠습니다!"

"아벨의 의견은 어떠하냐?"

"저도 아버님 어머님과 똑같은 고민을 하고 있었습니다. 저희야 아버님 어머님의 경험을 전해 듣고 믿을 수 있지만, 그 말씀이 손자에게는 할아버지 할머니 말씀이 되고, 또 증조할아버지 증조할머니 말씀으로 한 계단씩 더 멀어지니, 아버님 어머님의 전하시는 말씀에 대한 신뢰가 점점 엷어지는 듯하여 고민하고 있었습니다. 그래서 하나님께 드리는 어떤 형식의 의례, 그러니까 제사의례라든가 그런 것을 하면 좋겠다고 속으로 생각하고 있었습니다."

"지금 '제사의례'라고 했더냐?"

"네, 하나님께 지내는 의례를 '제사'라 칭하면 어떨까 하는 생각을 해 봤습니다!"

"그거 괜찮다. '하나님께 올리는 제사' 그 제사에서 하나님께 올리는 물건은 선물이 아니라 제물이라 부르면 되겠구나!"

"그렇지요, 저희가 부모님께 드리는 감사의 물건은 선물이니까, 하나님께 드리는 것은 제물이라고 부르면 좋을 것 같습니다."

"가인! 너의 생각은 어떠냐?"

"저야 늘 아버님 말씀에 순종하는 것을 최고로 알고 살아왔습니다. 장남으로서 그렇게 함으로써 날로 늘어나는 가솔들이 잘 따라오게 된다고 생각했습니다. 아벨이 말한 것처럼 그런 생각은 못했습니다마는 모두가 아버님 어머님 후손인 만큼, 위계와 질서는 엄격하게 존중되어야 한다는 생각을 늘 하고 있었습니다. 이번 일도 아버님이 정해주시면 무엇이든 그에 따르고, 또 모두가 제사의례에 동참하도록 하겠습니다!"

"그래, 고맙다 가인, 네가 장남으로서 질서를 잘 잡아주어서, 오늘날 우리와 자손이 번성하고 있구나!"

"이 어미도 한마디 하고 싶다. 우리 가문이 이렇게 급속하게 퍼져 나갈 수 있었던 데에는 무엇보다 하나님의 뜻이 있다. 그 하나님이 너희 아버지와 나를 지어 가정을 이루게 하셨으니 우리가 이렇게 번성했다. 이 모두가 창조주인 하나님께 감사해야 할 일이다. 오늘 이야기한 것을 토대로 의례를 잘 정하여 달이 차올라 보름이 되거든 하나님께 첫 제사를 드리자!"

"장소는 어디가 좋겠습니까?"

"강을 건너 에덴에 더 가까이 나아가면 좋겠지만, 세월도 적지 않게 흘렀고, 식솔을 거느려야 하니, 너희 어머니와 내가 강을 건너와 첫 마을을 이루었던 강나루에서 하기로 하자!"

가인과 아벨이 돌아간 후 아담과 하와는 밤이 깊도록 도란도란 첫 제사에 대한 이야기를 나누면서 순서를 정했다. 이렇게 해서 창조주 하나님에 대한 제사의례가 결정되었다. 첫 제사이니 장남 가인과 차남 아벨만 제물을 준비하여 참여토록 했지만, 소문은 마을마다 퍼져 나갔다.

"하나님께 제사를 드린대!"

"제사가 뭔데?"

"하나님은 사람이 아니라서 잔치를 열고 선물을 건네는 것은 부적절하니, 영이신 하나님이 받기에 합당한 특별한 의례를 '제사'로 부른대, 그리고 그때 하나님께 감사의 뜻으로 올리는 물품을 제물이라 하는데, 그 제물은 제사의례를 마치고 나서 불에 태운다지 아마?"

"그렇게 하는 것이 무슨 의미가 있지?"

"세상을 지으신 창조주 하나님에 대한 예의를 갖춘다는 것으로 들었어!"

동네마다 수군수군 소문이 빠르게 퍼져나갔다. 어떤 이들은 그거 참 좋은 일이라고 하는가 하면, 어떤 이들은 심드렁했다. 또 어떤 이들은 노골적으로 그렇게 해서 뭐가 어쨌단 말이냐고 볼멘소리를 하기도 했다.
 첫 제사에 참여하게 된 가인과 아벨의 집안은 분주해졌다.
 "여보, 이번 제사 어떻게 지내는지, 당신도 들었으니 당신이 그날 쓸 제물을 준비해봐!"
 "알았어요! 그때 마침 수확하게 될 귀리, 조, 수수 그리고 돼지감자를 잘 준비해 둘게요!"
 "그렇게까지 할 거 있겠소, 어차피 제사의식 끝나면 한군데 모아서 태우기로 했는데, 그건 대충해도 되지 않을까?"
 "아니 당신 지금 무슨 소리 하고 있어요? 하나님께 첫 번째 드리는 제사인데 좋은 것으로 정성껏 준비해서 드려야지요!"
 "당신이 나보다 먼저 태어난 누님이라고 항상 나를 가르치려 드는데, 이 가정을 책임지고 있는 가장은 나라는 것 잊지 않으면 좋겠어! 아버님 어머님도 그렇게 말씀하셨잖아?"
 "또 이러다 싸우겠어요!"
 "요즘 아이들도 늘 배고프다고 아우성이고, 또 머잖아 손자 녀석 결혼도 있으니, 제물은 시늉만 하면 돼요, 어차피 불에 태우기로 한 거니까!"
 "알았어요. 가인! 당신 걱정 나도 잘 알아요, 내가 알아서 준비할 테니 일단 나에게 맡겨 두세요!"
 "옥자 여사님! 잘 부탁해요! 과하면 부족한 것만 못 하다오!"
 "명심하겠나이다, 서방님임!"
 아벨의 집에서도 제사 준비에 여념이 없기는 마찬가지였다.
 "여보, 아벨!"
 "예! 삼순 누님!"
 "말로만 '누님' 하는 그런 누님 그만 찾고요, 이번 제사 지내고 나서 강 건너 세리가 산다는 곳에 한 번 가봤으면 좋겠어요!"

"잘 살고 있다는 소문이 들리니 다행이오, 그래도 한번 가 보기는 해야 하는데, 다녀올 시간이 되느냐가 문제지요!"

"미루 서방님이 우리 세리 잘 데리고 살 줄 믿지만, 그래도 보고 싶고, 또 손자 손녀를 줄줄이 낳았을 터인데 그 녀석들도 보고 싶어요! 당신도 그렇지요?"

"나도 보고 싶지! 하지만 이곳 아이들 뒤치다꺼리가 어지간해야지. 도무지 짬을 낼 수가 없으니 걔들에게 가 볼 엄두가 안 나네! 하루하루 살기가 분주하니 어디 그렇게 며칠 동안을 비울 수도 없고 말이야! 그래서 차일피일 미루다 보니 세월이 벌써 많이 흘렀네, 이번 제사 올릴 때, 하나님께 미루와 세리 부부 잘 보살펴 주십사 하고 빌어봅시다!"

"당연히 그래야지요! 그리고 제물로는 얼마 전 태어난 양의 첫 새끼로 하면 좋겠어요!"

"때 마침이네, 지금 잘 자라고 있으니 하나님께 드리면 틀림없이 하나님이 기뻐하실 거야!"

"이번에 태어난 양은 지금까지 태어난 양 중에서 가장 튼실하고 좋아요! 이 양을 잘 키우면 다른 양보다 두 배 세 배 새끼를 더 낳겠지만, 하나님께 드린다니, 제물이 되는 양도 말을 안 해서 그렇지 기뻐하는 것 같이 보여요!"

"당신이 하나님을 생각하는 마음씨가 참 곱소!"

"어린 시절 부모님은 덕순이 언니가 장녀라고 싸고돌 때 옥자 언니와 나는 엄청 서러웠지만, 그때마다 하나님이 나를 위로해 준다고 느꼈어요! 실제로 그런 것 같기도 했고요!"

"나도 그랬어! 가인 형은 장남이라고 어머님이 늘 싸고돌았지, 서러워서 굴뚝 뒤에 숨어서 눈물을 훔칠 때면 아버님이 지나가다가 어머니 몰래 나를 꼭 껴안아 주시곤 했는데, 나는 그때의 아버지 품속이 틀림없이 하나님의 사랑이라는 확신이 들었다오!"

"당신은 차남이고, 나는 셋째 딸인 것이 오히려 행복이 되었어요!"

"다 하나님의 은혜이고 또한 부모님의 은공이라고 여기니 참 기쁘오!"

한편 아담과 하와는 제사의 순서를 어떻게 정할 것이며, 제물은 어떻게 드리고, 시간은 얼마쯤으로 할 것인지를 하나하나 결정해야 했다. 그리고 제사 장소를 찾아가서 치울 것은 치우고 가다듬을 것은 가다듬었다. 제물을 태울 마땅한 장소도 미리 봐 두었다. 그때마다 아담은 강 건너를 바라보면서 일백여 년 전 강을 건너오던 일과 에덴에서 나귀 한 쌍을 끌고 나오던 때를 회상했다.

물을 건너다가 놓친 나귀는 분명히 죽지는 않았으리라고 여기고 있었다. 왜냐면 나귀의 사체를 발견하지 못했기 때문이다. 그런데 그로부터 수십 년 지나 윗녘으로 가서 터를 잡은 한 마을을 방문했을 때 뜻밖에도 한 집에서 나귀 한 쌍을 키우고 있었다. 아담과 하와가 반가운 마음에 가서 갈기를 쓰다듬으며 안아주자 낯설어하지 않았다.

드디어 첫 제사 날짜가 당도했다. 강변의 제사 터에는 꽤 많은 구경꾼이 몰려들었다. 하나님께 올리는 제사 소식에 흥미로운 구경거리로 생각하고 모여들었다.

아담은 강 건너 동편에 하나님이 계시다고 가정하고 그 방향을 향해 제사 절차를 진행했다.

아담은 하나님께 드리는 제문을 지어 낭송했다.

"하나님! 하나님은 닷새 동안 천지를 창조하시고, 여섯째 날 저와 아내를 지어서 가정을 이루게 하시었습니다. 저희가 선악을 알게 하는 나무를 따 먹었을 때, 실망하신 하나님을 생각하면 지금도 마음이 아려옵니다. 안타까워하시면서 작별하는 마당에 저희에게 가죽옷을 입혀주신 일을 생각하면 지금도 마음이 애잔합니다. 그러나 지금 더욱 안타까운 일이 있습니다.

어찌해야 하나님과 에덴 동산에 대한 저희 부부의 이야기에 후손이 귀 기울여 듣고 믿으며, 하나님을 진정으로 경외토록 할 수 있겠습니까?

하나님, 저희와 저희 후손을 돌아보시어 저들이 하나님의 창조와 에덴 이야기를 전해 들을 때 믿음이 생기고, 또한 기억하였다가 대대로 전승하게 하시며, 하나님을 섬기며 제사하게 하여 주옵소서! 가죽옷을 지어주시던 하나님의 보살핌을 기억하게 하옵소서! 저희 부부가 비록 선악과를 따 먹고, 이후로 인간이 선악에 대해 판단하지만, 이 판단이 하나님의 의중에서 너무나 벗어나는 일이 없도록 견책하여 주옵소서!

이렇게 첫 제사를 지내게 되어 저희 부부의 마음이 다소 안심이 되옵나이다! 에덴에서 떠난 지 백 년을 훌쩍 넘겨 오늘에야 처음 제사를 올려드립니다!

하나님, 우리의 제사를 열납하여 주시고, 하나님께서 굽어보아 아시는 것처럼, 번창한 후손을 외면하지 마시고 저들이 기쁨으로 충만하게 하옵소서!"

아담은 목청을 가다듬어 사뭇 진지하고도 경건하게 낭송했다.
이런 분위기를 처음 접해보는 이들은 좌장인 아담의 낭랑한 목소리에 머리가 쭈뼛 서기도 하고, 알 수 없는 감동에 모골이 송연해지기도 했다.

엄숙한 제문 낭송에 이어 아벨과 가인이 제단에 제물을 올리는 순서로 이어졌다. 제단은 반듯한 돌을 모아 가슴높이까지 쌓았다. 맨 위에는 평평하고 넓은 너럭바위 하나를 얹었다.

가인과 옥자 부부가 준비한 곡식을 제단 오른편에 공손하게 올렸다. 이어서 아벨 삼순 부부도 아침 일찍 서둘러 잡아 각을 뜬 양을 가인의 제물 왼편에 간격을 조금 두고 정성껏 올려놓았다.

제물 진설이 끝나고 아담이 진흙 화로에 담아온 불씨에 불쏘시개를 올려 불을 피웠다. 불길이 피어오르자 그 불을 두 제물 가운데에 조심스럽게 올려놓았다. 가인이 올린 곡식 알갱이가 '토도독' 하고 튀면서 불이 붙고, 이내 양의 기름과 육질로 옮겨붙으면서 타오르기 시작했다.

처음에는 곡식에 불이 붙는 듯하다가 양의 기름에 불이 붙자 불길은 맹렬한 기세로 타올랐다. 바람이 북쪽에서 남쪽으로 불 때는 곡식 쪽으로 불길이 닿았다가, 바람이 방향을 바꿔 남쪽에서 북쪽으로 불면 불길은 각을 뜬 양고기와 제단 바닥에 자작자작 흐르는 기름 쪽에서 기세 좋게 타올랐다.

양 한 마리가 불에 타는 냄새가 진하게 나면서 연기와 함께 피어올랐다. 사람들은 양의 기름이 타는 냄새를 맡으며 자리를 떠날 줄 모르고 바라보았다.

양 기름과 육질이 다 타서 바닥이 까맣게 되었지만, 가인이 제물로 올려놓은 곡식은 아직 반도 타지 않았다. 가끔 메케한 연기를 내면서 빨갛고 작은 불꽃이 껌벅껌벅하면서 느린 속도로 타들어 갔지만 바람이 남쪽에서 북쪽으로 계속 부는 통에 가인이 올린 제물은 타다 말기를 거듭했다.
 아담이 부지깽이로 왼편 양고기에 붙어있는 불씨를 오른쪽 곡식 쪽으로 끌어다가 붙여보았지만, 곡식을 태우기에는 바람이 마땅치 않았다.

제 4 부

변명 vs 변증

여호와께서 말씀하시되
오라 우리가 서로 변론하자
너희의 죄가 주홍 같을지라도
눈과 같이 희어질 것이요
진홍같이 붉을지라도
양털 같이 희게 되리라(사 1:18).

19.

내가 아우를 지키는 자입니까?

첫 제사를 마치고 사람들은 일상으로 돌아갔다. 대엿새가 지났는데 아벨의 아내 삼순이 걱정스러운 얼굴로 아담과 하와를 찾아왔다.

"아버지, 어머니! 어제 아침 일찍 집을 나간 아범이 아직 집에 돌아오지 않았어요!"

"그게 무슨 말이냐?"

"다른 날처럼 어제도 아침 일찍 서둘러 양 떼를 몰고 들로 나갔습니다. 그런데 밤까지 집에 들어오지 않아서 아이들과 함께 양 떼가 풀 뜯는 곳을 찾아 나섰지요. 양 떼는 찾았지만, 아범은 안 보였습니다. 날은 저물고 하여 양 떼만 몰아 집으로 왔습니다. 어젯밤 한숨도 못 자고 아벨을 기다렸어요! 그런데 지금까지 들어오지 않았어요!"

"지금까지 이런 일이 없었잖아?"

"그렇지요! 하루도 집 밖에서 잔 일이 없어요!"

"이게 어찌 된 일이란 말이냐?"

하와와 삼순 모녀는 손을 맞잡고 눈물을 찔끔거렸다.

"당신까지 그렇게 울면 어떻게 하누? 정신을 차리고 찾아 나서야지!"

아담이 가인을 불렀다. 사람을 동원하여 아벨을 찾아 나서기 위해서였다.

"아범아! 네 아우 아벨이 어제 집을 나가서 안 들어왔다는데, 혹시 알고 있느냐?"

"아버님! 제가 아벨을 지키는 자라도 된다는 말씀 같이 들립니다!"

"그게 무슨 말이냐? 내가 언제 아범에게 아벨을 지키는 자라 했느냐?"

"다짜고짜 저에게 아벨을 물으시니 제가 황당하여 드리는 말씀입니다!"

가인은 얼굴색까지 변하면서 평소와 달리 아버지 아담에게 볼멘소리를 한다. 장성한 이후로 가인은 아버지 아담 앞에서 한없이 고분고분했다. 아버지에게 말대꾸 한 번 하는 법도 없었고, 아버지가 한마디 하면 오직 '네 알겠습니다!' 하는 충직한 맏아들이었다.

"지금 아벨이 어디 있는지 알 수가 없다 하니, 네가 사람을 동원하여 찾아봐야 하지 않겠느냐?"

"어디 있는 줄 알고 찾아 나서란 말씀이신지요!"

"글쎄다. 나도 이런 일은 처음이니 어디로 찾아 나서야 할지를 모르겠지만, 가만히 앉아 있을 수야 없지 않으냐, 가 볼 수 있는 곳은 다 찾아 가 보자!"

"알겠습니다. 아버님!"

가인은 자리에서 일어나 사람을 모았다. 그리고 이리저리 찾아 나섰다. 그러나 해가 지도록 아벨을 찾을 수 없었다. 다음날에는 전날 가 보지 않은 곳을 샅샅이 뒤졌다. 아벨의 흔적은 좀처럼 보이지 않았다. 아담과 하와는 불안해졌다. 삼순이는 눈이 퉁퉁 부어 몸져누웠다.

"여보! 하나님께 첫 제사를 드리자마자 이게 무슨 일이랍니까?

제가 또 괜한 일을 하자고 했나 봐요!

선악과를 먼저 따 먹고 당신에게 권했던 그 날 일이 왠지 자꾸만 떠올라 불안하기만 합니다!"

"왜 그런 쓸데없는 생각을 해요, 아벨이 어디를 갔겠소, 내일은 꼭 찾을 수 있으리라 믿고 잠을 잡시다! 내일은 산 너머 마을은 물론 강 건넛마을까지 모든 부족에게 연통을 놓아 아벨을 찾도록 합시다!"

새벽 일찍 아담은 발이 빠른 젊은이들을 선발하여 아벨 실종 소식을 가지고 각자 맡은 마을로 출발하도록 했다. 그들을 출발시키고 아담은 동네를 중심으로 이곳저곳 으슥한 곳을 살피기 시작했다. 아직 아담 하와 부부는 사람의 주검을 본 일이 없다. 모두가 건강하게 태어나 건강하게 자라고 있었다. 의당 그러려니 했지만, 지금은 어쩐지 불길한 예감이 든다.

하와와 함께 에덴 동산에서 나와 뱀의 목을 손에 쥐어 죽였던 일이 자꾸만 떠올랐다. 달려든 까마귀 떼를 향해 돌을 집어 던졌을 때 그 돌에 맞아 죽은 까마귀가 눈앞에 그려졌다. 에덴 동산에서 하나님이 동산 중앙의 선악을 알게 하는 나무의 열매는 따 먹지 말라고 당부하면서 하시던 말씀도 떠올랐다.

"네가 먹는 날에는 반드시 죽으리라"(창 2:17).

사실 그 이후로 손자의 손자를 보기까지 세월이 흘렀지만, 사람이 죽어 나간 일은 한 번도 없었다. 동물이나 식물이 죽어 썩으면서 냄새를 풍기거나, 큰 나무가 시들어 앙상해지는 일은 가끔 있었지만, 사람이 죽는다는 것은 아직 상상해 보지 않았다. 사람은 죽지 않는 존재인 양 여기고 지내왔다.

아벨은 아담과 하와가 경험한 에덴 동산과 하나님에 대하여 가장 진솔하게 듣고 동의해 주며 마치 에덴 동산에 함께 있었던 듯이 공감해 주는 유일한 아들이었다. 두 사람은 장차 아벨을 내세워서 창조주와 에덴 동산의 내러티브를 대물림하리라 마음먹고 있었다.

그날 해 질 무렵 강 건너로 야반도주하여 터를 잡은 아담의 열다섯째 아들 미루와 아벨의 둘째 딸 세리 내외가 처음으로 고향 마을 부모의 집을 찾아왔다. 미루에게는 형이고, 세리에게는 아버지인 아벨의 실종 소식을 전해 듣고 부랴부랴 집을 나서 한달음에 왔다.

아담 하와, 삼순이는 미루와 세리를 번갈아 끌어안으며 반겼다. 그동안 어찌 사는지는 풍문으로 들어 알고는 있었지만, 집을 떠난 지 수십 년 만의 해후다. 그러나 반가움도 잠시 이내 슬픔에 잦아든다. 아벨의 실종 때문이다.

미루와 세리는 오면서 늑대 한 마리를 끌고 왔다. 아담이 늑대를 보고 반가운 마음이 들었다.

"너 늑대구나!

내가 너를 늑대로 이름 지어 불렀더니 그때 보고 지금 보는구나!

밤마다 울음소리를 듣기는 했지만 말이다!"

아담이 늑대를 껴안아 줬다.

"어느 날 광야를 돌아다니다가 이 녀석을 발견했어요! 새끼였는데 어미가 버리고 갔는지, 한쪽 다리가 부러져 다 죽어가고 있었어요! 집으로 데려와 먹이를 주고 다리를 싸매주었는데, 죽지 않고 살아나서 잘 먹고 잘 컸어요. 사람 말도 곧잘 알아들어요! 성격도 온순해서 가족들이 모두 좋아해요! 이번에 오면서 데리고 왔습니다. 이 녀석은 냄새를 잘 맡아서 사냥할 때 제격입니다!"

아담이 늑대를 쓰다듬자 곁에서 미루가 얘기해줬다.

"그래, 잘 왔다. 늑대도 잘 데려왔고, 내 새끼 미루, 며느리 세리도 잘 왔다!"

그날 밤 미루와 세리 부부는 어린 시절부터 익숙한 아벨의 움집으로 가서 밤을 지냈다. 다음날에는 더 많은 사람을 동원하여 아벨을 찾아 나섰다. 미루와 세리는 늑대를 데리고 나선다. 세리는 그동안 늑대를 데리고 사냥해 온 경험을 살려 늑대 코에 아버지 아벨이 입던 옷가지와 도구들을 갖다 대고 냄새를 기억하게 했다. 미루와 세리는 늑대와 함께 젊은 사람 대여섯과 한 조가 되어 아벨을 찾아 나섰다.

집을 나선 지 한 식경이나 흘렀을까, 갑자기 늑대가 코를 땅에 대고 킁킁거리기 시작했다. 늑대가 뭔가 냄새를 맡았다는 것을 미루와 세리는 직감했다. 미루는 늑대의 목줄을 풀어주었다. 늑대가 속도를 내면서 달린다. 미루는 세리에게 천천히 따라오라 하고 달음질을 잘하는 이들을 앞세워 늑대 뒤를 쫓기 시작했다.

늑대는 후미진 들녘을 가로지르고 있었다.

평소에는 사람들의 발길이 뜸한 골짜기로 들어갔다. 그곳에는 얼마 전 장마가 왔을 때 씻겨 내려가면서 깊게 팬 계곡이 있었다. 늑대는 그 계곡 아래로 뛰어내리더니 한곳에 멈추어 앞발로 땅을 파기 시작한다. 계곡 위에 당도하여 늑대를 확인한 미루 일행이 가파르게 내리달렸다.

미루와 젊은이가 옆에 있는 나무 막대기와 날카로운 돌을 집어 늑대가 긁어대는 땅을 파내기 시작했다. 얼마 파지 않아서 사람의 옷이 보였다. 미루는 늑대를 쓰다듬어 진정시켜 짖지 않도록 하고 주변을 열심히 팠다. 곧 사람의 사체가 드러났다. 아벨이었다.

사람의 주검을 처음 보는 미루와 젊은이는 기겁하고 뒤로 몇 걸음 물러섰다가 마음을 진정시키고 천천히 시신 곁으로 다가가서 조심

조심 흙을 털어내고 얼굴을 확인했다. 이미 부패가 시작되어 악취가 났지만, 그가 아벨이라는 것은 쉽게 확인할 수 있었다.

미루가 일행의 도움을 받아 아벨의 시신을 꺼내어 평평한 곳으로 옮겨 눕혔다. 그때 계곡 위로 세리가 도착했다. 세리는 계곡 아래를 내려다보았다. 반듯이 누워 있는 사람이 아버지임을 직감했다. 삼촌 미루를 따라나선 그날 이후 얼마나 그리워하고 사모했던 아버지인가?

세리는 계곡 아래로 내려가려다가 다리에 힘이 빠져 털썩 그 자리에 주저앉고 말았다. 곁에서 부축하여 겨우 계곡 아래로 내려왔다. 아버지의 시신 곁에 다가가다가 섬뜩함을 느낀다. 시신이 산 자를 밀어내는 듯 강한 악취를 내고, 숨이 끊어져 누운 시신의 자세가 너무 낯설었기 때문이다. 세리도 사람의 죽음에 대해서 알지 못했다. 세리는 용기를 내어 아버지에게 다가갔다. 어깨를 잡고 흔든다.

"아버지! 세리 왔어요! 그동안 아버지 얼마나 보고 싶었는데요!"

흔들어도 아버지는 기척을 하지 않았다. 흔들면 흔드는 대로, 잡아끌면 끄는 대로 움직일 뿐이었다. 세리는 미루를 돌아봤다.

"삼촌, 이게 뭐예요? 아버지가 어떻게 된 거예요?"

"여보, 세리! 아무래도 아버지는 죽은 것 같아! 동물이 죽은 것 봤잖아?"

"아니에요! 아버지가 죽을 리 없어요! 아버지가 왜 죽어요?"

세리는 아버지의 주검 앞에서 어떻게 반응해야 하는 건지 알지 못했다. 죽음이 슬픈 건지 비통한 건지도 모른다.

"여보! 아버지도 이제 죽은 동물처럼 되는 거예요?"

"여보! 세리, 그건 나도 잘 모르겠어!"

20.

범인은 반드시 현장을 다시 찾는다

소식을 듣고 달려온 아담과 하와! 두 사람은 세리가 놀란 것 이상으로 경악했다.

하와가 울부짖었다.

"여보, 아담! 하나님이 말씀했었지?

'너희가 먹는 날에는 반드시 죽으리라.'

그 말씀이 이 말씀이었어요!

왜 '죽으리라, 죽으리라' 하셨나 했더니, 이거였어요!

여보! 여보!"

하와는 아벨의 시신을 부여잡고 악취에도 아랑곳하지 않고 통곡했다. 아담도 손을 대면 물러지는 주검을 가운데 두고 마주 앉아서 울부짖는다.

"아벨, 아벨, 내 아들 아베에~~엘!"

그리고 이어 부르짖기를,

"하나님! 저희가 죄인입니다. 저희가 죄인입니다. 죄의 끝이 죽음인 줄 몰랐어요! 그때는 몰랐어요! 그러나 이제 알겠어요! '먹는 날에는 반드시 죽으리라' 하셨는데 그 말씀, 이제야 알겠어요! 그런데요 하나님, 왜 하필 아벨입니까?"

 미루도 그렇고 세리도 그렇고 거기 있는 사람들 모두 사람의 죽음에 대해서 알지 못했다. 동물의 사체는 가끔 목격했지만, 사람의 주검도 있다는 것은 상상해 본 일이 없다. 그러나 결국은 사람의 주검을 보고야 말았다. 사람도 죽어야 한다니! 사람도!

 그제야 세리도 할머니의 통곡에 합세했다. 아버지의 시신을 부여잡고 눈물 콧물을 쏟아내기 시작했다. 미루도 울었다. 주변에 서 있던 마을 사람은 악취에 코를 부여잡고 뒷걸음질하면서 알 수 없는 두려움에 떨었다.

 '사람도 죽는다.'

 아벨의 아내 삼순이도 부축을 받으며 현장에 도착했다. 또 한 차례 곡성이 메아리쳤다. 그렇게 한참을 보내고 아담이 정신을 수습했다. 아담은 주변 사람들에게 더 멀리 떨어지라고 명령했다. 하와에게도 저만큼 가 있으라고 했다. 그리고 아담은 아벨의 시신을 찬찬히 살펴봤다. 눈에 띄는 이상한 점은 없었다. 아담은 아벨의 시신을 조심조심 돌려 눕혔다. 발뒤꿈치부터 종아리, 허벅지 엉덩이 등허리 목과 뒤통수를 살펴봤다.

 아담은 아벨의 뒷머리를 천천히 쓰다듬었다. 머리카락에 덮여 안 보였지만 손으로 쓰다듬으니 함몰된 뒤통수를 확인할 수 있었다. 원인을 설명하기 어려운 분노가 울컥 치솟아 올랐다. 눈물을 안으로 삼키면서 세세하게 확인한 아담은, 뒤통수가 드러나지 않도록 머리카락을 다시 덮고 시신을 반듯하게 돌려 뉘었다.

 "지금부터 이 시신 곁에 아무도 가까이 오지 말거라!"

 아담은 하와 곁으로 다가갔다.

 "여보, 하와! 이곳에 땅을 파고 아벨을 묻어주어야 할 것 같소!"

"안돼요! 안돼요! 집으로 데리고 가야지 이곳에 묻을 수는 없어요!"

삼순이도 옆에 있다가 어머니 하와의 주장에 합세하여 집으로 데리고 가야 한다며 흐느낀다.

"여보! 내 말대로 합시다. 당신이 삼순이를 잘 달래주어요!"

그리고 미루를 가까이 불렀다.

"미루야, 세리를 진정시키거라, 잘 위로해 주어야 한다. 그리고 아벨의 시신은 이곳에 묻어주어야겠구나!"

하와, 삼순, 세리는 통곡을 하면서 안 된다고 부르짖었지만, 아담은 젊은이들이 시신 바로 곁에 무릎 깊이로 땅을 파도록 했다. 파낸 곳에 시신을 눕히고, 파낸 흙을 다시 덮었다. 그 위에 커다란 돌을 굴려 덮었다. 누가 봐도 무덤인 줄 알도록 표가 나게 돌을 더 쌓아 올리고, 야생 동물이 훼손하지 못하도록 주변에도 돌을 쌓았다.

"자, 이제 돌아가도록 하자! 아벨의 죽음을 확인했으니 되었다. 이제 모두 일상으로 돌아가야 한다. 다들 마음을 추스르고 열심히 하던 일하자. 아벨은 계곡 저 위에서 발을 헛디디며 이곳으로 굴러떨어진 것이 확실하다!"

아담의 신속한 뒷수습에 다들 군말이 없었지만 속으로 의아하게 생각했다. 그러나 모든 족장 중에서도 최고의 어른인 아담의 선언에 이의를 달지 못했지만, 쌓아 올린 돌무덤 옆에 있는 하와, 삼순, 세리는 발길 돌리기를 거부했다. 자식이 여기 있는데, 남편이 여기 있는데, 아버지가 여기 있는데, 어찌 발길을 돌리랴!

아담은 그들의 슬픔이 잦아들기를 기다려 주었다. 계곡 위로 마을 사람들이 모두 나와서 구경하고 있다. 아담이 내려오지 말라고 지시하여 모두 그 위에서 바라봤다. 해가 서산으로 기울고 어둠이 내리기 시작하자 사람들이 점차 발길을 돌렸다.

세 여인은 넋을 잃은 듯 앉아서 쇳소리 나는 울음을 이어갔다. 아담이 안 되겠다 싶어 하와를 재촉했다. 하와가 아담의 재촉에 자리에서 부스스 일어나며 삼순이 손을 잡아 일으킨다. 어머니의 권유에 마지못해 삼순이가 일어난다. 세리도 가까스로 일어났다. 아담은 이들을 데리고 남아 있던 몇몇 사람들과 함께 마을로 되돌아왔다.
　마을은 별일 없었다는 듯이 어둠과 함께 깊은 잠에 빠져들었다. 그때 아담이 자던 자리에서 천천히 몸을 일으켰다. 하와가 깊이 잠든 것을 확인하더니 조용히 일어나 집을 나왔다. 제사 지낼 때 보름이었던 달이 오른편에서 조금씩 함몰되어가고 있었다. 아담은 조심조심 발걸음을 떼더니 이내 아벨의 무덤 쪽으로 걸음을 재촉한다.
　무덤이 점차 가까워지자 아담이 발소리를 죽이면서 가능하면 자신의 몸이 드러나지 않도록 후미진 곳을 택하여 살금살금 걸었다. 계곡이 보이자 아담은 자기 몸을 나무 밑이나 바위틈으로 숨기면서 접근했다.
　아벨의 무덤 쪽에서 인기척이 났다. 아담은 얼른 몸을 납작 엎드리고 포복으로 무덤 쪽으로 나아갔다. 바위 뒤에 몸을 은닉하고 계곡 아래 아벨의 무덤을 주시했다.
　아벨의 무덤 곁에 한 사내가 우두커니 앉아 있다. 아담이 숨은 쪽으로 고개를 돌려 쳐다보는데 그의 뺨에 달빛이 무너져 내려 반짝했다. 아담은 숨을 멈추고 더 낮게 엎드렸다. 무덤의 사내가 반대 방향으로 얼굴을 돌리자 아담은 마을 쪽으로 몸을 틀어 무릎으로 기었다. 무덤이 안 보이는 곳까지 왔을 때 아담은 천천히 몸을 일으키면서 조심조심 발걸음을 떼었다. 무덤으로부터 멀리 떨어진 후에는 잰걸음으로 되돌아왔다.
　남편이 잠자다가 나간 것을 나중에 알아챈 하와가 우두커니 앉아 있다. 아담이 슬며시 들어와 하와를 끌어다가 자기 옆에 뉘었다.

'사람도 죽는다. 언젠가는 죽는다. 사람의 목숨도 동물의 목숨과 다를 것이 없다. 그러니 살아있으나 살아있다 할 수 없다. 모두가 죽은 목숨이나 한 가지다. 지금 죽느냐 나중에 죽느냐의 문제만 있을 뿐이다. 그러니 살아있다는 것이 무슨 의미인가.'

참혹한 깨달음은 사람들의 눈빛을 바꿨다. 발걸음도 바꿨다. 사람이 사람을 바라보는 태도도 달라졌다. 언제 또 누가 죽을지 모르는 불안은 이들에게 엄청난 충격파였다. 나도 언젠가는 죽을 수도 있다는 공포가 마을을 짓눌렀다. 며칠 전만 해도 멀쩡했던 아벨이 지금은 땅속에 묻혀 썩어간다. 세상은 급속히 달라지고 있었다. 죽음의 그림자가 세상에 드리워졌다.

아벨이 죽은 지 사나흘이 지났다. 사람들의 조바심도 아주 조금씩 잦아들었지만, 죽음을 알지 못하던 때로 되돌릴 수는 없었다. 다시 생계를 위하여 들로 산으로 나서기는 했지만, 종전보다 사람들의 어깨가 한 치는 족히 처져 내렸다.

아담은 그날 이후 밤마다 누군가를 기다렸다. 아내 하와를 멀리하면서 움집 옆에 따로 헛간을 내어 그곳에서 밤을 지냈다. 아담은 잠이 들었는가 하면 자신도 모르게 벌떡 일어나 집 밖을 응시하곤 했다. 그렇게 몇 밤을 보냈지만 별다른 징후는 없었다. 며칠을 더 보내고 나서 아담은 결단한 듯 몸에 결기를 세우고 집을 나섰다.

집에서 한나절 거리인 장남 가인의 집을 향했다. 아담은 가인이 집에 혼자 있는 시간을 알고 있었고, 그 시간에 맞추어 찾아갔다.

"아버지께서 어쩐 일이십니까?"

"그래, 그동안 잘 있었더냐??"

"예, 아버님!"

"옥자랑 아이들은 어디 멀리 갔느냐?"

다 알고 있으면서 지나가는 말처럼 묻는다.

"예, 옥자는 고개 너머 밭에 나가고, 아이들은 텃밭을 일군다고 나갔습니다."

"집에 돌아오려면 한참을 기다려야 하겠구나!"

"예, 아버님!"

"가인아!"

"예, 아버님!"

"이 아비가 너를 기다리고 있다는 것을 모르고 있었더냐?"

"그게 무슨 말씀이신지요, 왜 저를 기다립니까?"

"그날 나는 두 가지를 보았느니라!"

"그게 무슨 말씀이신지요?"

"아벨의 시신을 보았느니라!"

"예? 아벨의 시신을 보았다니요, 그 자리에는 저도 있었습니다. 아버님!"

"내가 아벨의 몸을 돌려 뒤통수를 보았다."

"어찌 그 말씀을 저에게 하시는지요?"

"아벨은 누군가에게 뒤통수를 심하게 맞고 죽었다는 뜻이니라!"

"…"

"아벨이 그렇게 죽음을 맞이한 것은 이 아비 말고, 또 한 사람이 알고 있느니라!"

"아버님 말씀대로 누군가가 돌로 쳐서 아벨을 죽였다면 범인은 알고 있겠지요!"

"정녕코 너는 모르고 있었다는 말이더냐?"

"제가 어찌 그것을 알겠습니까?"

"그날 이 아비가 목격한 또 한 가지가 있느니라!"
"그게 무슨 말씀이세요?"
"아벨을 땅에 묻고 돌을 쌓아 올린 그 날 밤, 새벽이 오기 전에 내가 무덤에 갔었느니라!"
"예?"
가인은 흠칫 놀라고 있었다.
"그 무덤 곁에 있던, 한 사람을 보았느니라!"
"아, 아/버/지!"
가인은 아버지 앞에 엎드러지면서 깊고도 굵은 울음을 터뜨렸다.
"아버지 저는 억울합니다!"
"무엇이 억울하다는 말이냐?"
"아벨과 제가 똑같이 하나님께 제사를 드렸습니다. 그런데 하나님은 어찌 아벨의 제물은 받으시고, 저의 제물은 거부하신단 말씀입니까?"
"네가 무슨 근거로 하나님이 아벨의 제물은 받고, 너의 제물은 안 받았다고 말하느냐?"
"제물을 불에 태울 때 저는 봤습니다. 아벨이 드린 양의 고기와 기름은 활활 불타올랐습니다. 그런데 제가 드린 곡식에는 불길이 겉껍질만 훑고 지나갔지, 속은 그대로였습니다. 구경하는 사람들은 몰랐겠지만 제 눈에는 분명히 보였습니다. 하나님은 불공평하십니다. 왜 저의 제물은 열납하지 않는단 말입니까?"
"너의 눈에 그렇게 보였더란 말이냐?"
"하나님은 어찌 그렇게 하실 수 있답니까, 그래서 제가 억울하다 말씀드리는 겁니다!"
"그래, 억울해서 동생 아벨을 치니 그 억울함이 풀리더냐?"
"그것도 억울합니다. 아버님! 아무도 제 말에 귀 기울이지 않습니다!"

"누구에게 무슨 말을 했는데, 들어주지 않더란 말이냐?"

"그렇지 않습니까? 아버님, 지금 제 말을 아무도 들어주지 않을 거란 말입니다. 처에게 말할 수도 없고요, 동생 삼돌에게 말할 수도 없고요, 더더구나 자식들에게조차 말할 수가 없습니다. 그러니 억울하다는 뜻입니다!"

"억울해서 아벨을 그렇게 해 놓았는데, 그 억울함이 하나도 풀리지 않을 뿐 아니라, 그 억울함을 하소연할 대상도 없다는 뜻이더냐?"

"그렇습니다. 아버님! 저는 정말 억울합니다!"

"알았다. 너의 억울한 속내를 이 아비가 다 들어줄 터이니, 나에게 자초지종을 얘기하겠느냐?"

"아버님이 어찌 저의 억울한 얘기를 들어 주겠다 하십니까?"

"이리 와라, 아비가 너를 가슴에 안아보고 싶다!"

가인이 무릎으로 기어서 아버지에게 다가갔다.

"이 아비가 아벨을 잃었다. 너까지 잃을 수는 없느니라!"

21.

가인 변명 - 어드밴티지

　　나는 장남으로 태어났습니다. 위로 누나 셋이 있지만 아들 중 첫째인 나를 어머니는 특별하게 대했습니다. 아버지도 어느 때부턴가 어머니와 똑같이 나에게 장남의 권위를 실어주었지요. 세 명의 누나도 나를 특별하게 대해주었습니다. 내가 동생의 뒤통수에 꿀밤 한 방을 먹여도 꾸중은 동생 몫이었습니다. 점차 나는 누나와 동생들 위에 군림하는 쾌감에 익숙해져 갔지요. 처음에는 그것이 마냥 좋기만 했습니다.

　　"가인이 그렇게 생각하고 있었구나!"

　　철이 들면서부터 어머니 아버지가 내 어깨에 지워준 맏아들의 권위가 압박감으로 다가왔습니다. 알고 보니 부모님은 맏아들의 기를 세워줌으로써 부모의 권위를 실현하고 계시다는 것을 알게 되었지요. 나는 누나와 동생들 위에 군림하면서 부모님이 우리 위에 군림하시도록 해야 한다는 것을 눈치 챘습니다. 나에 대한 누나와 아우들의 복종을 즐기는 대가로, 나를 포함한 우리 모두가 부모님에게 복종토록 하는 책무가 나에게 있음을 알았습니다.

"그런 의도는 아니었는데, 너의 처지에서는 그렇게 생각할 수도 있었겠다."

아우들이 나에게 복종하는 것 이상으로 나는 부모에게 절대복종하는 모습을 연출함으로써 내가 누리는 권위의 값을 치러왔습니다. 아버지의 명령을 뒤에 가서는 지키지 못할지언정 앞에서는 긍정의 대답을 했습니다. 그러나 실은 나도 아버지 어머니에게 따지고 싶은 것이 무척 많았지요. 또 궁금하여 듣고 싶은 것도 많았습니다. 그런데도 나는 차마 그 질문을 죄다 할 수가 없었습니다. 이치로 봐서 납득이 안 되는 것도 가슴에 꿍치고 적당히 쑤셔 넣으며 다 이해된다는 표정을 짓고 넘기지 않으면 안 될 때가 많았습니다.

"누구나 인생에서 그럴 때는 있다고 생각해왔다."

내가 어렸을 때였습니다. 어느 날 아버지가 앞 개울 건너 언덕배기에서 밭둑에 말뚝을 박고 있었습니다. 비가 쏟아질 때 무너짐을 예방하기 위해서였을 겁니다. 아버지가 내려치는 커다란 메가 말뚝을 가격할 때마다 큰 소리를 냈습니다. 그런데 이상했어요. 메가 말뚝의 머리를 내려칠 때 나는 "딱!" 소리가 내 귀에는 한 박자씩 느리게 들리는 것이었습니다. 두 손으로 메를 잡고 말뚝을 내려친 다음 아버지가 메를 머리 위로 들어 올렸을 때야 내 귀에는 "딱!" 소리가 들려왔습니다. 하도 이상하여 한참을 바라봤습니다. 나중에 아벨에게 넌지시 물어봤었지요.

가인 : 아벨! 아버지가 개울 건너에서 말뚝을 박을 때, 소리가 한 박자 늦게 들리는 데, 너 그게 왜 그런지 알아?

아벨 : 형은 그걸 아직 몰랐구나, 나는 이미 알고 있었어!

가인 : 어떻게 알고 있었어?

아벨 : 소리에는 속도가 있다는 거야! 빛에도 속도가 있는 것처럼 말이지!

가인 : 소리에도 속도가 있고, 빛에도 속도가 있다는 거야?

아벨 : 그렇지! 빛의 속도가 소리의 속도에 비하면 엄청나게 빠르지만 소리나 빛이 멀리서 우리 있는 곳까지 오는 데는 시간이 걸린다고 했어!

가인 : 누가 그걸 가르쳐 줬는데?

아벨 : 내가 아버지에게 여쭤봤거든, 그랬더니 아버지가 설명해 주었는데, 그때 형이 없었구나?

가인 : 그런 일이 있었어?

아벨 : 응!

갑자기 외톨이가 된 것 같은 소외감이 밀려왔습니다. 아버지는 거대한 권위의 자리에 있어서, 나는 복종만 할 수 있을 뿐, 철들면서부터는 내가 질문을 가지고 다가설 수 없는 존재였습니다. 그러나 아벨에게는 그렇지 않다는 것을 그때 처음 알게 되었습니다. 나에게 부모님은, 선은 이렇고 후는 이렇다고, 조근 조근 설명해 주는 분이 아니었습니다. 눈빛만 보고도 무엇을 원하는지 알아차려서 그걸 해 드려야 하는 지엄한 분이었습니다.

가인 : 아벨!

아벨 : 왜, 형!

가인 : 우리에게는 할아버지 할머니가 없다는 것에 대해 어떻게 생각해?

아벨 : 그럴 수밖에 없잖아, 하나님이 아버지와 어머니로 첫 사람을 삼았으니 그건 당연한 거라고 아버지가 말씀해 주셨는데?

가인 : 언제?

아벨 : 그때가 언제더라…?

가인 : 그런 적이 있었어!

아벨 : 있었지, 오래전 철이 들 무렵이었던 것 같은데, 나도 그것이 이상해서 아버지에게 물어봤지, 그때 마침 삼돌이가 옆에 있었어, 형은 그 자리에 없어서 몰랐구나!

가인 : 그때 아버님이 뭐라고 설명해 주셨는데?

아벨 : 으응…, '하나님의 시작'이기 때문이라고 했는데, 어떻게 설명해야 할지 모르겠어. 형! 암튼 그때는 이해했는데, 그걸 형에게 설명하려니 갑자기 막막해지네…, 형, 왜 그런 거 있잖아, 알기는 아는데 그것을 말로 하려면 잘 안 되는 거!

가인 : 알기는 알지만, 말로 표현할 수는 없는 것이 있다는 뜻이야?

아벨 : 맞아, 형, 바로 그런 거야!

가인 : 말로는 설명이 안 되는데 알고는 있다. 이것을 어찌 이해해야 하는지, 나는 잘 모르겠다. 그런데 아벨, 네가 아까 '하나님의 시작'이라고 했어?

아벨 : 그랬어! '하나님의 시작' 그 말은 아버지가 우리에게 설명해 주시면서 자주 쓰셨던 말이야!

나는 은근히 부아가 치밀어 올랐습니다. 그러나 나는 아우 앞에서 추상같은 '형님'입니다. 형님의 체면을 불고하고 가슴 속의 감정을 함부로 내비칠 수는 없다고 생각했습니다. 아벨이 아버지에게서 들었다는 말에 대해서도 나는 형님이기 때문에 이미 다 알고 있는 사소한 것이어야 한다고 여겼습니다.

"알고 있지 않았음에도 너는 아는 척하고 있었다는 뜻이로구나, 가인!"

나는 언젠가 동생 여럿을 거느리고 채석포구에 간 적이 있었습니다. 파도가 철썩이는 바닷가 한쪽에는 모래톱이 있었지만 바로 옆에는 기기묘묘한 바위들이 절벽을 이루며 솟아있는 곳입니다. 그 바위들은 누가 켜켜이 쌓아 올린 듯했는데 한 켜 한 켜 돌들의 색깔이 서로 달랐습니다. 그곳에는 여러 모양의 휘어지고 뒤틀린 지층이 드러나 있기도 했지요. 아주 어려서는 부모님을 따라갔었지만 나중에는 가끔 내가 동생들을 데리고 구경을 갔다 오기도 했습니다.

가인 : 아벨!
아벨 : 응, 형!
가인 : 너는 저 파도가 언제부터 저렇게 철썩이고 있다고 생각해?
아벨 : 당연히 하나님이 지으신 때부터잖아!
가인 : 너는 하나님이 파도를 지었다는 말이 곧이들려?
아벨 : 처음에는 나도 납득이 되지 않았어! 그러나 여기 오면 이해되지 않는 것이 파도만이 아니잖아, 이 암석을 봐, 층층이 쌓여 굳었다는 것을 누가 봐도 금세 알 수가 있어!
가인 : 그렇지! 누가 봐도 대번에 알 수 있지!
아벨 : 또 여기도 와 봐, 여기를 보면 이 바위 속에 주먹만 한 돌이 박혀있는 것을 확인할 수 있어! 이 돌이 박혀 한 덩어리의 바위가 만들어지려면 엄청나게 오랜 세월이 흘러야 할 거야! 또 저기를 봐 마치

가는 모래로 다져진 한 층이 있고 그 위에는 주먹 만씩 한 돌이 뭉쳐서 층을 이뤘어, 그리고 그 위층은 붉은 흙만으로 다져진 층이고, 그 위에 바위가 박혔어! 그리고 바위 위로 또 지층이 시작되잖아?

가인 : 맞아, 너도 이 지층을 보면 의심이 들지?

아벨 : 누가 봐도 의심이 갈 거야!

가인 : 너는 그런데도 이 모든 것을 하나님이 만들었다고 믿어진단 말이지?

아벨 : 형은 그렇게 안 믿어?

가인 : 네 말대로 하나님이 지으셨다면 지금부터 오십년도 되지 않았어! 지금 아벨 너의 나이가 몇이냐? 우리 나이를 생각해 볼 때 하나님이 세상을 지은 때가 아직은 오십 년 미만이야! 그런데 이 지층이 오십 년 만에 이렇게 켜켜이 싸일 수 있다고 생각해?

아벨 : 맞아! 나도 처음에는 그렇게 생각했어, 왜냐면 이 지층은 지금 바닷물보다 엄청나게 높이 솟아 있잖아! 이 지층이 바닷속에 있다면 바닷물이 바닥에다가 이렇게 층층이 다져놓을 수도 있다고 여기겠지만, 여기 채석포구의 바위는 바닷물보다 엄청나게 높이 솟아있어!

가인 : 내 말이 그 말이야, 그래서 내가 너에게 묻잖아, 지금?

아벨 : 형, 내가 언젠가 저 산 중턱에 올라가 봤는데, 거기에 있는 커다란 바위 하나는 우리가 손만 대면 술술 부셔져, 그래서 발길질로 그 바위를 뭉그러뜨렸는데 그 속에서 글쎄 이상한 조개껍데기 같은 것이 하나 나왔어!

가인 : 그게 뭔데?

아벨 : 그때도 삼돌이랑 같이 있었거든, 그래서 삼돌이랑 그걸 가지고 아버지에게 들고 가서 여쭀어!

가인 : 그랬더니?

제 4 부 변명 vs 변증   21. 가인 변명 - 어드밴티지

아벨 : 아버지가 그걸 보시더니 '화석'이라고 했어!

가인 : 화석이라고?

아벨 : 응 화석은 거대한 홍수로 인해 흙, 모래, 자갈 그리고 바위더미와 함께 물살에 쓸려가다가 무거운 것이 먼저 가라앉고, 그다음 무게 순서로 차곡차곡 쌓일 때 그 틈새에 끼어 꼼짝 못 하고 죽어버린 동물이나 식물이라고 했어!

가인 : 그렇구나, 그러면 그 화석은 무지 오랜 세월이 흐르는 동안에 만들어졌다고 봐야 하는 것 아닐까?

아벨 : 사람들은 누구나 그렇게 생각할 거라고 아버지도 고개를 끄덕거리셨어!

가인 : 그렇다면 그것이 그리 오래된 것은 아니라는 거야?

아벨 : 그때도 아버지는 '하나님의 시작'이라고 설명하면서, 아버지 어머니가 처음 시작하는 인류의 조상이기 때문에 다른 모든 환경도 그렇게 만들어 놓음으로써 '하나님의 시작'이 시작되었다고 말씀해 주었던 것으로 기억해!

가인 : '하나님의 시작'이 그렇게 시작되었다고?

아벨 : 그렇게 말씀해 주셨던 것으로 기억되는 데, 잘은 몰라도 그때는 이해가 되었거든, 그런데 그것을 지금 형에게 설명하려고 하니까 잘 모르겠어!

가인 : 아버지의 그 말씀이 납득이 되었다면 지금 너는 그것을 나에게 설명할 수 있어야 하는 거 아냐?

아벨 : 에이! 잘 모르겠어! 형이 아버지에게 물어보든지!

퉁명스럽게 말하고 아벨은 삼돌이를 부르면서 저쪽으로 사라져버리곤 했습니다. 이런 일들이 거듭되면서 나는 자신도 모르는 사이 불만이 조금씩 쌓여갔지요. 아버지가 못마땅한 것 같기도 했고, 어머니가 나를 '우리 맏이, 우리 맏이' 하면서 감싸던 일들에도 짜증이 도는 것 같았어요. 그런데도 나는 장남으로서 적지 않은 시간 동안 누려온 권위에 익숙해져 아버지 앞에만 서면 자신도 모르게 학습된 복종의 태도가 기계적으로 되풀이되었습니다.

"너의 태도가 기계적이었다는 고백이더냐?"

하나님께 드리는 첫 제사 이야기 때에도 그랬습니다. 아벨은 전혀 불만이 없다는 듯 당연하게 받아들였습니다. 그러나 내 마음은 그렇지 않았지요. 나는 하나님의 존재에 대한 의심을 해소할 기회를 얻지 못했으니까요!

"하나님의 존재를 알게 되는 기회가 필요하다는 뜻이구나!"

아벨과 셋째 삼돌이를 비롯한 아우들은 밤하늘을 바라보면서 마당에 앉아 이러쿵저러쿵 이야기를 나누다가 그들 중 누군가가 아버지에게 물어보자든지, 어머니에게 물어보자고 하면 쪼르르 일어나 달려가곤 했습니다. 어머니는 귀찮다는 듯이 데면데면할 때도 많았지만, 아버지는 아우들이 질문할 때마다 기다리고 있었다는 듯이 이해하기 쉬운 눈높이에서 자상하게 설명해 주곤 하셨습니다.

"으음! 아비가 그렇게 하려고 노력했다!"

아버지의 설명이 내 귀에 들릴까 말까 하는 거리에서, 나는 물끄러미 바라보아야 했습니다. 나는 장남으로서 아버지의 설명을 아우들과 함께 듣는 것은 적절하지 않다고 생각했습니다. 코흘리개들과 아버지의 가르침을 받는다는 것은 의젓한 장남으로서 취할 수 있는 태도가 아니라고 생각했지요. 장남은 굳이 아버지의 잔소리와도 같은 미주알고주알 풀어내는 설명을 듣지 않고도 믿어주는 버팀목이어야 한다고 여겼습니다.

"대견한 태도라 할 수도 있겠지만, 지금 와서 듣고 보니…"

장남은 아버지의 설명을 직접 듣지 못하여 하나님에 대해서, 천지창조에 대해서, 에덴 동산에 대해서, 선악과에 대해서 이해되지 않더라도, 장남이니까 믿어질 수 있다고 생각했습니다. 나는 맏아들이기 때문에 일일이 듣지 않아도 하나님에 대한 믿음이 탄탄하다고 여겼습니다. 오히려 걱정되는 것은 급속하게 늘어나는 후손들이었습니다. 자녀와 손자들만 해도 그들에게 하나님에 관한 사설은 '호랑이 담배 먹던 시절의 옛날이야기'가 되어 고리타분하고 케케묵은 옛날이야기이니까요.

"그게 이 아비에게도 걱정이라는 것은 부인하지 못하겠구나!"

그 아래 대대로 내려갈수록 엿새 동안에 창조했다는 아버지의 전언은 실제 있었던 사실이 아니라 가상의 설화가 되어가고 있습니다. 그들에게 하나님을 전해주는 일을 나는 사실 일찌감치 포기하고 있었습니다. 내가 그들에게 전해줄 만한 하나님에 대한 언설의 알맹이가 아주 빈약했습니다. 조리 있게 설명할 수 있는 논리는 차치하고 뭔가 해 주고 싶은 줄거리조차도 있지 않았습니다.

  나에게 아담은 아버지니까 아버지 아담이 직접 전하는 말에 수긍하는 척이라도 할 수 있었지만, 내 아래로 자녀나 손자들에게 내가 들려주는 하나님 이야기는 간접경험을 다시 전하는 것이라서 신빙성이 현격히 떨어질 수밖에 없었습니다.

가인 : 아벨!
아벨 : 예, 형님!
가인 : 네가 키우는 양들이 꽤 늘었더라!
아벨 : 네, 다행히 먹이를 잘 먹고 새끼를 많이 낳습니다. 형님!
가인 : 그래 잘 했다. 조카들이 양 떼를 몰고 산비탈이나 풀숲을 뛰어다니고 있는 모습을 보면 너의 어린 시절이 생각나더라!
아벨 : 고맙습니다. 형님, 형님네 농사도 오다가다 보면 잘 되는 것 같아서 마음이 흐뭇합니다.
가인 : 다 아버님이 도와주신 덕택이지!
아벨 : 어머님의 건강은 좀 어떠세요?
가인 : 어머님은 덕순이 누님이나 네 형수보다도 더 건강하셔, 딸들이 어머니를 못 따라가!
아벨 : 지금도 여전하시네요!
가인 : 어머니를 물끄러미 쳐다보면서 어떤 때는 묘한 생각이 들곤 하지!
아벨 : 묘한 생각이라뇨?
가인 : 아버지와 어머니는 에덴 동산을 직접 체험한 오직 유일한 두 분이 잖아!
아벨 : 그렇지요!
가인 : 범죄 하지 않고, 하나님이 정해주시는 선악의 기준에 따라 에덴에

살았던 경험이 오직 두 분에게만 있기 때문에, 선악과 따 먹은 이후에 태어난 우리와는 다르다고 늘 말씀하시잖아!

아벨 : 그런 말씀 늘 하셨지요, 지금도 그 이야기를 하세요?

가인 : 그럼, 그 이야기가 아버지 어머니의 단골이잖아!

아벨 : 그러실 거라고 짐작이 가요!

가인 : 어머님의 건강은 며느리들이 못 따라가, 어머님의 수태 간격은 오히려 며느리들보다 더 짧잖아?

아벨 : 허허허! 그건 그래요. 다 하나님의 은혜지요!

가인 : 아벨, 너 지금 '하나님의 은혜'라고 했어?

아벨 : 왜요, 형님?

가인 : 그 '하나님의 은혜' 그러니까 하나님에 대한 신뢰가 우리의 2세, 3세, 그 이후까지 과연 이어져 내려갈까?

아벨 : 그렇게 되지 않겠습니까? 형님!

가인 : 내 생각에는 비관적으로 보여. 부모님은 직접 체험하신 일이니 실감 나게 설명해 주지만, 당장 우리부터 하나님을 전하는 데 어려움을 겪고 있잖아!

아벨 : 그렇긴 해요, 형님! 그러나 열심히 전해서 후손들이 하나님을 인정하고 믿으며 섬기도록 해야지요!

가인 : 그러나, 이미 그들에게 지층이나 화석을 이해하는 일반적 추론에 맞서 하나님의 창조를 설명하는 데에는 한계에 이르고 있잖아?

아벨 : 저는 그렇지 않다고 생각하는데요, 형님!

가인 : 어린 시절, 아벨 네가 아버님께 들은 이야기를 나에게 설명하라고 하면 속으로는 이해가 되는데 말로는 안 된다고 했었잖아?

아벨 : 그렇긴 해요, 형님!

가인 : 그러니, 부모님의 하나님에 대한 언설이 자손에게 어떻게 대물림

이 되겠느냐는 거지, 내 얘기는!

아벨 : 그러나 믿음이라는 것이 꼭 말로 설명이 되어야만 하는 것은 아니지 않습니까?

가인 : 어째서 그렇다는 거지?

아벨 : 형님이 아버님을 존경함으로써 아버님의 설명 없이도 믿으시는 것처럼 그렇게 믿어지는 경우도 많이 있으리라, 저는 기대하고 있는 걸요?

가인 : 아우가 보기에는 이 형이 하나님을 믿고 있는 것으로 보였는가 보구나?

아벨 : 저는 그렇게 보았습니다. 형님, 그런데 아니라는 말씀입니까?

가인 : 믿음이란 최소한의 합리적 의심이 해소될 때 가능한 것이 아닐까?

아벨 : 형님 말씀 듣고 보니 일리는 있어요! 저는 그 합리적 의심을 즉시즉시 아버님이나 어머님에게 설명을 요청하여 들음으로써 해소했다는 생각이 듭니다. 형님!

가인 : 때로 그런 아우님들이 부럽다는 생각이 들기도 한다네!

아벨 : 그렇지만, 형님이 장남으로서 든든히 자리를 지켜주었기에 지금까지 자손이 번성하여 이곳저곳에 부족을 이룬 성읍이 늘어나고 화목할 수 있었던 거라고 저는 생각합니다. 형님!

가인 : 아우님이 그렇게 말해주니 고맙기는 하네만, 가끔 마음속에 공허함이 있기도 하고, 때로는 장남으로서의 짐이 버거워 우울증에 빠질 때도 있다네!

아벨 : 형님도 벌써 고손자를 보셨는데, 자손들 번성하는 것 보면서 기쁨을 가져야지요. 형님! 저도 자녀들이 쑥쑥 자라서 새로운 가정을 이루고 또 손자 손녀를 낳아주는 걸 보면서 새 생명이 주는 신비함과 경이로움에 힘을 얻고 있습니다!

가인 : 어린 시절부터 아버님이 아우님에게 말씀해 주셨다는 '하나님의 시작'이 궁금해질 때가 있다네, '하나님의 시작'은 어떻게 시작이 되었을까?

아벨 : 허 참, 형님도, 저는 이제 그런 화두는 잊은 지 꽤 되었어요!

가인 : 하나님에 대한 믿음을 잊었다는 뜻인가?

아벨 : 그렇지는 않은 것 같고요, 그런 서사들이 이미 몸에 굳게 스민 탓에 굳이 그 시절 아버님에게서 들었던 이야기의 이치를 되새김하지 않아도 자연스럽게 믿음의 행동이 먼저 나오는 것 같아요!

가인 : 아버지와 어머니로부터 물려받은 창조주에 대한 믿음의 대물림이 어찌 될지는 걱정되지 않는다는 말로 들리네!

아벨 : 하나님도 생각이 있으신 분일 터이니 하나님이 섭리하시지 않겠습니까?

가인 : 내가 보기에 하나님은 곳곳에 잔뜩 '나는 하나님을 믿지 못하겠습니다'라는 고백이 나오도록 여기저기에 장치해 놓았다고 생각한다네!

아벨 : 아, 그 얘기요? 화석, 빛의 속도, 지층의 형성 등등요?

가인 : 그렇다네, 아우님도 그리 생각되지 않는가?

아벨 : 어차피 모든 사람이 다 하나님을 믿기야 하겠어요?

가인 : 아니 그럼, 아우님은 더러는 하나님을 안 믿을 수도 있다는 말인가?

아벨 : 어떤 면에서 아버님과 어머님이 선악과를 따 잡쉈다는 것은 누구도 부인하지 못할 하나님에 대한 불신이 아니겠습니까?

가인 : 아우님도 그렇게 생각한다 이거지?

아벨 : 그렇습니다.

가인 : 그리 얘기하니 아우님의 지론은 그런 면에서 부모님에 대한 원망도 가능하다는 뜻으로 들리네!

아벨 : 저 자신은 이해할뿐더러 믿기도 하지만 그것을 꺼내어 형님에게 설명하자니 막막했던, 어린 시절의 그 기분이 다시금 듭니다. 부모님의 선악과 사건을 바라보는 자녀로서의 심정이랄까요?

가인 : 그것은 아우님의 부모님에 대한 이중성이라고 생각되네. 또한 하나님에 대한 이중성이랄 수도 있겠고!

아벨 : 그렇지 않습니다. 형님! 그건 그렇지가 않아요!

가인 : 그렇지 않다면 그것을 말로 할 수 있어야 한다고 생각하네! 말로 할 수 없다면 그것은 모르는 것과 마찬가지이고, 말로 설명할 수 없는 믿음은 믿음이라고 할 수 없다네!

나와 아벨을 비롯하여 아버지 아담과 동시대를 사는 후손에게 창조주, 에덴, 선악을 알게 하는 열매 사건, 뱀의 유혹 그리고 하나님의 징벌과 땅에 대한 저주는 가장 뜨거운 이슈였습니다. 이즈음에 아버지 아담과 어머니 하와가 하나님에 대한 첫 제사의례를 만들어 지내자고 제의하셨습니다.

"그 무렵 너의 생각이 그런 상태였단 말이로구나!"

장남으로서의 책무 아래 최소한의 합리적 의심을 해소할 기회는 사라지고, 가식에 덮인 나의 튼튼하지 못한 믿음은, 첫 번째 제사를 지낼 때 적나라하게 드러날 수밖에 없었습니다. 하나님께 바치는 나의 제물은 나의 그런 부실하고도 허술한 믿음을 고스란히 드러냈습니다. 나의 제물이 허접하다는 것을 사람들은 눈치채지 못할 수도 있었지요. 그러나 하나님까지도 속일 수는 없었습니다. 나는 아버지 어머니의 말씀에 따라 농사지은 것으로 제물을 준비하면서 '어차피 불에 태워질 것'이라는 생각을 먼저 했었습니다.

"너의 그런 마음을 이 아비가 알았다 하기에도, 또 몰랐다 하기에도 애매모호하구나!"

하나님께 드리는 첫 제사도 나는 그동안 가문의 장남이라는 자리에서 누려온 권위대로 될 것으로 여겼습니다. 사실 부모님에게서 숱하게 들어온 그 하나님을 내 눈으로 확인할 수는 없었지요. 하나님의 음성을 들어본 일도 없고, 그분으로부터 칭찬이나 꾸중을 들어본 기억도 없습니다. 아버지와 어머니를 통하여 경험한 부모님의 따스함을 제외한다면 말입니다. 나에게 하나님은 아직은 물음표가 덜떨어진 분입니다.

"하나님께 올리는 첫 제사에서 장남의 권위대로 되리라 했는데 그게 무슨 말이더냐?"

부모 앞에서 장남의 언행은 다른 형제에 비하여 훨씬 더 큰 관용이 적용되었던 것처럼, 하나님 앞에서도 장남이 누리는 이점이 똑같이 적용될 것으로 여겼다는 뜻입니다. 그러나 첫 제사에서 제물을 제단에 올리고 불에 태우는 순간, 나는 비로소 내 믿음과 아벨의 믿음에 대한 밀도가 현격히 다름을 알게 되었습니다.
세상에서는 내가 장남이고 아벨이 차남이었지만, 하나님 앞에서는 아벨은 믿음의 사람이고, 나는 불신의 사람임을 알았습니다. 그것은 어쩌면 불길과 친한 양의 기름과 불길과 친하지 못한 덜 마른 곡식과의 차이였을지도 모르겠으나, 어쨌든 나와 아벨은 하나님 앞에서는 동일 선상의 사람이 아님이 분명히 드러났습니다. 차라리 제사가 없었더라면 이 차이가 노출되지 않을 터지만 이미 드러나고 말았습니다.

"오호! 통제라!"

나는 억울합니다. 분합니다. 제단에서 타오르는 불길을 보면서 내 얼굴은 불길만큼이나 시뻘겋게 달아올랐습니다. 아버지 아담과 어머니 하와 앞에서 내가 장남인 것처럼 왜 하나님 앞에서는 내가 장남이 아니란 말입니까, 그러니 억울하다는 뜻입니다. 아벨에게도, 아버지 어머니에게도, 하나님에게도 모두 억울합니다. 하나님께 억울하다는 나의 불만이 하나님께로 향하는 것이 맞지만, 그러기 이전에 나와 함께 제물을 드린 아벨에게 내 불만의 화산이 폭발하고 있음을 느꼈습니다.

하나님에 대한 못마땅함이 하나님을 향하지 못한 것도 어쩌면 그만큼 하나님에 대해서 알지 못했기 때문입니다. 하나님을 알았다면, 최소한 아벨만큼이라도 알았더라면, 내 제물을 받지 않은 하나님에게 먼저 시비를 걸었을 겁니다. 나에게 그때까지의 하나님은 '희로애락'의 하나님이 아니었습니다. 나에게는 '화석'이 되어버린 하나님이었지요. 채석포구 지층 속에서 모양만 남은 화석과 다른 바 없는 하나님이었습니다.

제단의 불길을 지켜보는 내 가슴에서 불일 듯 일어난 분노는 화석과 같은 하나님이 아니라 활활 잘도 타오르는 아벨의 제물로 향했습니다. 그리고 아벨을 향했습니다. 육체와 성정을 지닌 한 인간인 저의 분노를 받아들일 수 있는 하나님은 그때는 저에게 있지 않았습니다. 제 안에서 타오르는 분노의 불길은 어딘가로 활활 옮겨붙지 않고는 사그라질 불길이 아니었습니다. 그 불길은 아벨이 바친 양 기름에 붙은 거센 불길이 되어 양을 제물로 바친 아우 아벨을 향하고 있었습니다.

"분노의 불길을 받을 하나님도 활활 타는 가슴을 가진 분이어야 한다?"

나의 펄펄 뛰는 심장에 새겨진 하나님은 안타깝게도 바위 속에서 화석이 된 하나님입니다. 화석이 된 하나님과 살아있는 심장의 펌프질은 서로 어우러질 수 없었습니다. 나의 심장보다 더 뜨겁고 더 펄펄 끓어오르는 하나님이라야 내 심장과 내 분노를 받아주실 것 아니겠습니까. 나의 분노는 화석이 되어있던 하나님에게는 옮겨붙을 수 없었습니다. 그때의 내 분노는 하나님과는 아무 상관이 없었습니다. 하나님을 향한 나의 믿음 분량이 그것이었으니 나의 분노는 방향을 잃고 말았습니다.

"화살이 빗나갔다는 뜻으로 새겨야겠구나!"

하나님이 표적이라는 생각이 나에게는 있지 않았습니다. 하나님이라는 그 과녁에 나의 분노라는 화살을 시위에 메겨 쏘아대기도 하고, 때로는 사랑의 화살을 메겨 시위를 팽팽히 당겼다가 힘차게 날려야 하는 것이 믿음이라 할 것입니다. 돌을 던지면 그 돌에 맞아 찢어지는 가슴을 가진 분, 얼토당토않은 치기를 쏟아내면 그것조차 받아내며 안타까워 한숨짓지만 더불어 가슴을 쥐어뜯는 분, 그분이 하나님인 걸 나는 알 수 없었습니다. 하나님의 가슴은 늘 푹푹 썩어 내린다는 것을 아직 나는 알지 못합니다.

　아버지 아담과 어머니 하와는, 당신들이 따 먹은 선악과로 말미암아 한없이 낙망하며 문드러지는 하나님의 가슴까지는 설명해 주지 않았습니다. 아담과 하와가 후손에게 전해 준 하나님은, 범죄 했다고 여지없이 에덴에서 축출하신 분입니다. 아버지 아담과 어머니 하와가 에덴에서 쫓겨날 때, 아직 태어나지는 않았어도 그때 함께 쫓겨난 것이 나 장남 가인입니다. 첫 제사 제단 위 불길은 그때 함께 쫓겨난 나 가인을 확인해 주었습니다.

　내가 상처를 줌으로써 썩어 내린 타자의 가슴을 내 입으로 설명할 수 없는 것이 인지상정입니다. 아담과 하와는 선악과로 인한, 하나님의 썩은 사과와도 같은 속내까지 가르칠 수가 없었을 겁니다. 내 분노의 불길을 능히 받아낼 수 있는 더 활활 타오르는 하나님의 심정을 나에게 전해줄 수는 없었음을 이해합니다. 아담과 하와는 후세대에 '믿음'을 이야기하기보다는 '아는 것'을 이야기할 수 있을 뿐이라고 말하고 싶습니다. 그런데도 어머니 하와는 모든 산 자의 어머니였고 아버지 아담은 모든 죄인의 아버지이십니다.

　"그랬구나!
　그랬었구나!!
　죄인은 네가 아니라 이 아비로다!!!
　이 아비가 '믿음'은 말하지 못해도 '아는 것'은 말할 수 있다는 가인, 너의 지적은 참으로 뼈가 아프다. 그렇다고 이 아비 아담이 '아는 것'조차 말하지 않아서야 되겠느냐?"

가인 : 아버지 아담은 장남인 저에게는 그 '아는 것'조차 말씀해 주시기에 인색했습니다!

아담 : 네 변명을 듣고 보니 아니라고 하지 못하겠다! 그래서 이 아비가 죄인이다! 죄인이니 '믿음'은 입에 올리지 못할지언정, 이제라도 '아는 것'은 말해야 하겠다. 알면서 말할 수 없다면 모르는 것과 마찬가지라는 너의 지적에 뼈가 시리다. 온 힘 다해 '아는 것'이라도 말할 터이니 들어줄 수 있겠느냐?

22.

아담 변증 – 아는 것

'하나님의 시작'은 이렇게 시작되었다.

하나님의 시작에서 첫 사람은 아담과 하와로 결정되었다. 아담과 하와는 결혼 적령기의 남녀다. 그들은 사춘기 청소년이 아니다. 만일 그랬더라면 그들이 결혼하기까지 누군가가 이끌어주어야 하므로 이는 하나님의 시작에 적합하지 않다. 그들은 한참 뛰어노는 아이들이 아니다. 그들은 강보에 싸인 아기도 아니다. 그들은 태중에 있는 태아도 아니다. 만일 그랬더라면 그들이 자라 결혼하기까지 누군가가 이끌어주어야 하므로 역시 하나님의 시작에 적합하지 않다. 지음 받은 당일에 결혼하는 남녀로 '하나님의 시작'은 시작되었다. 참으로 하나님답다. 얼마나 완벽한 타이밍이냐?

'하나님의 시작'에서 첫 사람이 아버지 아담과 어머니 하와다. 아담과 하와에게는 그럼에도 과거가 있다. 그들에게는 부모의 추억은 물론 영유아기의 잠재의식도 있다. 철들면서부터 가져야 하는 모든 경험도 기억 속에 들어있다. 사춘기와 청년기를 거치면서 결혼하기에 합당한 정신건강은 완벽하게 만들어졌다. '하나님의 시작'에서 첫 사람은 팔팔한 청춘의 때로부터 시작했다.

'하나님의 시작'에서 식물은 씨앗이 아니다. 다 자란 풀싹과 다 자란 나무와 다 자란 숲이었다. 농익은 열매가 따 먹기 맞춤하게 매달린 과수였다. 씨앗에서부터 다 자란 나무 사이의 과정을 하나님은 생략했다. 생략은 하되 과정은 고스란히 비축해 두었다. 그래야 나무들이 떨군 씨앗이 흠결 없이 발아하고 자라게 될 터이다. '하나님의 시작'에서 시작한 나무들이 그때부터 자라기 시작한다면 아담과 하와와 어울리지 않는다. 에덴 동산의 나무들은 크거나 작거나 간에 저마다 나이테를 가지고 있었다.

'하나님의 시작'에서 동물은 새끼가 아니라 다 자라 새끼 낳기 알맞은 어미 동물이다. 불가피하게 생략한 태어남부터 성체가 되기까지의 과정 역시 이들에게도 농축되고 함의되어 있어야 했다. 그래야 그들이 배태하고 탄생시킨 새끼들이 흠결 없이 자랄 수 있기 때문이다.

하나님의 시작에서 강은 수원지에서 물이 솟아 흐르기 시작하는 냇물이 아니라 이미 넘치면서 흐르는 강이다. 수천 킬로미터 상류의 수원지에서 퐁퐁 솟아난 물이 바다를 향해 흐르기 시작하는 것은 '하나님의 시작'에 합당치 않다. 하나님은 강을 만들 때 수원지에서 바다에 이르도록 찰랑찰랑하게 흐르면서 물이 넘실대는 강이다.

하나님의 시작에서 강바닥은 오로지 흙만을 단단히 다진 땅이 아니다. 그렇게 해서는 강물이 이내 흙 속에 스며들고 만다. 그렇게 해서는 강물이 흐를 수 없다. 강물이 흐르기 위해서는 강바닥에 모래, 자갈, 바위, 진흙, 암반이 켜켜이 층을 이루며 다져져 있어야 한다. 하나님은 에덴 동산에만 해도 이러한 강을 네 개나 만들어 흐르게 했다.

강바닥에는 진주조개가 토해낸 진주 알갱이들이 있었다. 하나님의 시작에서 진주조개는 그때부터 자라기 시작하지 않았다. 하나님의 시작에서 진주조개는 이미 진주를 만들어 토해냈었고, 토해내고 죽은 조개껍데기는 강바닥에 지층을 이루고, 닳고 닳아 구멍이 뚫리고 햇볕에 되바라져서 하얗게 부서져 수북이 쌓인 채 하나님의 시작은 시작되었다.

하나님의 시작에서 모래를 보라! 얼른 생각하면 모래는 흙이 다져져 바위가 된 다음 풍우에 씻기고 깨어지면서 돌멩이가 되고 그 돌멩이가 부서져야 모래가 된다. 그러나 하나님의 시작에서는 이미 모래가 두툼하게 쌓여 파도가 육지로 넘어오지 못하게 막아내는 백사장을 이뤘다.

하나님의 시작에서 지층 틈새에는 이미 화석이 들어있었다. 화석이 없는 지층은 없다. 하나님은 아담과 하와를 결혼 적령기 청년으로 지었듯이 땅의 나이도 모든 것을 다 갖추어 천연가스도 품고 있었고, 뒤집힌 밀림의 나무숲도 땅속 깊이 묻혀 이미 석탄이 된 지하자원을 품고 있는 땅으로 지어 시작했다.

하나님의 시작은 아담과 하와가 결혼하기 알맞은 사람이었듯이 모든 것을 그렇게 지었다. 결혼하기 알맞은 아담과 하와가 다스리고 정복하면서 살아가도록 해 놓고, 그때부터 지층이 형성되기 시작한다면, 그때부터 식물이 자라기 시작한다면, 그때부터 동물이 새끼로 갓 태어나 자라야 한다면 이런 언밸런스가 세상에 어디 있을까?

하나님의 시작에서 화석은 어떠한가. 하나님의 시작 당시 땅 위에 사는 동물이나 식물의 화석은 물론, 하나님의 시작 이전에 이미 멸종된 동식물의 화석도 하나님의 시작에서 시작한 지층 속에 당연히 있어야 한다. 아담과 하와가 없는 과거를 가져야 했듯이 말이다. 이것이 하나님의 시작이다.

하나님은 계란으로 시작하지 않고, 닭으로 시작했다. 병아리도 아니다. 다 자라서 알을 낳고 품기에 알맞은 암탉과 수탉으로 시작했다. 그날 암탉의 뱃속에는 오늘 낳아야 할 달걀, 내일 낳아야 할 달걀, 모레 낳아야 할 달걀이 크기별로 대롱대롱 뱃속 알집에 매달려 자라나고 있었다. 이것이 하나님의 시작이다.

'만일'이라는 가정이 의미 없기는 창세 때나 지금이나 마찬가지이지만 그래도 '만일'이라는 가정이 때로 유익할 수 있다면 '만일'을 전제해 봄도 그리 나쁘지 않다. '만일' 하나님의 시작이 '닭'이 아니라 '달걀'이었다면 어떠했을까를 가정해 보자! 물론 하나님은 '달걀'로부터 시작할 수도 있다. 그러면 후대의 사람들이 하나님의 창조에 대한 의문을 덜 품지 않았을까, 그럴 수도 있을 거라고 말하는 사람도 있다. 그러나 닭이 먼저냐 계란이 먼저냐는 논란은 영원히 이어질 것이다.

첫 사람 아담과 하와만이 성년으로 지음 받았고 이후로는 그런 일은 일어나지 않았다. 세상에 살아가는 모든 이들은 아버지의 허리에서 출발하여 어머니의 태로 옮겨 간 다음 열 달을 살고 태에서 나온다. 그러니 다 자란 청년이 어머니 뱃속에 나올 수 있다는 상상은 감히 할 수 없다.

가인과 아벨이 첫 제사를 드릴 때만 해도 많은 사람이 이곳저곳에 성읍을 이루고 살아가고 있지만, 그들 중 누구도 청년으로 태어난 이는 없다. 그들은 모두 어머니의 태에서 나왔으며 그들이 만나는 모든 사람도 다 그렇다. 오직 아담 하와 둘 만을 제외한다면 말이다. 그러니 그들 중 누구도 에덴 동산의 '하나님의 시작'을 이성이나 합리적 사고의 틀로써는 유추해 낼 수 없다.

아담과 하와의 자녀와 후손 중 생각이 깊고 사리 분별에 뛰어나고 사색을 즐기는 이들이 있다면 그들은 선조 아담과 하와를 바라보면서, 오늘의 아담 하와가 있으니 어제의 아담 하와를 유추할 것이다.

올해의 두 사람에게는 틀림없이 작년이 있었을 것으로 생각한다. 그들의 청년 시절이 있었다면 그 이전의 소년 시절, 유년시절이 과거에 있었을 것으로 유추해 낼 것이다. 그렇게 과거로 소급하면서 아담 하와의 갓난아이 시절은 물론 태중에 있을 때를 상상하고 아담과 하와를 낳은 부모도 있다는 개연성을 주장할 수도 있을 것이다.

누구나 현재의 상태를 보노라면 당연히 그것의 과거의 모습을 상상할 수 있다. 지금 주먹만 한 사과는 어제는 오늘보다 작았다. 그저께는 더 작았고 지난 봄 꽃이 떨어지면서 열매가 맺혔을 때는 콩알보다 작았음을 안다. 경험으로 안다. 경험은 사물을 바라보는 거울이다. 만일 점점 커지는 어떤 것이 있다면 분명히 과거에는 크기가 지금보다는 작았을 것이라고 단정한다.

예컨대 사람이 살고 있는 지구와 우주의 크기가 점점 커가고 있다는 것을 발견한다면 그들은 틀림없이 지금 크기보다는 작았던 어제의 우주를 당연하게 생각하고, 최근에 팽창하는 속도를 역산하여 과거로 소급하면서 아주 작은 크기에 이르는 시간을 계산해 낼 것이다. 그래서 우주의 크기가 콩알보다 작은 크기였던 시점을 계산해 내어 그 시간을 우주의 출발 시점으로 산정하여 논문으로 발표하고, 경험을 중하게 여기는 대부분 사람은 그것이 옳다고 수긍할 것이다. 하나님의 시작은 그렇지 않음에도 말이다.

사람들이 살아가고 있는 지구와 태양계를 포함한 우주의 크기가 일정하게 유지되고 있다면 아마도 사람들은 혼란에 빠질지도 모른다. 이렇게 어마어마한 크기의 은하계들이 도대체 어느 순간에 탄생했을지에 대해서 생각해 낼 수 없기 때문이다. 어떤 사람이 성장하거나 노화하지 않고 어떤 한 시점, 이를테면 장년에서 딱 멈추어 있는 사람이 있다면, 그 사람의 탄생 시점을 도무지 유추할 수 없을 것이다.

늙어가지도 않고 그렇다고 더 자라는 것도 아니고, 모든 기능은 팔팔한 장년에서 멈춘 채로 변함이 없다면 그 사람의 과거를 추적할 수 없다. 그러나 하나님은 모든 것을 그렇게 만들지 않았다. 아담과 하와도 처음 지음 받은 이후에 점차 늙어간다. 모든 피조물은 시간의 흐름에 따라 변화해 간다. 시간과 정비례하여 변한다.

생각하는 기능을 가진 인간은 모든 피조물은 시간의 흐름에 따라 변한다는 것을 알게 될 것이다. 그 변하는 속도 또한 일정하다는 것도 알게 될 것이다. 아담과 하와가 처음 세운 움집은 장마철과 겨울 추위를 서너 번도 견디지 못하고 낡고 썩어서 다시 세워야 했다. 그렇게 변하기 때문에 농사도 지을 수 있었고 가축을 키울 수 있었다. 이러한 모든 것들의 변화는 그것들의 과거를 계산해 낼 수 있는 근거가 된다. 사람들은 그래서 그 사물이 언제 시작되었는지 계산해 내고자 할 것이다.

모든 사물은 시작하고 있다. 시작 없는 것은 상상할 수 없다. 사람들이 살아가는 데 별 이익이 없는 시작을 추적하는 일은 쓸데없는 상상이라고 치부할 수도 있지만, 아담 하와와 동시대를 사는 사람에게는 수수께끼와 같은 시작이 하나 있었으니 그것이 바로 아담, 하와의 시작이다. 다른 모든 사람의 시작을 계산하는 방식을 아담, 하와에게는 적용할 수 없다.

아담 하와는 당시 모든 이들의 조상이라는 권위를 앞세워 시시때때로 자신의 시작을 장황하게 설명하곤 했다. 그때마다 빠지지 않는 것이 창조주 하나님 이야기다. 하나님 이야기를 하지 않고는 아담 하와의 시작을 말할 수 없다. 아담, 하와가 설명하는 '하나님의 시작' 내러티브는 누구에게나 옛날, 아주 먼 옛날이야기가 되고 만다. 아담과 하와는 자신들이 경험했기 때문에 분명히 알고 있는 사실이며 진리라고 설명하지만, 듣는 이들의 경험법칙에 의하면 그것처럼 황당한 이야기는 없다.

어떻게 그런 시작이 있을 수 있단 말인가?

그럼에도 아담과 하와는 자신이 경험했으며 그래서 분명히 알고 있는 것이라고 강조한다. 아담과 하와는 자신이 아는 것을 말한다. 그들이 아는 것은 그들이 경험한 것이다. 그들이 경험한 하나님, 자신들이 경험한 에덴 동산과 선악과를 얘기한다. 이것이 '하나님의 시작'이다.

23.

하와 변증 - 믿는 것

덕순이가 들에서 일하는 옥자를 찾아가 만났다.
"하이고오~ 옥자야 이것아, 어쩜 좋아, 어쩜 좋아!"
"해가 중천에 있는데, 왜 그렇게 호들갑을 떨어요, 언니는?"
"너는 알고 있었을 것 아녀?"
"언니 지금 무슨 얘기를 하는 거예요?"
"아벨이 그렇게 되고 나서 하루는 어머니가 나를 찾아와서 하는 말이 아버지가 이상하다는 거야, 집이 비좁지도 않은데 움집을 하나 더 지어 거기에서 잠자고, 낮에는 어디론가 서둘러 나갔다가 들어올 때는 눈동자가 희멀건해져서 들어오는데, 왜 그러냐고 물어도 대답을 안 한다는 거야."
"그래서요?"
"그래서는 왜 그래서야, 어머니가 나더러 아버지가 어디 가는지 몰래 따라가 보라는 거야."
"왜 몰래 따라가요?"
"내 얘기를 들어봐, 그래서 아버지 몰래 뒤를 밟았더니, 아버지가 글쎄 엉뚱한 곳으로 한 바퀴 휘 둘러서 동생네 집으로 쏙 들어가는 거야!"
"우리 집으로요?"
"그렇다니까! 그래서 내가 문틈에 귀를 대고 안에서 무슨 얘기를 하는지 사나흘 들어봤지!"
"엿들었단 말예요, 사나흘씩이나?"
"엿듣기는, 어머니가 따라가 보라고 해서 그런 거잖아!"
"그래서 그게 어쨌다는 건데요?"
"하이고, 가인이 아벨을 돌로 쳐서 죽였다는 거 아녀, 지금!"
"그게 무슨 말이에요?"
"동생은 알았을 거 아녀! 가인 아우가 말 안 했어?"
그 말에 옥자는 털썩 주저앉았다. 옥자는 언니 덕순을 마주하지 못하고 먼산바라기를 했다. 옥자 얼굴 쪽으로 덕순이 몇 걸음 옮겨 바라보니 눈에 긴장이 풀렸는지 가늘게 뜨고서 눈물을 주르륵 흘리고 있다.
"그날 밤, 첫 제사를 드린 그 날 밤에요! 가인이 집에 오더니 이것저것 마구 집어던지면서 화를 냈어요! 나는 그런 심정을 이해했어요. 제단에 올린 제물이 불꽃 한 번 제대로 피워 올리지 못하고, 삼순이네 양고기 제물만 활활 태웠으니 나도 그걸 보고 화가 났어요! 그러니 가인 심정은 더했겠지요!"
"그랬어? 우리는 그거 보면서 대수롭게 생각하지 않았는데?"
"그게 그렇지 않아요! 언니도 생각해 봐요, 삼순이네가 올린 제물을 활활 타오르는데, 우리가 올린 곡물은 불길한 번 제대로 못 내고 겉껍질만 그을리고 말았어요! 너무나 속이 상했지만 어디 말할 데가 있어요? 그런데 그날 저녁 가인이 길길이 뛰는데 어떻게 말릴 수도 없었어요!"

"그랬구나, 그런 일이 있었구나, 맞아, 아버지와 가인이 그 얘기 나누는 것도 얼핏 듣긴 했어, 간헐적으로 들려오는 이야기에 '저게 무슨 말일까?' 했었는데, 이제 보니 바로 그 얘기였네, 가인이 하는 말이 하나님은 자기의 제물은 받지 않았다고 했던 것 같아!"

"가인은 그날부터 제정신이 아니었어요! 걸핏하면 화를 불같이 내고, 손에 잡히는 대로 집어 던지고, 아이들에게도 큰소리를 쳐쌓고 감당이 되지 않았어요!"

"그러다가 가인이 아벨을 불러냈고, 돌아서는 아벨의 뒤통수를 돌로 쳤구나!"

"아버지에게 가인이 그렇게 다 실토했단 말이에요?"

"그러는 것 같았어!"

"이제야 속이 후련하겠네! 가슴에 두고 끙끙거리는 것보다는 차라리 낫겠지요!"

"옥자야!"

"네 언니!"

"너랑 나랑 둘이서 어머니를 만나보는 것이 어때?"

"지금요?"

덕순이와 옥자가 어머니 하와를 찾아갔다. 하와도 모든 것을 짐작하고 있었다는 듯이 한숨을 내쉬고 눈물을 흘리면서 두 딸을 맞이했다. 옥자는 아무 소리 못 하고 앉아만 있는데 덕순이가 말문을 열었다.

"그동안 아버지 어머니께서 자녀들에게 해 주신 하나님 이야기, 엿새 동안의 창조 이야기, 에덴 동산 이야기, 선악과 이야기 있잖아요?"

"그래서?"

"저희야 부모님의 말씀이니까 다 듣고 그 앞에서 수긍했지만요, 그 말씀을 저희 모두가 곧이곧대로 알아듣고 믿었다고 할 수는 없어요!"

"지금에 와서 그런 이야기를 왜 꺼내느냐?"

"어머니 말씀 듣고 제가 아버지 뒤를 밟아서 요 며칠 옥자네 집에 가서 아버지와 가인 아우가 나누는 이야기를 다 들었잖아요?"

"거기서 그런 이야기를 했다는 말이냐?"

"그래서 지금 제가 이 이야기를 하잖아요!"

"부자지간에 무슨 이야기를 어떻게 나누었는데?"

"가인 아우가 아버지께 하는 얘기의 요지는요, 아버지 어머니는 하나님을 만났고, 창조 엿새를 알고, 에덴 동산에서 살았고, 선악과를 직접 따 먹었고, 그리고 쫓겨난 일이 모두 직접 경험한 일이지만, 그 얘기를 듣는 우리는 그렇지 않다고 주장했어요!"

"왜 그 주장을 했는데?"

"경험하지 못한 우리가, 아니 가인이, 아버지 어머니 말을 듣고 어떻게 다 믿을 수 있냐, 이렇게 말하는 것 같았어요, 제 생각에도 그 말은 가인이 옳다고 봐요!"

"어째서 그렇다는 거냐?"

"아버지 어머니가 선악과 따 먹은 이후 선악을 알게 되는 것이 하나님과 같아져서 사리 분별을 그때부터 스스로 하셨다고 했잖아요?"

"그랬지!"

"아버지 어머니가 무슨 말씀을 해도, 듣는 우리도 아버지 어머니 못지않게 사리를 분별하면서 따져가면서 헤아려 듣게 된다는 거지요! 듣고 납득이 가는 것은 받아들이고, 도무지 이해가 안 되는 것은 한쪽 귀로 흘려버리거든요!"

"그렇더라도 하나님 이야기, 천지창조 이야기, 에덴 이야기, 선악과 이야기는 듣고 믿어야 할 거 아니냐?"

"무조건 믿으라 하신다고 믿어지는 것이 아니잖아요, 듣는 우리도 생각이 있고, 사물을 보는 안목이 있고, 이치를 따질 줄도 알거든요!"
 "덕순이 너 그동안 그런 말, 입도 뻥끗 안 하더니 갑자기 왜 이러는데?"
 "갑자기가 아니잖아요! 지금 아벨이 돌 더미 아래 묻혔고, 죽음의 공포가 온 지역을 훑고 지나다니잖아요?"
 "그래, 그건 이 어미도 똑같다. 죽음이 뭔지 너무나 혼란스럽고, 두렵고 떨린다. 가슴이 벌렁거려서 밤에 잠도 못 이룬다. 게다가 너희 아버지는 사랑채라고 따로 움집을 하나 더 지어 걸핏하면 거기 틀어박혀서 나오지도 않고, 헛다리 짚은 사람처럼 허청허청 경중거리고 눈동자는 풀어진 채 먼 산이나 바라봐쌓고 나도 정신 추스르기가 쉽지 않은 요즘이다."
 덕순 언니의 손에 이끌려 어머니를 찾은 옥자는 멍하니 앉아 두 사람이 나누는 이야기를 듣는 둥 마는 둥 하고 있다. 옥자에게도 두려운 것은 남편의 범죄가 아니라 죽음 그 자체였다. 자기도 어느 날 아벨처럼 그렇게 되는 것은 아닌지가 두려웠다. 동생을 돌로 쳐 죽인 남편이 어떤 형벌을 받아야 하는지는 생각해 볼 수도 없었다. 아벨의 죽음으로 온 세상이 사망의 음침한 골짜기가 되었다. 그런 중에도 덕순이가 나서서 장녀답게 또랑또랑 어머니 하와에게 따지고 들었다.
 "어머니 아버지는 경험한 것이지만, 듣는 우리에게 그 이야기들은 납득하기 어려워요! 아버지 어머니께서 그걸 아셔야 해요!"
 "그래도 아벨은 그렇지 않았다. 아벨은 아비 어미의 말을 온전하게 믿었다."
 "아벨은 그랬을지 몰라도 우리는 그렇지 않아요!"
 "아비 어미는 아벨처럼 다 그런 줄로만 알고 지냈다. 물론 손자 손녀 대에 가서는 아이들이 노골적으로 반발하기도 했지만, 내 속으로 낳은 너희들만은 그렇지 않으리라 여겼다."

"저희가 부모님 앞이라 노골적으로 말을 안 해서 그렇지, 어떻게 그걸 다 믿겠어요! 그냥 말씀이 그러니 그런가 보다 하면서 먹고 살기에 바빴지요!"

"무에 그리 믿기가 어렵더란 말이냐?"

"들어보세요, 우리는 '사람'이란 어머니 뱃속에서 태어나 갓난아이부터 자라야 한다고 믿는데, 아버지 어머니는 지음 받은 당일에 결혼했다 하시고, 산이나 강가에 가 보면 한눈에 봐도 생긴 지 까마득하게 보이는데, 이제 겨우 백 년이 넘었을 뿐이라 하시고, 에덴 동산의 밤하늘에는 별들이 어찌나 많은지 강물에 달빛 비치듯 했다고 하면서 그 별들이 내뿜는 빛이 지구에 도달하려면 백억 년이 더 걸릴 거라 하시면서 하나님은 그 빛을 이 땅에 다 끌어다 놓은 상태로 지었다 하십니다. 천지창조도 그래요, 엿새 만에 지었다 하시는데, 그걸 그렇게 쉽게 믿을 사람이 누가 있겠어요? 어차피 이렇게 된 마당이라서 어머님께 하지 못했던 것을 다 말씀드리는 거예요, 어머니!"

"덕순이 네년은 그래도 장녀랍시고 동생들 다 네 앞에 무릎 꿇리고 그렇게 키웠는데, 인제 와서 이 어미에게 막 가자는 거냐?"

"어머니, 그건 그렇지가 않아요, 지금 가인이 아우 아벨을 헤쳤어요, 이 마당에 어떻게 합니까, 어떻게 수습하겠어요?"

"그러니까, 그동안은 아비 어미의 모든 말에 고분고분 믿는 척했지만, 사실은 그게 아니란 말을 하는 게냐?"

"그렇게 말씀하지 마시고요, 제 말씀을 잘 들어보세요! 아버님 어머님은 직접 경험한 것을 말씀하지만, 듣는 저희 입장은 그렇지 않다는 것 아니에요?"

"다시 한번 말해 보렴, 뭐가 어쨌다는 것인지?"

"부모님은 우리에게 직접 듣고 보고 만지고 경험하여 아는 것을 말씀하시지만, 우리는 하나님을 만난 일도, 에덴 동산도, 선악과도, 아버지 어머니의 유소년 시절도, 부모님의 부모에 대해서 알지 못해요! 그리고 우리가 이치를 따져 봐도 이해 안 되는 이야기뿐입니다. 그걸 어떻게 다 믿으라고 하십니까?"

"아비 어미는 '아는 것'을 말하고, 듣는 너희 처지에서 보면 그것은 '이해되는 것'이 아니라 오직 '믿음의 대상'일 뿐이라는 말이지?"

"말씀 잘해 주셨어요! 바로 그거예요! 아버지 어머니는 '아는 것'을 말씀하지만, 그것은 우리에게는 오직 '믿어야 하는 것'으로서, 이치를 따지거나, 우리가 사물 분별하는 사고방식의 잣대는 들이대면 안 된다는 것을 말씀드립니다. 그러니 부모님의 말씀을 무조건 믿으라고 하는 것은 타당할 수 없다는 뜻이지요!"

"그러니까, 아비 어미는 '믿음'은 없고, '이해'만 가지고 있다, 이렇게 말하고 싶은 거란 말이지?"

"네 맞습니다. 우리가 하나님, 천지창조, 에덴 동산, 선악과 이런 것을 어떻게 경험을 안 해보고 믿을 수 있겠어요?

게다가 우리가 생각하는 이치에도 닿지 않으니 부모님의 말씀은 '이해'의 대상이 아니라 '믿음'의 대상일 뿐이고, '믿음'에는 선택의 여지가 있다는 뜻이에요!"

"덕순아, 옥자야!"

"예!"

"예!"

"그게 꼭 그렇지만은 않아, 아비 어미도 목격하지 않고 믿는 것이 꽤 있다. 사실 하나님이 천지를 창조하시고 이 어미와 너희 아버지를 지을 때는 맨 나중에 그러니까 엿새째 날에 지으셨잖아, 사실 아담과 내가 지음 받았을 때, 우리 앞에 세상은 이미 완벽한 모습을 갖추고 있었다. 엿새 날에 지음 받았으니 그 앞에 닷새 동안에 되어 진 일을 우리가 어찌 알겠냐?"

"…"

"우리도 하나님이 그렇다고 말씀하시니 그렇게 믿었다. 또 에덴에서는 모든 사물과 의사소통을 할 수 있었다. 그래서 나무와 대화하고, 별과 해와 달과도 이야기를 나누고, 풀싹과 바다와 강물과도 대화했다. 그때 그들이 자기네가 지음 받은 것에 대해서 해 주는 이야기를 듣고, 지금 너희처럼 따지거나 이치를 들이대지 않고 곧이곧대로 믿었다. 덕순이 이야기처럼 아비 어미는 '믿음'이란 없고 '이해'만이 있다는 말은 맞지 않아!"

"…"

"왜 대답이 없냐? 이 어미 말이 그르다는 말이냐, 옳다는 말이냐?"

"아버지 어머니에게도 '믿음'이 있다고 자상하게 말씀해 주시니 그런 줄 알겠습니다."

"이것이 모두 아비 어미의 죄라는 것도 알고 있다."

"그게 무슨 말씀이세요?"

"하나님이 금하신 선악과 열매를 아비 어미가 따 먹은 이후, 아비 어미도 하나님의 말씀 한마디 한마디마다 따져보고 못 믿겠다 싶은 건 믿지 않기 시작했다. 하나님이 하시는 모든 말씀에 대해서 우리 생각으로 따져보고, 우리가 알게 된 사리 분별의 힘으로 판단하기 시작했으니, 너희도 그렇게 하는 것이 어찌 보면 당연하다는 것, 나도 너희 아버지도 다 알고 있다. 그런데도 아비가 해 주는 말, 어미가 해 주는 말은 이치에 어긋나는 것 같아도 믿어주기를 바라고 또 바랐다. 그런데 그게 그렇지 않다는 것을 오늘 덕순이 네가 말하는 것을 듣고 확실하게 알게 되었구나!"

 "어머니 말씀 듣고 보니 저희도 잘한 것이 없네요, 낳아주시고 길러주신 부모님이신데, 그 부모님이 저희에게 거짓말할 리 없을 터인데, 그 말씀을 곧이곧대로 믿지 못하는 저희에게 책임이 크다는 것을 알았어요! 그러나 우리가 생각하고 알아야 할 것은 저희의 자녀도 부모가 해주는 말씀을 전적으로 신뢰하기보다는 자기네가 이리저리 따지고 재어본 다음에 수용하거나 배제하거나 한다는 사실이에요! 이를 어쩌면 좋아요?"

 "그게 다 이 아비 어미가 선악과를 따 먹은 죗값이라고 이미 알고 있었다."

24.

믿어야 이해되는 시작의 꼭짓점

"여보, 오늘 덕순이 년, 옥자 년이 왔다 갔어요!"
"당신 말에 가시가 돋친 것을 보니 그 아이들이 당신 염장을 질렀구려!"
"그걸 어찌 알았어요?"
"당신하고 나하고 산 세월이 백 년을 훌쩍 넘겼소, 그만하면 당신 구린 것까지도 훤히 다 안다 해야지 않겠소?"
"당신도 참, 그나저나 가인을 어쩌면 좋아요? 제 동생 아벨을 그리해 놓고 뭐라 하는지 말이나 들어봅시다."
"억울하다 합디다!"
"제 동생을 죽여 놓고도 억울하다는 거예요?"
"사람이 억울하여 미운 놈 제 손으로 죽인다고, 그 억울함이 녹는 것이 아닌가 보오!"
"당신이 크게 깨달았구려, 이번 일을 통하여 어떤 억울한 일을 당하더라도 절대 살인은 아니 됨을 가르쳐야 할까 봐요!"
"나도 그 생각을 하고 있었소! 그런데 덕순이 옥자는 와서 무슨 얘기를 하고 갔기에 당신 볼이 그렇게 메었소?"

"아 글쎄, 당신과 나는 '믿음'은 없고, '이해'만 가지고 있다고 합디다."

"그러니 자기들에게 '믿음'을 강요하지 말라, 이런 뜻이오?"

"그러게요, 그러면서 '믿음'은 선택사항이라나 뭐라나, 원 참 기가 막힙디다."

"그 아이들이 옳은 소리 했네, 그래 뭐라고 답했소?"

"우리도 '믿음' 있다! 천지창조 닷새간의 일에 대해서 목격하지 못했지만 믿는 것이 믿음이고, 해달별과 대화하고 산과 강과 바다와 대화하여 그들에게서 들은 것을 하찮게 여기지 않고 그대로 믿는 것이 믿음 아니고 무엇이냐, 이렇게 딱 부러지게 말해줬지요!"

"그러면 왜 지금은 그것들과는 대화가 안 되느냐고? 또 이의를 제기할 터인데?"

"왜 안 그러겠어요? 그래서 내가 대답했지요, 내가 선악과 따 먹은 것도 뱀과 대화하다가 일어난 일이라고 해 줬지요! 그러나 선악과 이후 하나님이 서로 간의 소통을 막으셨다고, 그것도 믿어야 한다고 못을 박았어요!"

"당신이 수고 많았소!"

"그나저나 가인을 어찌해야 할지 대책이나 있어요?"

"하나님이 모르실 리 없으니, 하나님이 징벌하실 터인데 가인이 거기에 '믿음'으로 반응하지 않고 '이해'로서 끝까지 고집하지 않을지 그것이 걱정이오!"

"하나님은 '믿음'이 곁들여질 때 '이해'되는 분인데 아이들이 그걸 모르니 그걸 어찌 가르친단 말이에요?"

"그러게 말입니다!"

"여보, 어떻게든 가인이 이 기회에 '믿음'으로 하나님을 만나도록 해야 해요!"

"아 참, 그러고 보니 가인이 나에게 해준 이야기가 하나 더 있는데, 뭐라고 하냐면, '알고 있다고 하면서 말로 하지 못하는 것은 아는 것이라고 할 수 없고, 믿고 있다 하면서 그것을 말로 설명하지 못한다면 그것 또한 믿는다고 할 수 없다'라고 했소!"

"뭐라면서 그렇게 말해요?"

"어려서부터 아벨과 대화할 때 아벨이 항상, 알기는 아는데 가인에게 설명은 할 수 없다 하고, 자신의 하나님에 대한 믿음을 어찌 말로 설명할 수 있겠냐고 했다는 거요, 가인이 결정적으로 분노가 폭발한 것도 아마 그 때문인 것 같았소!"

"당신과 내가 곧 가인을 불러 셋이서 함께 대화해 보는 것은 어때요?"

"하와, 당신과 내가 '아는 것'을 능히 설명할 수 있고, 당신과 나의 하나님에 대한 '믿음'도 조리 있게 설명할 수 있을 때 가인과 만남이 필요하지, 그렇지 못하다면 긁어 부스럼이 될 수도 있을 것이오!"

"아담, 가인은 우리의 장남이에요, 내가 하나님께 간절히 기도하여 얻은 첫아들입니다. 무엇이든 해봐야지, 당신과 내가 에덴에서 쫓겨나듯이, 그렇게 내침을 당하도록 버려둘 수 없어요! 당신이 가인을 잘 구슬려 우리 셋이 한번 같이 만나기로 해요!"

며칠 후 가인을 불러 왔다. 어머니 하와가 먼저 입을 뗐다.

"가인! 너도 알고 있지만, 아버지와 내가 너희들 키울 때 화목을 위해서 어떤 가치 질서를 세우지 않으면 안 되었다. 너희들이 자라면서 형제간 다툼이 있을 때 말려야 했고, 유사한 싸움이 다시 일어나지 않도록 해야 할 필요가 있었다. 그때 기준으로 삼은 것이 무엇인지 아느냐?"

"그에 대하여 아벨에게는 말씀해 주셨지만, 저는 자세히 들은 바가 없습니다. 어머니!"

"그렇구나, 몰랐다. 자녀와 후손 앞에 부끄러운 일이지만, 에덴 동산에서 너희 아버지와 내가 하나님의 금지 명령을 어기고 선악과를 따 먹었을 때, 하나님은 혹독한 징벌을 주셨다. 그때의 경험을 살려 너희에게 명령을 거역하는 것은 잘못이고, 잘못에 대하여는 징벌해야 한다는 원칙을 세우고 너희를 가르쳤다. 또 어떻게 어떤 벌을 내려야 하는지 그때의 뼈아픈 경험에 비추어 벌칙을 정했다."

"자식 앞에서 그렇게까지 말씀해 주시니 고맙습니다."

"그리고 아버지에게서 들었다. 너를 장남으로서 권위를 세워 준 일이 한편으로는 너에게 커다란 부담이 되었다는 얘기 말이다. 그러나 질서는 있어야 한다. 그 질서를 위해서는 누군가는 권위를 지녀야 한다. 누군가는 그 권위에 복종해야 한다. 그래서 먼저 태어난 순서로 질서를 잡고자 했다."

"알고 있습니다. 그러나 사람 사이에서의 권위가 하나님 앞에서까지 그대로 통용되지 않는다는 것을 이번에 뼈저리게 알았습니다. 그동안 장남으로서 불민함이 컸습니다. 아버지 어머니의 용서도 받고 싶고요, 또 하나님이 계시다면 하나님으로부터도 용서를 받고 싶습니다."

"그래, 그래야지, 그래야 하고말고!"

"그러나 하나님과 진지하게 대면한다는 것이 쉽지 않습니다."

"가인, 네가 하나님과 인격적으로 대면하는 데 가장 큰 걸림돌이 뭐라고 생각되느냐?"

"글쎄요, 이것저것 뭐, 두루두루 그렇지 않은가, 이런 생각입니다."

옆에서 듣던 아담이 거들고 나섰다.

"네가 나에게, 안다 하면서 말로 설명하지 못한다면 모르는 것과 같고, 믿는다 하면서 믿는 것을 말로 하지 못한다면 믿는 것이 아니라고 했다.

　지금 네가 하나님을 못 믿겠다고 하면서 왜 믿을 수 없는지 설명하지 못한다면, 너의 그 불신도 타당성이 모자란 것이 아니겠냐?"

　"아버님으로부터 되레 질문을 받고 보니, 저의 불신에 대해서도 제가 분명히 말씀드려야 할 것 같습니다. 뭐니 뭐니 해도 가장 큰 불신의 원인은 '하나님의 시작'을 납득하지 못하겠습니다. 왜 하나님은 아버지 어머니의 청년시절 이전은 생략해버렸는지, 태양빛이 지구에 도달하는 시간, 이를테면 일백억 광년 거리에도 별을 만들면서 그 별빛이 지구에 도달하는 일백억 년의 시간은 생략해버렸는지, 천하의 물을 한 곳으로 모으면서 물으로 드러난 땅 속의 온갖 지층과 화석이 형성되는 그 시간을 생략했는지, 에덴 동산에 네 개의 강을 만들면서 강물이 발원지에서 바다까지 흘러 도달하는 시간은 생략해버렸는지, 나무의 씨앗이 땅속에 묻히고 싹이 트고 자라면서 켜켜이 만들어지는 나이테의 형성과정은 왜 생략해버렸는지, 다시 정리하자면, 이 세상과 에덴 동산을 만들면서 창조에 소요된 엿새, 그 이전의 과정을 두부모 자르듯이 왜 잘라내고 시작해야 했는지 그것을 납득하지 못하겠습니다."

　"가인! 이 어미가 옆에서 듣다 보니, 네가 지금 설명한 너의 말 속에 답이 다 들어있지 않으냐?"
　"무슨 말씀입니까?"
　"하나님은 사람과 다르다. 사람이 시작한다면 너의 추측과 계산에 따르겠지만, 하나님은 무에서 유를 창조하는 전능자이기에, 사람은 생략할 수 없는 부분을 하나님은 과감하게 생략하고 시작할 수 있는 분이다. 바로 그 하나님의 속성이 지금 너의 말 속에 들어 있잖니?"

"어머님의 말씀을 얼른 이해할 수 없어요!"

이에 아담이 거들고 나섰다.

"하나님은 인간과 달리 특별한 분이라는 뜻이지, 사람은 그렇게 중간에서 시작할 수 없지만, 하나님은 할 수 있는 전능자라는 뜻이다. 사람의 이치로 따져보자면 닭을 한 마리 얻으려면 병아리가 있어야 하고, 병아리 한 마리를 얻으려면 달걀이 있어야 한다. 그래서 계란을 어미 닭이 품도록 해야 비로소 병아리 한 마리를 얻을 수 있다. 그러나 하나님은 하루 한 개씩 알을 쑥쑥 낳는 닭을 만들 수 있는 분이라는 뜻이다."

"하나님은 사람과 다르다, 하나님은 사람이 아니다, 이 말씀인가요?"

"그렇지, 하나님은 네가 볼 수 있는 산과 강과 바다와 해달별, 하루하루 날짜가 바뀌는 시간을 만든 분이 아니더냐? 그분은 마음먹기에 따라 달걀로부터 시작할 수도 있고, 암탉과 장닭 한 쌍으로 시작할 수도 있는 분이다. 그런 전능자이기에 이 세상을 창조하지 않았더냐?"

"그러나 아버님, 그렇다면 우리의 생각으로 하나님의 창조를 이해할 수 있어야 합니다. 우리는 합리적으로 사고합니다. 우리 눈앞에서 어느 날 갑자기 암탉과 장닭 한 쌍이 만들어지는 일은 일어나지 않습니다. 나무 한 그루도 '번쩍' 하고 서지 않습니다. 묘목을 심고 길러야 열매를 맺는 나무가 됩니다. 저희 세대부터는 태어난 이후 눈에 보이는 모든 사물은 다 그렇습니다. 이러한 세상과 이런 이치에 길들여진 우리입니다. 지금은 모든 사물의 시작에서 어느 한 과정도 생략할 수 없습니다. 제 말이 틀리지 않는다는 것을 두 분께서도 잘 알고 계시잖습니까?"

이번에는 하와가 가인에게 물었다.

"가인, 하나님이 우주를 만들면서 그렇게 시작했으므로, 이 우주에서 사물이 생성되는 모양이나 사람의 시작, 그리고 사람이 무엇이든 새롭게 시작하는 모든 것들이 그와 같을 때, 하나님이 이해되고 그럼으로써 하나님을 믿을 수 있게 된다는 뜻이냐?"

"네, 그렇습니다. 이 세상에서 '시작'의 양상이 '하나님의 시작'과 똑같다면 모든 사람이 하나님을 이해하고 믿을 거라고 생각됩니다. 그러나 그럴 리가 있겠습니까?"

"들어보렴, 아버지 어머니는 유소년 청년 시절을 건너뛰고 지음 받았다. 그런데 가인은 어떨까?"

"저 말입니까?"

"그렇지 바로 너! 너의 시작은 객관적으로는 맨 처음 아버지의 허리에서 출발했다. 거기서 이 어미의 태로 와서 열 달, 그리고 태어났다."

"그렇습니다. 그것을 모르는 이는 없습니다."

"그런데 가인 네가 아까, 아는 것, 믿는 것을 말로 하지 못한다면 아는 것도 아니고 믿는 것도 아니라고 했잖아?"

"그랬지요!"

"가인 네가 아는 너 자신의 '시작'을 말해 볼 수 있겠느냐?"

"금방 어머니께서 말씀하신 그것 아닙니까? 아버지의 허리, 어머니의 태, 탄생, 성장입니다."

"그러나 그 일련의 과정에서 가인 네가 눈으로 확인하여 이해하고 기억해 둔 것은 어느 때부터일까?"

"무슨 말씀입니까, 어머니?"

"이를테면, 가인 너는 아버지의 허리, 어머니의 태, 탄생, 영유아기의 일정 시점까지는 너 스스로 확인한 바도 없고, 너의 기억 속에도 없다. 너의 기억 속에 있는 너는 아마 빨라야 서너 살이지 않을까?"

"그야 그렇겠지요!"

"그렇다면 너의 서너 살 무렵 이전까지는 너 자신이 설명하지 못하겠구나!"

"누구나 그렇지 않겠습니까?"

"네가 너의 서너 살 이전을 설명하지 못하는데, 어찌 그것이 너라고 할 수 있겠느냐?"

"…"

"네가 설명하지 못하는 부분에 대해서는 아버지와 이 어미가 너에게 설명해 주었기 때문에 알게 된 것이 아니냐?"

"그야 그렇지요!"

"네가 확인할 수 없고 설명할 수 없는 서너 살 이전의 너도 너 자신이라는 것이 분명하지?"

"그야 그렇지요!"

"방금 네가 '그야 그렇지요'라고 대답할 수 있는 근거가 무엇이냐?"

"…"

"가인 네가 세상 사람들 앞에서 '나는 아담과 하와의 장남입니다'라고 말하고 행동할 수 있으려면 너의 서너 살 이전 너에 대해서 너의 확신이 절대로 필요하다. 그러나 지금 너는 그 이전은 기억도 못 하고 확인도 못 했다고 시인했다. 그런데도 너는 너 자신을 세상 사람들 앞에서 드러내고 있다. 네가 자신의 서너 살 이전, 그러니까 '너의 시작'에서 생략된 그 부분을 네가 어떻게 처리할 때, 너는 너 자신으로 당당하게 설 수 있겠느냐는 질문이다."

"그야 제가 어머니 젖을 물고 자랐고, 아버지 어머니의 보살핌으로 한 가정에서 자랐기 때문이 아니겠습니까?"

"네가 그렇게 나고 자랐음을 너는 누구로부터 확인했느냐?"

"어머니 아버지의 말씀을 듣고, 환경을 바라보고, 형제와 자라면서 확인이 되었기 때문입니다."

"직접 확인 없이 다른 이에게서 듣고 그 들은 것을 믿는 '믿음'이 너 자신의 시작에 포함되어 있다는 뜻으로 받아들여도 되겠느냐?"

"그렇습니다. 어머님!"

"거 봐라, 제아무리 인간이 똑똑해도 자기의 시작에서 서너 살 이전 부분, 너에게 그것은 이 아버지 어머니에게서 생략된 청소년기 이전과도 같다. 아버지 어머니도 그날에 지음 받아 그날 결혼했지만, 그 이전의 추억을 고스란히 가지고 있음을 믿는다. 너의 시작에도 생략된 '시작의 꼭짓점'이 있다.

너는 잘려나간 시작의 꼭짓점과 연결이 되어야 너의 정체성은 완성되고, 그 연결은 '믿음'이 아니고는 건널 수 없는 갭이 아니겠느냐?"

"…"

"사람도 자신의 시작을 밝히려면 '믿음' 아니면 건널 수 없는, 생략된 과거가 있음을 알아야 한다는 뜻이다. 모든 사람의 자의식 속에서 기억이 안 되는 서너 살 이전의 것은 '이해'가 아닌 '믿음'에 근거하여 말할 수밖에 없다고 봐야 옳지 않겠느냐?"

"어머님 말씀은 이해하겠습니다. 사람이 자기 정체성을 찾아내는 과정에서 보자면 사람의 시작에도 잘려나간 시작의 꼭짓점이 있으니 그것은 오직 '믿음'으로 연결해야 한다는 말씀 이해하겠습니다. 그러나 이는 너무 추상적인 시작의 사례일 뿐입니다!"

다시 아담이 거들고 나섰다.

"아담아! 아까 우리가 계란과 닭을 예로 들었는데, 거기에도 '믿음으로 건너야 할 생략된 과거'가 있다. 그것은 닭이 알로부터 시작했다 치더라도 그 알이 어디서 왔느냐 하는 것에 대해 설명해야 한다. 그러다 보면 필연적으로 알을 낳아줘야 하는 암탉으로 되돌아가야 한다. 순환 논리에 빠진다는 이야기다. 순환 논리에서 벗어나려면 '믿어야 이해되는 시작의 꼭짓점'을 인정할 수밖에 없지 않겠냐?"

"그 말씀도 이해하겠습니다. 그러나 세상에는 무수한 시작이 있습니다."

"가인! 그건 너의 말이 옳다. 세상에는 많은 시작이 있고, 사람들은 누구나 시작에 대해 규명하고 싶어 할 것이다. '시작'을 밝히는 방법 중에서 보편타당한 것은 아마도 현재의 모습에서 과거를 유추해 들어가는 방식일 것이다. 여기 한 그루 나무가 있다. 이 나무의 어제는 오늘보다는 작았다. 그제는 더 작았다. 이렇게 과거로 역추적하여 나중에는 나무의 씨앗에 이른다. 그러나 그것으로 시작이 밝혀진 것은 아니다. 그 씨앗이 어디서 비롯했는가의 문제가 남는다. 씨앗을 시작이라고 할 수 없다. 그 씨앗의 시작에도 그 이전 다 자란 어미나무에 대한 신뢰 즉, 믿음이 필연적으로 따른다."

이때 하와가 남편 아담에게 말을 걸었다.

"여보 아담, 그 말을 듣다가 생각이 난 것인데요, 만일에 말입니다. 이 우주도 지금 이 크기로 가만히 있지 않고 날마다 커지고 있다면, 사람들은 지금 당신이 설명한 나무의 사례처럼, 우주의 과거를 역추적할 거 아니겠어요?"

"만일 하나님이 창조한 이 우주가 점점 커지고 있다면 당연히 과거로 따지고 들어가 우주가 계란이나 나무의 씨앗 크기까지 작았던 시점을 계산해 내겠지!"

"맞아요! 그렇게 해서 우주의 나이를 역산해낼 거예요!"

듣고 있던 가인이 끼어들었다.

"제 생각에도 그렇게 되리라고 봅니다. 향후 시간이 더 지날수록 하나님의 시작에서 생략된 과거 즉, 시작의 꼭짓점 문제는 사람들에게 더 받아들여지기 어렵게 될 것이며, 결국 하나님을 부인하는 근거가 되리라고 봅니다!"

하와가 다시 천천히 자상하게 설명하고 나섰다.

"지금 우리가 모든 시작에는 '믿음' 아니면 건너지 못할 '시작의 꼭짓점'이 있다는 것을 말하고 있잖니?"

"그렇습니다. 어머니!"

"우주가 팽창하고 있다는 가설에 따라 시간을 역추적하여 우주의 시작인 아주 작은 알갱이까지 역산해냈다 하더라도 최초 시작의 근거가 된 그 무언가는 어떻게 설명할 것인지의 문제를 보라는 거다. 아무것도 없는 무에서 시작했다고는 말할 수 없을 터이니 말이다!"

"결국은 최초의 시작이 된 아주 조그만 그 알갱이에 대한 인식은 달걀이나 나무의 씨앗과 똑같다는 설명을 하고 싶으신 건가요, 두 분께서는?"

"그렇다! 거기에도 시작할 수 있었던 무언가가 있었다는 것을 부인하지 못한다는 이야기다. 그것의 시작에도 계란이나 나무의 씨앗처럼 '믿음'으로 그것의 생성 즉, 시작의 꼭짓점을 인정해야 한다는 뜻이다."

"그러니까 사람들이 아무리 시작을 치밀하게 규명하더라도 생략된 시작의 꼭짓점 문제는 항상 남게 된다는 말씀입니까?"

"가인! 그렇다. 팽창하는 우주의 시작을 규명하겠다고 시간을 역추적하여 최초의 시작지점 그러니까 우주가 아주 작은 알맹이였던 시점을 찾아내더라도 그 알갱이의 시작에 대한 문제는 끝내 규명할 수 없을 것 아니겠느냐?"

"무슨 뜻인지 알 듯합니다마는…"

하와가 남편 아담의 말에 부연설명을 했다.

"우주의 첫 시작이 규명되었다고 장담하더라도 생략된 시작의 꼭짓점 문제는 해결할 수 없다. 가인이 서너 살 이전을 규명할 수 없음과 같다. 결국, 하나님을 바라볼 수밖에 없다. 시작하신 하나님, 너의 아버지 아담과 나는 그 하나님에 대해서 여태껏 말하고 있다. 에덴에서 우리 부부를 지은 하나님, 우리가 경험한 하나님을 말해왔다. 그 하나님을 믿는 '믿음'으로 생략된 시작의 꼭짓점과 연결을 할 수 있다!"

다시 아담이 나섰다.

"너희 어머니와 나는 생략된 시작의 꼭짓점은 거의 모든 시작에 공통된다고 생각한다. 하나님의 창조는 이 모든 시작의 디딤돌이 되기 때문일 것이다. 하나님의 창조를 바탕으로 사람들은 시작하게 된다. 그렇지 않은 듯 보이지만 깊이 묵상해 보면 모든 시작이 다 그렇다!"

"두 분이 오늘 저를 불러서 이렇게까지 그동안 나누지 못했던 말씀을 해 주셔서 참 고맙습니다. 저도 오늘 나눈 이야기에 대하여 시간을 두고 많이 묵상하겠습니다. 그리고 하나님의 부르심에 귀를 기울여보겠습니다."

"고맙다. 가인!"

"그런데요, 어쩌면 사람들은 지금 두 분께서 말씀해 주신 것을 반대하는 이론도 있다고 주장하지 않겠습니까? 오늘 여기서 나눈 이야기보다 더 합리성이 크고, 보편타당성도 빼어난 어떤 학문이라든가 그런 것을 들고나오지 않겠습니까?"

고구마 줄기처럼 끊임없이 의문을 제기하는 가인에게 하와가 부드럽게 설명하고 나섰다.

"가인, 틀림없이 그런 학문이 등장하리라고 예측할 수 있다고 본다. 그러나 그 학문도 어떤 전제 조건을 내걸고 시작하지 않겠느냐?"
"전제 조건이라니요?"

"태양은 동쪽에서 떠올라 서쪽으로 규칙적으로 진다. 우리가 백 년을 넘게 살았지만 한 해에는 사계절이 뚜렷하고, 바다의 파도는 규칙적으로 철썩거린다. 나무도 사계절에 맞춰 성장한다. 이런 환경에서 발아하는 그 어떤 논리와 학문, 이론이나 접근방식은 틀림없이 '세상은 규칙성을 보인다'는 전제 아래 시작할 것이다. 이를테면 그것을 '과학'이라고 하자. 과학은 규칙성을 믿으며 출발할 뿐 아니라 과학자는 이 규칙성을 파악해 낼 만한 이성과 지성을 가진 자라는 전제도 빼놓을 수 없다. 또 과학 자체가 인간에게 해악을 끼치지 않는다는 확신 없이는 시작하지 못할 것이다.
어디 그것뿐이겠냐? 과학자는 정직해야 한다는 전제와 연구자의 학자적 양심을 세상이 믿어준다는 상호 신뢰성이 없다면 과학의 산물은 무용지물이 되고 말 것이다. '모든 시작에 필수적으로 내재한 믿음만으로 건너야 하는 생략된 과거,' 그것 없이는 과학도 출발하지 못할 것이다."

"하나님이 시작을 그리했기 때문에 하나님의 피조 세계의 모든 시작이 또한 그러하다는 말씀, 이해가 됩니다. 어머님이 아까 저의 질문 속에 답이 있다고 하신 말씀, 이제 어렴풋이 알겠습니다.
무릇 생명을 가진 존재를 만드실 때, 하나님은 순환논리에 바탕을 두고 창조하셨음을 깨달았습니다. 어미는 차세대를 위해 잉태하고 거기서 태어난 새끼가 자라 성체가 됩니다. 그 성체는 다시 어미가 되어 씨앗을 내어 번성하는 순환을 바탕으로 오고 오는 세대가 이어지리라 봅니다.

하나님이 생명체를 그렇게 지었기 때문에, 생명체의 창조는 어느 단계에서 시작하더라도, 필연적으로 그 시작 이전 즉, 생략된 과거의 문제는 필연적으로 따르게 됩니다. 하나님이 그리 하셨기 때문에, 이 세상의 모든 시작 또한 생략된 과거를 갖고 있음도 이해되었습니다.

하나님은 그렇게 하여 인간이 창조주를 인정하도록 장치를 하셨다는 깨달음이 왔습니다. 그렇게 하신 하나님의 계획에 수긍할 수 있을 것 같기도 합니다마는 그러나 제가 아벨을…"

말을 맺지 못하고 가인이 고개를 푹 떨군다.

"가인, 네가 그렇게 말해주니 이 어미가 참 기쁘구나!"

하와의 뒤를 이어 아담이 말을 보탠다.

"너희 어머니와 내가 에덴 동산에 있을 때, 우리 앞에는 두 갈래의 길이 있었다. 하나는 생명과의 길이고, 또 하나는 선악과의 길이었다. 생명 나무의 길은 선악 간의 모든 결정권을 하나님께 전적으로 위임하는 길이고, 선악과 길은 하나님을 제치고 우리가 선악을 결정하면서 사는 길이다. 그런데 지금에 와서 보니, 가인 너를 비롯한 모든 후손 앞에도 그와 똑같은 두 갈래의 길이 있음을 알게 되었다. '하나님의 시작'을 믿으며 창조주를 인정하는 길과 그것을 부인하고 인간의 이성과 지식, 학문과 사상으로 살아가는 길이다. 형식과 모양만 다르지 너희 앞에도 선악과와 생명과가 있다. 하나님은 사람에게 자유의지를 주고 그 앞에 두 갈래 길을 두었다."

"아, 그렇군요! 아버님 말씀 잘 알아들었습니다. 어머님께도 감사드립니다. 오늘 늦었습니다. 돌아가겠습니다. 그리고 많이 생각하겠습니다."

"그래, 금명간에 또 만나기로 하자!"

"내가 내일 날이 새면 너희 움집으로 서둘러 가마!"

"그리하지 않으셔도 됩니다!"

"아니다. 서둘러 갈 것이니 그리 알고 있거라!"

"알겠습니다. 걱정해 주셔서 고맙습니다!"

가인을 보내놓고 나서 하와가 남편에게 말했다.

"여보 가인에게 생각할 시간을 주어야 하지 않겠어요?"

"아니야, 아까 가인의 눈가가 촉촉한 것을 보지 못했소, 가인이 지금 심경의 변화를 보이고 있소, 이럴 때를 잘 살려야 하지 않겠소!"

"알겠어요, 여보!"

제5부

회심

내가 일어나 아버지께 가서 이르기를
아버지 내가 하늘과 아버지께 죄를 지었사오니
지금부터는 아버지의 아들이라 일컬음을
감당하지 못하겠나이다
나를 품꾼의 하나로 보소서 하리라 하고
이에 일어나서 아버지께로 돌아가니라(눅 15:18~20a).

25.

가인의 터닝 포인트

　가인이 아담 하와의 배웅을 받으면서 움집을 나오니 달이 휘영청 하다. 터벅터벅 걸으며 그날을 떠올렸다. 첫 제사의 낭패 이후 가인은 아벨을 들로 불러내 논란을 격하게 벌이다가 아벨이 자신이 가진 믿음의 실체에 대해 말로 설명할 수 없다며 돌아설 때 분노가 폭발했다. 가인은 자신도 모르게 돌을 손에 집어 들었다.

　당시 가인은 사람의 죽음에 대해서 아는 바가 없었다. 동물은 가끔 죽인 일이 있었지만, 사람에게도 그와 같은 죽음이 있다는 것을 알지 못했다. 그때까지 죽은 사람이 없었기 때문이다. 가인의 손에 쥔 돌이 아벨의 뒤통수를 가격했을 때, 아벨은 비명도 못 지르고 쓰러졌고 잠시 후 숨을 멈췄다. 그 일 이후 다시 달이 차올랐으니 어언 달포가 지났다.

　이제는 만날 수 없는 아벨, 만나 이야기를 주고받을 수 없는 아벨, 그 아벨을 생각하니 허전하기 이를 데 없다. 지금이라도 아벨을 부르면 금방 대답하고 나올 것 같다. 그러나 가인은 아벨 없이 살아가야 하는 세상을 어렴풋이 실감하고 있었다.

　아벨의 아내 삼순과 그의 자녀들이 느낄 상실감에 대한 안타까움도

서서히 움트고 있었다. 만일 자신의 가정에서 자신이 어느 날 사라진다면 아내 옥자와 자녀들이 얼마나 슬퍼하게 될지도 생각해 봤다. 그때 느끼는 감정이야말로 슬픔 중에서도 가장 큰 슬픔일 것이다. 아벨을 상실한 부모님, 아벨의 아내, 아벨의 자녀들이 느끼는 비통함이 모두 자기 책임이라는 죄의식이 자신을 짓눌러오기 시작했다.

가인은 아침에 잠에서 깨어날 때마다 어제까지의 모든 것들이 꿈이었으면 하고 바라기도 했다. 때로는 너무 괴로워 저녁 잠자리에 들면서 지금 잠이 들어 영원히 깨어나지 않을 수만 있다면 하는 마음으로 잠들기도 했다. 악몽에 시달리는 일도 이제 일상이 되었다. 밤새 꿈이 뒤숭숭하여 깊은 잠을 이루지 못하는 밤이 이어졌다. 그날 일어난 일이 꿈이었더라면, 그날 이전의 모든 기억이 오늘 부모님과 나눈 이야기 '모든 시작에 있는, 믿음으로 건너야 하는 생략된 과거' 바로 그것이라면 얼마나 좋을까 하는 생각도 했다.

아버지 아담과 어머니 하와가 결혼 적령기의 청년으로 지어진 것처럼, 모든 것을 지금 이 순간으로 하나님이 시작한다면 얼마나 좋을까 하는 상상도 했다. 어제까지의 일들 모두가 '시작' 이전의 생략된 과거였다면 얼마나 좋을까 하고 희구해 보기도 했다. 하나님은 능히 그럴 능력이 있는 분이라고 부모님은 주장했다. 그것을 하나님의 전능함이라고 하지 않았는가 말이다.

가인은 믿음 아니면 건너지 못할 '시작에서 생략된 과거'의 단초를 제공하는 분이 하나님이고, 믿음으로만 건널 수 있는 '시작에서 생략된 과거' 그 자체가 하나님이고, 거기가 하나님 계신 곳이 아니겠는가 하는 묵상을 해 본다. 누구나 하나님을 만나려면 오직 믿음으로만 가능하다는 생각에까지 이르렀다.

하나님이 그러하다면, 하나님의 피조물인 나는 나의 범죄 즉, 아벨의 생명을 해친 범죄 자체를 '나'라는 존재의 시작에서 '생략된 과거'로 만들 수는 없을까 하는 생각도 해 본다. 부모님과의 대화 중 나 자신의 시작에도 서너 살 이전, 도무지 기억해 낼 수 없는 과거, 그것이 시작에서 생략되었다 했으니, 어제까지의 나를 나의 시작에서 생략된 과거로 만들었으면 얼마나 좋을까 하는 생각도 했다. 어제 이전의 과거는 모두 지워버리고 지금 이 상태에서 시작하지 못할 이유도 없지 않은가?

부모님 집을 나선 가인은 이런저런 상상으로 아벨이 없다는 현실에 대한 죄책감에서 조금이나마 자유로워지고자 진저리를 쳤다. 이런 사념에 젖어 터벅터벅 산모퉁이를 돌아 자신의 움집을 향해 걷는다. 그때였다.

"멈추시오!"

어둠 속에서 대여섯 명의 청년이 소리를 지르며 나타나서 가인을 둘러쌌다.

"아니, 너희들, 아벨의 아들들이 아니냐?"

"그렇습니다. 백부님!"

"야심한 밤중에 너희가 어찌?"

"저희도 알고 있습니다. 백부님이 저희 아버님을 해쳤다는 것을요!"

"아니다! 나는 억울하다!"

조카들에 둘러싸여 순간적으로 부인하면서 아버지 아담에게 했던 첫마디가 튀어나왔다.

"나는 억울하다!"

"그러면 백부님이 저희 아버님을 해치지 않았다는 말씀입니까?"

"내가 왜 아우를 해치겠느냐? 어서들 집으로 돌아가거라!"

"온 동네 사람들이 다 그렇게 말하고 있습니다."

"잘못 알고 그런 것이니라, 그러니 어서 집으로 돌아가거라!"
가인을 둘러쌌던 조카들이 주춤주춤하면서 길을 텄다.
"어서들 돌아가거라! 저녁이 깊었느니라!"
아벨의 아들들도 아직 죽음이 무엇인지 정확히 인지하지 못하기는 마찬가지다. 아버지를 죽인 사람이 철천지원수라는 개념도 아직 없다. 돌무덤에 갇혔지만, 아버지는 언제라도 불쑥 집에 들어설 것 같은 기대감이 훨씬 더 컸다. 지금 큰아버지 가인에게 어떤 폭력을 가했다가 만일 내일이라도 아버지 아벨이 집에 들어선다면 이것처럼 낭패도 없다고 생각했다. 가인도 조카들도 죽음에 대해서 무지하기는 매한가지였다.

간신히 위기를 넘긴 가인은 후들거리는 다리를 겨우 진정하면서 집에 돌아왔다. 옥자가 잠들지 않고 기다리고 있었다. 옥자 앞에 털썩 무릎을 꿇으면서 가인이 소리죽여 운다.

"옥자 누님!"

"여보! 아니, 가인아!"

곁에서 잠이 든 아이들이 깰까 봐 마음 놓고 울지도 못했다. 옥자를 끌어안으면서 가인이 부들부들 떨기 시작한다. 오는 길에 조카들에게 둘러싸였을 때의 공포가 되살아났다. 흠칫 놀라 기절할 뻔했다가, 요행히 벗어나 집에 도착하자마자 오한이 오고 온몸에 식은땀을 흘리면서 잠을 이루지 못했다. 가인은 옥자에게 시켜서 성년이 된 아들 두어 명을 깨우도록 했다. 아들은 아버지의 모습을 보면서 걱정에 싸여 왜 그러냐고 묻는다. 가인이 아들들에게 말했다.

"너희들 움집 밖에서 누가 오는지 밤새워 지키고 있거라!"

"왜요? 누가 오는데요?"

옥자가 상황을 짐작하고 나섰다.

"아버지가 지금 몸이 많이 아프니, 너희들이 집 주변을 돌면서 혹시라도 맹수가 습격해 오지는 않는지 지키라는 말씀이다."

"예, 알겠습니다!"

아벨의 죽음 이후 마을이 온통 죽음의 공포에 휩싸였다. 아벨을 죽인 사람이 가인이라는 소문은 온 동네에 퍼졌지만, 가인의 가족에게만 전해지지 않았다. 자세한 내막을 알 수는 없지만, 가인의 아들 두 명은 움집 밖으로 나갔다. 가인은 밤새 온몸을 떨면서 잠을 이루지 못했다. 옥자가 서둘러 다른 아이 두엇을 아담 하와의 집으로 보냈다. 빨리 와 달라고 연통을 놓았다.

소식을 전해 들은 아담과 하와는 득달같이 달려왔다. 가인과 옥자만 남기고 주변을 모두 물리친 다음에 아담과 하와는 가인으로부터 밤새 일어난 자초지종을 들었다. 이야기를 마친 가인은 아담과 하와 앞에 엎드렸다.

"내가 죄인입니다. 아버지, 어머니!"

그동안 가인은 그 누구 앞에서도 자신을 죄인으로 인정하지 않았다. 억울하다는 말을 했을 뿐이었다. 그러나 이제는 상황이 매우 급해졌다. 아벨의 자식들로부터 보복을 당하여 죽는다 해도 억울할 것이 하나도 없다는 생각에 이르자 자신의 목숨은 이미 죽은 것이라 여겨졌다. 그리고 바들바들 떨었다. 아담은 특단의 조치를 취하지 않을 수 없었다. 아담은 가인 성읍 청년을 동원하여 주야로 불침번을 세웠다. 특히 산 넘어 아벨이 살고 있는 마을 사람의 출입을 막도록 했다.

가인은 자신이 해친 아벨의 자식들로부터 보복당할 위험에 처했음을 실감하면서 공포에 빠져들었다. 자신이 저지른 일이 얼마나 심각한 일인지를 뼈저리게 느끼기 시작했다. 자신의 행동이 얼마나 큰 잘못이었는지도 서서히 자각했다. 지난밤에 아버지 아담과 어머니 하와 앞에서 일말의 가책도 없이 '모든 시작에 공통으로 있는 믿음으로 건너야 하는 생략된 과거' 이야기를 나눴던 일이 꿈속같이 아련했다. 엄청난 죄를 저지르고도 부모님 앞에서 할 말 꼬박꼬박 다 했던 자신의 뻔뻔함을 비로소 본 것이다.

자신의 그런 오만하고 교만에 가득 찬 태도를 궁휼히 여기면서 진지하게 자신을 하나님 앞으로 이끌려고 노력해 주었던 아담 하와가 하늘같이 높게 보였다. 저분들이 내 부모였다는 것이 이제는 꿈처럼 여겨졌다. 부모님이 그동안 자신을 얼마나 자랑스러워하고 얼마나 사랑해 줬는지를 느끼고 또 느꼈다. 자기는 자녀에게 그렇게까지 사랑을 베풀 수 없을 것 같았다.

아내 옥자를 보는 시선도 달라졌다. 자녀를 바라보는 태도도 달라졌다. 아내요 자녀이지만 그들은 자신과는 다른 세상 사람이었다. 그들은 무죄한 자들의 세상 사람이고 자기는 흉악한 범죄자 세상의 악한 자임을 비로소 깨닫기 시작했다.

남의 생명을 빼앗은 죄인이 머리에 인 하늘은 푸른빛이 아니었다. 밟고 있는 들판도 파란색이 아니었다. 들여 마시는 공기는 핏빛이었다. 산의 나뭇잎은 모두 회색빛이었다. 땅으로 발을 내디디면 땅이 한없이 아래로 푹푹 꺼져 내려갔다. 아내 옥자도 제대로 바라볼 수가 없었다. 아담 하와도 마주 바라볼 수가 없었다. 불과 하룻밤 사이에 까칠하고 수척해진 가인의 이마에 손을 대면서 하와가 통탄했다.

"이 일을 대체 어찌하면 좋단 말이냐?"

"어머니!"

"기운 차려라! 힘내거라! 괜찮다. 추스르고 일어나야 한다."

그런데도 가인은 끝내 혼절하고 만다. 흔들어도 소용없고 죽은 듯이 누워 웅크리고 거친 숨만 몰아쉴 뿐이다. 그리고 웅얼거렸다.

"아벨, 아벨아, 내 동생 아벨, 하나님, 아벨이 어디…"
가인은 혼절한 사람처럼 깊은 잠에 빠져들었다.

"네 아우의 핏 소리가 땅에서부터
내게 호소하느니라 땅이 그 입을 벌려
네 손에서부터 네 아우의 피를 받았은즉
네가 땅에서 저주를 받으리니
네가 밭을 갈아도 다시는 그 효력을
네게 주지 아니할 것이요
너는 땅에서 피하며 유리하는 자가 되리라"(창 4:10-12).

"내 죄벌이 너무 무거우니이다
주께서 오늘 이 지면에서
나를 쫓아내시온즉 내가
주의 낯을 뵈옵지 못하리니
내가 땅에서 피하며 유리하는 자가 될지라
무릇 나를 만나는 자마다 나를 죽이겠나이다"(창 4:13-14).

잠에서 깨어난 가인은 꿈에서 생시처럼 하나님과 나눈 대화를 기억하고 되뇌었다. 아담과 하와는 가인의 파리해진 안색을 보면서 탄식을 토해낸다.

'선악과 범죄가 너무 무겁도다.'
'선악과 범죄 뒤끝이로다.'
'선악과 범죄로다.'

아담과 하와가 양쪽에서 가인의 팔을 붙잡고 눈물과 탄식을 토해 냈다. 그 날로 자리를 보전하고 누워버린 가인은 좀처럼 회복할 기미를 보이지 않았다. 그렇게 며칠이 지난 후 아벨의 자손들이 떼를 지어 가인의 마을로 찾아왔다. 자칫 큰 패싸움이 일어날 수 있는 일촉즉발의 순간이었다. 그때 아담과 하와가 나섰다.

"억울한 일이 있다고 너희들 스스로 이렇게 나서는 것이 아니니라!"

"원수가 되었는데 그냥 있으란 말입니까?"

"원수 갚는 일은 사람이 나서서 할 일이 아니니라!"

"그럼 누가 그 일을 한답니까?"

"억울한 일은 하나님이 풀어주실 것이다. 너희의 억울함을 나도 잘 안다마는 너희가 이렇게 찾아와서 폭력으로 분을 푼다 한들 그 분함이 풀리지도 않고 억울함만 더 높게 쌓일 것이니라, 그러니 돌아가거라!"

그러나 그 후에도 아벨의 성읍에서 청년들이 떼거리로 찾아오는 일이 잦아지고 있었다. 아벨의 죽음을 현실로 직시하고, 가인이 아벨의 생명을 해친 범죄자라는 것이 기정사실로 드러났기 때문이다. 자칫 마을 간에 큰 싸움이 일어날 지경이다.

아담과 하와는 가인 부족의 경계를 더 철저히 하도록 지시하고, 아벨의 부족 촌으로 갔다. 삼순이는 식음을 전폐하고 있었다. 아벨의 후손들은 날마다 모여 어떻게 해야 할지를 숙의했지만 의견을 하나로 모으지 못하고 있었다. 복수해야 한다는 강경파가 있고, 좀 더 기다려보자는 온건파도 있었다. 온건파 사람들은 지금도 아벨이 불쑥 문을 열고 들어올 것 같다는 말을 했다.

아담과 하와가 삼순을 만났다. 삼순은 자기의 바로 아래 동생 가인이 남편 아벨을 죽였다는 사실을 알고부터는 더욱 몸을 가누지 못했다고 옆에서 부축하던 삼순이의 딸 세리가 말했다. 미루와 세리는 아벨의 장례를 치른 다음 강 건너 자기들의 본거지로 갔다가 가인이 살해자라는 연통을 받고 다시 건너온 터였다.

하와가 삼순과 아벨의 식솔들을 불러 모았다. 진정시키지 않았다가는 가인 부족, 아벨 부족 간에 큰 싸움이 나게 생겼으니 어떻게든 수습을 해야 했다. 다 모인 자리에서 아담이 나섰다.

"사람의 목숨을 빼앗는 일은 대단히 큰 죄악이다. 특별히 하나님 앞에서 죄이다. 그러니 죄를 짓지 않아야 한다. 지금 가인은 자기의 죄를 크게 뉘우치고 있다. 자기의 죄가 얼마나 큰지 깨닫고 물 한 모금도 목에 넘기지 못하고 있다. 그러니 너희들도 진정해야 한다."

그러나 어떻게 진정할 수 있느냐면서 볼멘소리를 하는 강경파가 섞여 있어서 소란스러웠다. 그러자 하와가 거든다.

"이럴 때일수록 아담의 말을 잘 들어야 한다. 조용히 하고 이야기를 들어보자!"

좌중이 진정되자 아담이 다시 말을 이었다.

"소문대로 첫 제사에서 하나님이 아벨의 제물은 열납하고 가인의 제물은 거부했기 때문에 가인이 분해서 아벨을 해쳤다. 가인이 범죄자라는 것을 내가 가장 먼저 알았다. 그래서 가인을 불렀는데, 가인의 첫 마디가 '나는 억울합니다!'였다. 나도 그 말을 듣고 기가 막혔다. 사람을 죽여 놓고 억울하다니 적반하장도 유분수다. 그러나 우리는 여기서 교훈을 얻어야 한다. 우리가 살아가는 중에 상대방에 대하여 억울하고, 원수가 되어 죽이고 싶을 만큼 분노가 치밀어도 절대 죽여서는 안 된다. 왜냐면, 죽인다고 해서 그 분노가 조금도 가시지 않기 때문이다. 사람이 스스로 원수를 갚는 것은 아무런 유익이 없다. 너희들이 지금 가인을 찾아가서 그의 목숨을 빼앗은들 너희의 분노는 절대 가라앉지 않는다. 아무것도 해소되지 않는다. 이것을 명심해야 하느니라!"

"사람의 목숨을 해쳤는데도 그냥 두라는 말씀이신가요, 어르신!"

좌중에서 한 마디가 불쑥 튀어나왔다.

"네가 분하다고 나서서 쫓아가 가인의 목숨을 빼앗은들, 너의 분하고 원통함은 전혀 줄어들지 않는다. 오히려 그 분노가 더 커진다. 사람은 자기의 원수를 스스로 갚을 수 없다."

"그럼 저희는 어떻게 해야 한다는 말씀이신지요! 두 손 놓고 가만히 있으라는 말씀이라면 저희는 찬동할 수 없습니다!"

"원수 갚는 일은 너희가 직접 하지 말고 하나님께 맡기도록 하자! 나는 오늘 이 이야기를 하려고 왔다. 하나님께서 가인을 그냥 두지 않을 것이다. 가인이 정신이 맑아질 때 나에게 한 이야기가 있다. 그가 하나님을 만난 듯하다. 하나님이 그에게 말씀하셨다.

> "네가 땅에서 저주를 받으리니
> 네가 밭을 갈아도 다시는 그 효력을
> 네게 주지 아니할 것이요
> 너는 땅에서 피하며 유리하는 자가 되리라"(창 4:11b-12).

이 말은 내가 지어낸 말이 아니다. 가인이 환상 중에 하나님을 만나 하나님에게서 직접 들은 이야기니라! 이게 거짓말이라면 너희가 내 말에 순종하지 않아도 된다. 내 말을 믿고, 하나님이 가인에게 어떻게 하시는지 하나님을 믿고, 지켜보도록 하자!"

"하나님의 말씀을 우리가 어떻게 믿어야 하는지요?"

"가인이 아벨의 생명을 해친 일도 사실은 가인에게 하나님을 믿는 믿음이 부족해서 일어났느니라. 그러니 너희는 하나님을 믿어야 한다. 하나님이 너희의 원수를 어떻게 갚아주는지 보면 알 것이 아니더냐?"

"하나님이 만일 아무 것도 하지 않으면요?"

"하나님은 결코 그런 하나님이 아니다. 여기 있는 나 아담과 하와가 선악과를 따 먹었을 때 하나님이 어떻게 하셨는지 너희에게 여러 번 들려줬지 않느냐, 하나님은 결코 죄를 그냥 넘기는 분이 아니니라!"

그러나 좌중에 웅성거림은 멎지 않았다. 아담은 말을 이어갔다.

"하나님은 나 아담과 하와에게 다음과 같이 말씀하셨다!"

"가인을 죽이는 자는 벌을 칠 배나 받으리라"(창 4:15).

"왜 하나님이 이렇게 하시는지 알겠느냐?"

"그걸 우리가 어찌 안답니까?"

"아까도 말했느니라, 너희 중에 아벨의 원수를 갚겠다고 가인의 목숨을 해쳐본들 너희의 원한은 절대 해결되지 않는다. 그래서 하나님이 이렇게 조치하신 것 아니겠느냐?"

"…"

가까스로 좌중이 잠잠해졌다. 그러나 안심할 수는 없었다. 아담은 미루를 한쪽으로 불렀다.

"미루야!"

"예! 아버님!"

"가인은 너에게 장형님이 아니냐?"

"그렇습니다. 아버님!"

"그러니 네가 세리를 잘 다독여주고, 네 장모가 된 삼순이 누님을 잘 위로해 주어야 한다."

"알겠습니다. 아버님! 제가 강경파를 따로 잘 관리해서 분노가 가라앉도록 조치하겠습니다!"

"너만 믿고 가인에게 가 보겠다. 지금 가인의 목숨이 경각이다. 가인이 자기의 죄가 얼마나 중한지 깨달았으니 그가 지금 어떤 일을 벌일지 알 수 없다."

"알 수 없다니 그게 무슨 말씀이신지요?"

"지금 가인은 목에 곡기 넘기기를 거부하고 있다. 알고 보면 가인은 제 아우 아벨을 누구보다 사랑했다는 것을 너도 잘 알고 있지 않으냐?"

"그건 저도 알고 있습니다."

"이곳 일은 너에게 맡기고 건너가겠다!"

"잘 알겠습니다. 아버님 어머님, 안녕히 가십시오!"

26.

살길은 험산 준령 너머에

　가인은 길을 나서야 했다. 아버지 아담과 어머니 하와가 보호해 준다 해도 아벨의 후손에게 남긴 상실감으로 인한 격분은 그리 쉽게 삭혀지지 않을 것이기 때문이다. 한편 길을 떠나는 것이 하나님의 명령이기도 했다.
　가인은 그동안 가장 험하고 기후변화도 심하여 아무도 정착하지 못한 험산을 넘기로 했다. 그곳은 에덴 동산이 있던 곳에서 보자면 동편이다. 그동안 수차례에 걸쳐 사람들이 살 만한 곳인가 하여 갔다가 되돌아왔다. 다녀온 사람들은 거기는 사람이 살 만한 곳이 못 된다면서 '쉼이 없는 땅'이라는 뜻으로 '놋'이라 지명을 붙였다. 가인은 그곳으로 가겠다고 했다. 험산 준령을 넘어야 안전하다고 생각했다.
　가인과 옥자는 어린 것들만 데리고 가고자 했으나 상황이 그렇지 않았다. 아벨 부족 강경파가 아직도 보복 계획을 포기하지 않았다는 소문이 간헐적으로 들리니, 가인의 후손으로서 가인이 떠난 마을에 남는다는 것은 위험했다. 모두가 따라나섰다. 아담과 하와가 나서서 그럴 필요까지는 없다고 만류했으나 한사코 듣지 않았다. 가인도 체념하고 손자의 손자 대에 이르기까지 모두를 데리고 산을 넘기로 했다. 가인이 옥자와 함께 아담과 하와에게 하직 인사를 하러 왔다.

"꼭 가야 하겠느냐?"

"저희 가는 길을 막아서지 않으시리라 믿습니다."

"네가 그렇게 믿고 있다 하니, 나도 말리지 않겠다. 다만 놋 땅은 험악하여 쉴 만한 곳도 드물다는데 그것이 걱정이구나!"

"어딘들 가서 못 살겠습니까? 제가 건강을 회복했고 옥자도 건강하니 험지라도 그곳에 마음 붙이고 살아가겠습니다."

"'하나님의 시작'에 대하여 나눈 이야기를 잊지 않았으면 좋겠다. 어딜 가더라도 하나님은 창조주가 아니더냐? 그리고 그곳에 가거든 너희도 거기서 '새로운 시작'을 시작하면 좋겠다."

"어머님, 새로운 시작을 하라 하셨습니까?"

"그렇다. 과거는 잊어버리거라! 아버지와 나에게 청년 시절 이전 과거가 생략되어 없듯이 너의 과거도 그렇게 망각했으면 좋겠다. 나쁜 기억을 되새기면서 어찌 괴로워 살아가겠느냐, 아프고 쓰린 기억은 지워버리고 앞을 보면서 희망을 품고 살아간다면 하나님의 가호가 어찌 없겠느냐, 어찌 보면 사람의 과거라는 것이 '하나님의 시작'에서처럼 싹둑 잘라낼 수도 있는 것이 아니겠느냐?"

"하나님의 시작에서는 생략된 과거가 가능하겠지만, 저희야 어찌 그리할 수 있겠습니까? 저희를 열 달 동안 품어주신 어머님이 계시고 아버님이 계시는데 어찌 어제까지의 과거를 망각의 강 건너로 선을 그어 잘라낼 수 있겠습니까? 그저 이곳저곳을 다니다 보면 때로 잊히기도 하겠지요!"

"너의 아버지와 나도 그런 생각을 할 때가 없지 않았다. 우리가 선악과를 따 먹은 그 과거의 사건을 우리의 기억에서 생략해 버릴 수 있으면 좋겠다고 말이다. 하나님의 말씀을 어기고 선악과를 따 먹고 하나님 속을 상하게 한 것은 우리에게도 아픈 기억이다. 그래서 생각 속에서 지워버리고 싶을 때도 많다. 아버지와 내가 그런 대화를 나누다가 어느 때는 그거 '삭제해버립시다' 할 때도 있단다."

"그러셨습니까?"

"어쨌든 가인 너도 너무나 지난 일에 집착하여 스스로 괴롭게 하지 않았으면 좋겠다."

"알겠습니다!"

"세월이 흐른 다음에 아버지와 내가 너희 사는 곳을 가 볼 터이니, 옥자 네가 남편을 보필하고 그때까지 잘 살아야 한다!"

"…"

"얼른 대답하지 않는 것을 보니, 남편에 대한 원망이 아직도 가득한 게로구나?"

"아닙니다. 어머님!"

"옥자의 마음을 이 어미가 어찌 모르겠느냐? 옥자는 어려서부터 아버지와 나로부터 하나님 이야기를 많이 듣고 하나님에 대한 믿음도 있으니, 후손들이 바로 서도록 해야 하지 않겠느냐?"

"알겠습니다."

"아버님, 어머님 저희 절 받으세요! 이제 떠나면 언제 뵐지도 모르겠습니다."

"오냐, 알았다. 멀지 않은 때에 너희 어머니와 함께 가 보겠다!"

"안녕히 계십시오!"

가인의 후손 중 다른 가문으로 출가한 여식은 따라나서지 않았지만, 다른 가문에서 가인의 후손에게 시집온 여식들까지 모두 길을 나섰다. 사람이 자주 다니지 않아 길은 희미했지만, 가인이 맨 앞에서 길을 인도하면서 산을 넘었다.

가인이 떠나자 한 성읍이 텅 비었다. 아담과 하와는 헛헛하기가 이를 데 없었다. 가인은 질서를 세우는 든든한 기둥이었다. 가인은 아담과 하와에게 예의를 잘 갖추도록 서슬 퍼렇게 호령하고 지시함으로써 기율이 세워졌었다. 이제는 누가 그렇게 질서를 잡아줄지 걱정이었다. 더구나 아벨의 죽음으로 세상 공기가 싸늘해진 터수다.

아벨을 상실한 아픔도 고스란히 남았다. 아벨은 아담과 하와가 전하는 하나님과 천지창조와 에덴 동산에 관한 이야기에 한 치도 의심의 눈빛 없이 들어주면서 부모가 팥으로 메주를 쑨다고 해도 믿어주는 아들이었다. 하나님에 관한 이야기를 하고 또 해도 싫은 낯빛 하나 없이 귀 기울여 들어주는 아들은 아벨이 유일했다. 아벨의 하나님에 대한 믿음은 아담과 하와를 앞질렀다.

"여보 어쩜 아벨은 그렇게 하나님 이야기를 좋아할 수가 있지요?"

"그러게 말이요! 나와 당신이 아니라 아벨과 삼순이 부부를 첫 사람으로 하나님이 시작하셨더라면 더 좋았을 뻔했는데 하나님이 실수한 것 같지 않우?"

"그럼, 나와 당신은 없는 셈이 되잖아요?"

"하나님이 당신과 나를 안 지어주셨으면 우리는 어떻게 될까?"

"그렇게 복잡한 생각은 하지 말기로 해요, 우리!"

"아니지, 그런 얘기 싫다고 나누지 않았다가 가인이 믿음 없는 자가 되었잖소?"

"하긴 그래요! 가인처럼 이치로 따지고 경험에 근거하여 하나님을 이해하겠다고 나설 때 어떻게 해야 하는지 미리미리 생각해 두었어야 했어요!"

"그런데, 하와 이리 좀 가까이 와 보소!"

"어찌 그래요?"

"인제 보니, 당신 아랫배가 봉긋이 솟아오르고 있는데, 왜 나에게 얘기하지 않아요?"

"그걸 꼭 얘기해야 알아요? 아이 낳는 일이 무에 그리 대수라고요!"

아담은 하와의 배를 쓰다듬는다.

"여보, 하와! 이번에 태어나는 녀석은 아벨처럼 하나님 이야기를 좋아하는 아이였으면 좋겠는데, 당신 생각은 어때요?"

"당신 말 듣고 보니 그러네요! 아벨처럼 하나님에 대한 깊은 신뢰를 가지고 이 아이가 태어나기를 하나님께 빌어야겠어요!"

"그렇게 되기를 하나님께 청해봅시다!"

"그러시구려!"

"이름도 미리 지어둡시다. 아벨을 대신하여 다른 씨를 주었다는 의미로 '셋'이라고 지었으면 좋겠는데, 당신 생각은 어떨지 모르겠소!"

"'셋' 마음에 들어요, 그런데 아들이 아니고 딸이면 어떻게 해요?"

"하나님이 아벨 대신에 주시는 아이라면 틀림없이 아들일 것이요! 그러니 믿어봅시다!"

"사내아이가 태어나서 그 이름을 '셋'으로 부를 수 있기를 믿을게요!"

아담과 하와가 기대했던 대로 아들을 낳아 '셋'이라 이름을 지었다. 그리고 헤아려 보니 아담과 하와가 하나님으로부터 지음 받아 결혼한 지 어언 일백서른 해가 지나고 있었다.

셋은 무럭무럭 자랐다. 셋은 아벨처럼 하나님에 대한 관심이 많았고, 하나님 이야기를 즐겨 듣고 하나님을 진심으로 섬기고자 하는 심성이 가득하여 아담과 하와를 기쁘게 했다.

세월은 바람같이 빨랐다. 셋도 장성하여 짝을 이루고 자녀를 낳았다. 태어나는 자녀는 딸 아니면 아들이지만 성격은 제각각이다. 특히 창조주 하나님에 대한 믿음이 다 다르다. 아담과 하와는 이들에게 기회가 될 때마다 자기네 경험과 믿음에 근거하여 하나님, 천지창조, 에덴 동산과 선악과 이야기를 들려주었다.

듣는 아이들이 처음에는 호기심을 갖는 듯하다가도 나중에 보면 전혀 관심이 없는 아이도 있고, 하나님을 이야기할 때 딴전을 부리던 아이가 자라고 나서는 그렇지 않은 예도 있었다. 아담과 하와는 자기네가 전하는 이야기에 더욱 긍정적으로 반응하는 자손에게 각별하게 마음이 갔다.

두 사람은 비록 금지된 선악과를 따 먹음으로써 에덴에서 추방되었지만, 하나님과 천지창조에 관한 이야기를 어떻게 해서든지 가르쳐 알리려고 했다. 그러나 오랜 기간 자녀를 낳고 후손을 두어, 그들에게 하나님 이야기를 전하면서 보니 곧이곧대로 믿는 사람이 매우 드물었다. 처음에는 당혹스러웠다. 왜 부모이며 조부모이고 조상인 자기의 이야기를 못 미더워하는지 이해하지 못했다. 답답할 때는 윽박지르고 쥐어박기도 했지만, 그것은 아무 소용이 없다는 것을 알기까지는 그리 오래 걸리지 않았다.

아담과 하와는 에덴 동산에서 나온 이후 자기들로부터 번성하는 후대에 질서를 만들어 가르쳐야 했다. 사람이 늘어 공동체가 되었으니 중구난방으로 자기 편리에 따라 행동하면서 살아갈 수는 없었다. 가장 먼저 정해야 했던 것이 잠에 관해서였다. 그동안은 초저녁잠이 많은 하와가 일찍 잠들면, 아담은 자기 할 일을 더 하다가 새벽녘에야 잠이 들었다. 그러나 낮이 되면 들로 산으로 나아가 일하지 않으면 안 되었다. 공동체 안에서 언제 잠들고 언제 깨는 것이 선이냐를 두고도 아담과 하와는 수없이 다투었다.

하와는 일찍 자고 일찍 일어나는 것이 맞다는 주장이고, 아담은 밤 늦게까지 일하는 대신 아침 해가 돋은 후까지 잠자는 것도 나쁘지 않다고 했다. 결국은 어두워지면 잠들고 동이 트면 일어나는 것이 선이라고 정했다. 식사의 문제도 수십 년을 다툰 끝에야 비로소 결론이 났다. 처음에는 각자가 알아서 배고프면 먹어야 하니 굳이 식사 시간을 따로 정할 필요가 없었으나 공동체 생활에서는 먹는 시간, 일하는 시간을 한 가지로 정하지 않을 수 없었다.

결혼 문제는 에덴에서 일찍이 하나님에게서 들은 바대로 한 남자와 한 여자가 부부를 이루는 것으로 결정할 수 있었다. 이렇게 하나하나 결정하는 과정에서 아담과 하와가 근거로 삼을 수 있는 것은 에덴에서의 경험이었다. 양단간에 결단이 필요할 때는 자연히 하나님의 뜻을 헤아려 보는 것이었다. 이렇게 하는 것은 하나님의 속성에 맞고, 저렇게 하는 것은 하나님의 뜻에 어긋나는 일이라는 것이 질서를 정하는 데 있어서 가장 큰 기준이었다.

아담과 하와가 합의한 기준에 잘 따른다는 것은 곧 하나님을 신뢰하는 것이 됨을 의미했는데, 가장 먼저는 아벨이었다. 그러나 아벨은 이제 없는 사람이다. 다행히 셋이 아벨처럼 순종하면서 하나님을 경외했다. 그렇다고 해서 셋이 낳은 자녀들 모두가 또한 그렇게 하나님의 의중에 고분고분하지는 않았다. 그 중에 셋이 일백 오 세에 낳은 아들 에노스가 신실함을 보여 다행이었다.

에노스는 신통하게도 오래전 가인과 아벨이 지냈던 첫 제사 이야기에 깊은 관심을 보였다. 아담과 하와는 첫 제사 이후 끔찍한 사건을 겪은 탓에 탐탁하지 않게 여겨왔지만, 에노스가 첫 제사 이야기를 듣더니 관심을 보이고 할아버지 아담과 아버지 셋 앞에서 하나님께 제사하는 의례를 다시 해야 하지 않겠냐고 주청했다.

아담과 하와는 셋에게 그 문제를 일임했다. 그러자 에노스는 한층 더 진지하게 셋을 설득하여 다시 날을 잡고 제사의례를 거행하기로 정했다. 아담과 하와는 그 결정에 대해서 수긍하고 제사의례의 집례를 셋에게 맡겼다. 아담은 다시 지내게 된 제사에서 셋과 에노스 부자만 제물을 바치도록 했다. 자칫 제물의 봉헌에서 지난번처럼 한 가문은 하나님께 열납되고 다른 가문은 거부되는 일이 벌어질까 우려스러웠기 때문이다.

아담과 하와는 표정으로는 드러내지 않았지만, 재개된 제사의례를 흐뭇한 마음으로 참관했다. 가죽옷을 지어 입혀주시던 하나님을 생각하니 마음이 조금이나마 가벼워지는 듯했다.

27.

가인 성읍 놋 땅을 찾아가다

세월이 꽤 흘렀다. 하나님께 올리는 제사는 명맥을 근근이 이어가고 있었다. 다행히 후손 중에 제사하기를 좋아하며 제물 내놓기를 즐기는 자가 대대로 한 명씩은 있었다. 아담 하와가 제사를 참관하고 돌아왔다.

"여보! 당신도 가인이 보고 싶지요?"

"아벨 생각하면 괘씸해서 어디 보고 싶은 마음이 납디까?"

"또 속에도 없는 소리 하십니다. 그래도 우리의 장남이고, 하나님께 내가 빌고 또 빌어서 낳은 아들인데, 죄는 밉지만 어떻게 살아가고 있는지 걱정도 되고, 꿈에도 가끔 보이고 하니 언제 한번 가 봅시다!"

"꿈에서라면 아벨을 봐야지, 왜 가인을 본단 말이오?"

"나는 이상하게 아벨은 꿈에 안 나타나고, 가인 꿈을 가끔 꿔요!"

"나도 얼마 전 가인을 꿈에서 보기는 했소!"

"어떤 꿈인데요?"

"내 꿈에서 가인은 늘 울고 있어요!"

"어머나, 딱하지, 가인이 실제로 울고 있으면 어쩌려오?"

"어떡하긴 제 동생 목숨 해치고 눈물도 안 흘려?"

"여보, 언제 하루 날 잡아서 놋 땅으로 가 보기로 해요!"
"가 보기는 한 번 가봐야 하는 데, 그동안 세월이 너무 많이 흘렀소!"
"여보, 마침 우리 착한 칠대 손 에녹, 고 녀석을 옆에 끼고 우리 셋이서 한번 넘어갔다 옵시다! 하나님께 드리는 제사 때마다 에녹의 행동 보았지요?"
"보았지!"
"나는 에녹만 옆에 있으면, 어찌나 마음이 기쁘고 대견한지!"
"나도 그건 그래요! 에녹이 우리를 따라서 다녀오겠다고 하면, 같이 한 번 다녀옵시다!"
"그렇게 해요! 머잖아 에녹이 결혼하게 될 터인데, 에녹 결혼시키고 나면 우리가 데리고 나다니기도 어렵잖아요!"
"그건 그렇지!"

에녹은 아담과 하와의 칠대 손자이다. 건강하고 씩씩하고 용맹스러운 데다 하나님에 관한 이야기라면 어려서부터 귀를 쫑긋하고 들으며, 믿음직하게 자라 청년이 되었다. 다음 날 에녹을 불러왔다. 아담 하와가 놋 땅에 함께 다녀올 의향이 있느냐 물으니, 아담과 하와 곁이라면 자기가 지켜야 한다면서 흔쾌히 따라나서겠다고 한다.

적당한 날을 잡아 세 사람이 봇짐을 준비하고 집을 나섰다. 성읍에서 멀어지자 길을 가다가 마주치는 사람 중에 아담과 하와를 알아보지 못하는 이가 늘어갔다. 그때마다 에녹이 그들을 불러 세워 아담 하와를 소개하고 인사를 시켰다. 그리고 가인이 사는 성을 물어 길을 찾아갔다. 꼬박 닷새를 걸어 놋 땅에 도착했다. 워낙 산세가 험하고 계곡이 깊은 탓에 성벽을 견고하게 쌓아두고 부족 공동체를 이루어 살아가고 있었다.

가는 길에 만난 발이 빠른 젊은이들이 먼저 달려가 전한 소식을 들고, 성문에서 옥자가 등에 한 아이를 업고 한 손에는 아장아장 걷는 아이를 붙잡고 서서 마중했다. 세월이 많이 흘러 옥자 얼굴에도 주름이 늘었지만, 서로가 한눈에 알아보고 손을 마주 잡았다. 반가움과 서러움과 슬픔이 교차했다. 가인과 옥자가 사는 집에 당도하니 가인이 문밖을 서성거리다가 낯선 사람 대하듯 눈을 껌벅이며 허리를 굽혀 인사했다.

"여보! 내가 설명해 드린 아버님 어머님이에요!"
"먼 길 오시느라 수고하셨습니다. 아/버/님, 어/머/님!"
"가인! 아이고 내 새끼 가인! 그래 그동안 어찌 살았더냐? 좀 더 일찍 와 봐야 했는데, 이 어미가 게을렀다. 용서하거라, 가인! 내 아들, 우리 큰아들 가인!"
"여보, 잠깐 비켜 서 봐요!"

반가움에 손을 잡고 뛰다시피 하는 하와를 제지하고, 아담이 옥자를 바라보면서 급하게 묻는다.

"무슨 일이 있었던 게냐?"
"그게 저~"

옥자가 아버지 앞에서 얼버무린다.

"무슨 일은 무슨 일, 이렇게 멀쩡하면 됐지, 여기서 뭘 더 바라냐? 아이고 우리 가인!"

하와는 반가워서 어쩔 줄 몰라 호들갑인데 가인의 표정은 어찌 된 영문인지 낯선 사람 대하는 듯했다.

"에녹도 이리 앉고, 당신도 여기 앉아요, 옥자야, 네가 말을 좀 해 보거라!"

옥자는 흐르는 눈물 콧물을 손으로 훑어내면서 이야기를 꺼낸다.

첫 제사에 이은 아벨의 피살에 따라 황급히 보따리를 싸서 고향을 떠나온 이후부터 가인은 여러 면에서 이상한 징후를 보였다. 그 이상한 징후라는 것들이 그 당시에는 잘 알 수 없었는데, 이번에 이 일을 겪으면서 과거를 되짚어보니 그때부터 사람이 좀 이상했었다는 것을 늦게야 알게 되었다. 가인은 한숨 걸러 한숨을 내쉬고 들이쉬면서, 동생의 목숨을 해친 죄로 괴로워했다. 그렇다고 일상적으로 해야 할 일을 안 하는 것은 아니었다.

정처 없이 떠나왔으니 새로이 처소를 정하는 것도 큰일이었고, 당장에 적잖은 식솔들의 끼니도 마련해야 했다. 그런 일에는 가인이 아들과 손자들을 불러 잘 해냈지만, 가끔 먼 산을 보거나 물끄러미 하늘을 쳐다보기도 했다. 밤이 되면 옥자를 아주 깊이깊이 끌어안았다. 옥자는 그런 가인을 진정시키고 위로하고자 애를 써서 응대했다.

"여보, 지금 우리가 꿈꾸고 있는 거지요?"

"아버님도 말씀했잖아요, 모든 것을 꿈이라 생각하라고요, 그러니 지난 일은 잊어버리고 앞날을 향해 열심히 삽시다!"

"누니임~ 나를 미워하지 말고, 떠나지도 않을 거라고 다짐해 줘요!"

가인은 침실에서 옥자를 한껏 끌어안고 신음하듯 탄식조로 애원하고는 했다.

"왜요, 내가 못 미더워서 그래요?"

가인은 그런 옥자에게 집착을 보이기도 했다. 밤새도록 옥자를 품으면서 어린 시절 불렀던 대로 '누니임!' 하면서 아내의 몸을 탐했다. 옥자는 그런 가인을 아내로서 잘 응대하며, 때로는 누나답게 잘 이끌고 품어줬다.

"하나님이 말이요, 하나님이 에덴에서 아버지 어머니를 청년으로 지어 당일에 결혼시키셨잖소?"

"그렇지요, 그런데 왜요?"

"여보, 만일 말이야, 하나님이 나와 당신을 어제 지었다고 한다면 어찌 될까?"

"그게 무슨 해괴망측한 소리래요?"

"해괴망측하기는. 아버지 어머니를 그렇게 지으실 수 있는 하나님이시니, 하나님이 마음만 먹는다면 어제 날짜로 이렇게 우리를 지으실 수 있지 않겠소?"

"글쎄요, 나는 그런 생각 꿈에도 해 본 일이 없으니 무슨 뜻인지도 모르겠어요!"

"아버님이 나에게 말씀해 주셨어! '하나님의 시작'에 대해서 말이오!"

"'하나님의 시작'이야 아버님 어머님이 늘 말씀해 주시던 것이니 나도 그거야 알지요!"

"하나님은 아주 작은 알갱이로부터 천지를 짓지 않고, 남녀 두 사람이 결혼하여 자녀를 낳아 번성할 수 있는 환경으로 엿새 동안에 지으셨단 말이오, 해는 이미 땅을 비추고 있고, 밤이면 달빛 별빛이 땅에 와 있고, 강은 바다에까지 강물이 찰랑찰랑한 상태로 지으시고, 동물들도 모두 어미로 지으셨소. 나무는 아름드리요, 진주며, 다이아며, 호마노, 어디 그뿐이오? 금도 있는 땅으로 지으셨어요. 빛이 지구에 당도하기까지는 백억 년도 더 걸리는 먼 거리에까지도 별을 만들면서 그 별빛이 지구에 닿아 있도록 하셨어요!"

"아버님이 그런 말씀해 주셨다는 그 이야기, 나에게 골백번도 더 했어요!"

"땅을 지을 때는 땅속에 지층과 그 지층 사이에는 화석이 있다는 얘기도 내가 했던가요?"

"그 얘기도 수없이 들었으니 다 알고 있어요!"

"그렇다면, 여보, 하나님은 전능하시니까, 하나님이 마음만 먹는다면, 엿새까지 갈 일도 없이 하루 만에, 아니다. 온종일 걸릴 것도 없이 눈 깜짝하는 사이에 지금 이 모양 이대로 세상을 지을 수도 있다는 내 생각이 무에 잘못이라 하겠느냐는 말이지요!"

"당신 말 듣고 보니 뭐, 그렇게 생각할 수도 있겠네요, 그런데 왜 하나님은 엿새 동안에 지으셨대요?"

"내가 최근에 생각한 것인데 말이오, 엿새째 날 아버지 어머니를 지은 것은 앞선 닷새 동안에 이루어진 일을 목격하지 못하게 하려고 그러신 것 아닌가, 이런 생각이오!"

"아니, 못 보게 할 일이 뭐가 있어서 그렇게 했을까요?"

"그 사건이 일어날 때 너희가 없었지만, 그 사실을 믿어라!"

"그 사실을 믿어라?"

"그렇지 그게 '믿음'이라는 거고!"

"'믿음'은 확인하지 않았지만 인정해주고, 확인한 것 이상으로 신뢰해 주는 것이라는 말을 하고 싶은 거예요?"

"그렇지요, 그게 믿음이라는 거요. 당신이나 내가 부모님으로부터 태어나 자랐지만 그걸 확인하고, '아담 하와는 내 아버지 내 어머니다,' 이렇게 믿는 것이 아니라 부모님에게서 듣고 믿게 되는 이치와 같다는 거지요!"

"그렇지요, 어머니 태중에서 자기가 태어나는 것을 직접 확인하는 사람은 없잖아요! 또 자라면서 철이 들 때까지는 기억에도 없어요, 그런데도 그 어린 시절이 있었음을 믿는 것과 같지요! 그 얘기도 당신에게 수차례 들어서 이제는 줄줄이 외우고 있어요!"

"'하나님의 시작'이 그렇다는 거요! '시작 이전에는 생략된 과거가 있다.' 그 생략된 과거가 실상은 아니지만 있음과 똑같이 믿는 것, 그것은 '이해'와는 다른, '믿음'이지요!"

"그래서요?"

"나와 아벨, 이 사건도 어쩌면 '생략된 과거'라면 안 되겠느냐는 거지요!"

"당신 마음 알겠어요! 그러나 이미 저질러진 일이고 그 사건을 알고 기억하는 사람이 한둘도 아닌데, 어찌 그렇게 말할 수가 있겠어요, 진정하고 그냥 잊어버립시다."

"아니야, 당신뿐 아니라 수많은 사람의 그 사건에 대한 기억, 이것도 모두 '시작 이전에 생략된 과거'일 수 있지 않으냐, 이 말이오!"

"당신 마음 내가 다 알아요! 그러니 얼른 잡시다!"

놋 땅으로 이주하여 정착한 이래 오랜 기간 가인은 이 한 가지 생각을 머리에서 지우지 않고 살았다. 그만큼 아벨의 목숨을 해친 범죄에 대한 가책이 대단히 컸다. 그리고 얼굴 한구석에는 늘 수심이 차 있었다. 그런 중에도 옥자는 자녀를 쑥쑥 낳아 키우고, 성안에서는 한 달이 멀다고 출산 소식을 전해왔다.

놋 땅에서 살아가는 가인의 후손은 일에 열중하는 틈틈이 다른 일 꾸미기를 즐겼다. 농사짓거나 목축을 하거나 간에 평지가 좁아서 많은 이들이 일에 매달리기만 할 필요도 없었다. 그렇다고 선뜻 산이나 들을 건너 다른 곳으로 이주하는 것은 암묵적 금기로 정하고 있었다. 아벨의 후손 중 누구라도 보복을 위해 쫓아올지도 모른다는 불안이 가시지 않아서다.

그러니 모두가 풍족함을 누리지 못하고, 쪼들리는 중에 남의 것을 뺏는 사람, 뺏기는 사람의 탄원도 종종 있었다. 굶어 배가 고파도 베짱이처럼 그늘에서 노래나 흥얼거리면서 시간을 죽이는 한량도 있고, 쇠붙이로 농기구를 만드는 기발한 아이디어를 내는 사람도 있었다. 놋은 생존경쟁이 꿈틀거리는 땅이었다. 강한 자가 약한 자를 지배하는 부족이 되었다. 그런 중에 끔찍한 사건이 터졌다.

가인의 6대손 '라멕'은 놋 땅에서 힘센 장사로 소문이 자자했다. 그는 욕심도 많았다. 결코, 남에게 지고는 견디지 못하는 성격이었고, 여자에 대한 정복 욕구도 유별났다. 그는 한 여자로 만족하지 못하고 또 한 여자를 아내로 들였다. 두 여인을 거느린 첫 번째 남자다.

그를 제어하고 질서를 잡아야 할 사람은 부족장인 가인인데, 가인은 그런 일을 보고도 멍하니 먼 산 바라기를 하거나 짐짓 모른 체했다. 옥자는 그런 남편을 건사하느라 후손의 윤리와 도덕 질서를 잡는 일에 나서기조차 어려웠다. 그러다가 터질 것이 터지고 말았다. 라멕이 자기 기분을 언짢게 했다고 사소한 시비를 일으키더니 끝내 젊은 청년 한 사람을 죽이고 말았다.

옥자는 가인을 데리고 사건 현장으로 달려갔다. 쓰러진 청년은 이미 호흡이 없었다. 라멕은 사건 현장에서 달아나지도 않고 씩씩거리고 서 있었다. 가인이 다가가자 라멕은 주먹을 불끈 쥐고 쳐들더니 가인에게 큰 소리로 말했다.

"어르신, 나는 억울합니다!"

가인은 흠칫했다.

그 옛날 자신이 아벨을 죽인 것을 알고 찾아온 아버지 아담 앞에서 자신이 내뱉은 첫 마디와 어찌 그리 똑같단 말인가?

가인은 순간적으로 멍하니 먼 산을 잠시 바라본다. 그 옆에서 옥자가 나섰다.

"라멕!"

"네, 하와 할머니!"

"사람을 죽인다고 그 억울함이 풀릴 줄 알았더냐? 네가 무엇 때문에 억울하다고 말하는지 다른 이들은 다 몰라도, 나는 알겠다. 이 청년이 죽은 일도 너에게는 억울하겠지! 이 청년으로 말미암아 네가 분노했는데, 그것도 억울하겠지! 산다는 것 자체가 억울한 것인지도 모른다마는, 분명한 것은 라멕, 네가 이렇게 했다고 해서 너의 억울함은 더 커졌으면 커졌지, 절대 작아지지 않는다는 사실이다! 그리고 네가 명심할 또 한 가지가 있다. 너의 이 흉악한 행실에 하나님이 얼마나 진노하는지를 알아야 한다."

옥자가 목청을 높여 라멕을 꾸짖다가, 곁에 있는 남편 가인을 돌아보지 않을 수 없었다. 가인이 우두망찰하여 멍하니 서 있었기 때문에 옥자가 나섰는데, 말을 이어가다 보니 자신도 모르게 흠칫했다.

'내가 지금 이 말을 라멕에게 하는 거야, 가인 들으라고 하는 거야?'

옥자는 하던 말을 끊고 한 발짝 뒤로 주춤 물러섰다. 그 사이에 가인이 나서서 엄숙하게 한마디 했다.

"모두 물러서거라! 저만큼 물러서거라!"

모두가 물러섰다. 그러자 가인은 숨이 끊어진 청년의 시신 곁으로 다가갔다. 청년의 한쪽 어깨와 엉덩이 부분을 양손으로 잡아 뒤집기 시작했다. 그렇게 해서 엎드려진 시신을 발뒤꿈치부터 머리끝까지 세세히 훑어봤다. 그러더니 자리에서 일어섰다.

"이 옆에 땅을 무릎 깊이로 파내고 시신을 누이고 돌로 덮어라!"

모인 사람 중 젊은 사내들이 득달같이 달려들어 땅을 파기 시작했다.

"됐다. 이제 시신을 옮기고 파낸 흙을 덮은 다음 돌무더기를 만들어라!"

돌을 알맞게 쌓아 올리고 일꾼들이 비켜섰다. 가인은 돌무덤을 등지고 라멕을 향해 똑바로 섰다. 그리고 엄숙하고도 긴장된 목소리를 높여 웅변했다.

"하나님은 창조주이시고, 하나님은 모든 것을 아주 특별하게 시작하셨다. 하나님의 그 시작에는 우리가 믿음으로 건너지 않으면 안 되는 생략된 과거가 있다. 하나님의 시작이 그러하므로 모든 것의 시작에도, 시작 이전에 생략된 과거가 있다. 모름지기 사람들은 이것을 알고 내남없이 모두가 자기의 시작에도 생략된 과거가 있음을 믿어야 한다. 하나님은 그것으로 사람을 죄에서 구원하신다!"

살해자 라멕은 쳐들었던 손은 내렸지만, 아랫배를 내밀고 아직도 꺾이지 않은 기세로 눈을 부라렸다. 가인의 다음 말은 계속되었다.

"이 세상의 시작을 보아라! 먼 미래에 세상 사람들은 이 세상의 시작은 이렇게 넓고 큰 우주가 아니라 아주 작은 알갱이였다고 주장할 것이다. 그러나 그 시작에도 '아주 작은 알갱이' 즉, 아주 작은 특이점, 바로 그 '특이점 이전'이라는 생략된 과거가 있다. 그 특이점의 생성에 대해서는 아무리 빼어난 두뇌로도 설명하지 못할 것이다. 그 특이점은 오직 '믿음' 아니면 설명할 수 없다. 스스로 존재하는 전능자에 대한 믿음 아니고는 이해하지 못한다. 그 전능자가 하나님이시다!"

그때 옥자가 조용히 다가가 가인의 손을 잡았다. 옥자는 가인의 얼굴빛이 달라진 것을 알았다. 가인의 한쪽 볼이 씰룩거리는 것도 보았다. 남들은 몰랐지만, 음성이 아주 가늘게 떨리는 것도 눈치챘다. 무릎에 맥이 풀리고 있음도 알았다. 그래서 다가갔다.

"여보, 가인! 가인!"

가인은 가볍게 옥자의 손을 뿌리쳤다. 그리고 말을 계속 이었다.

"라멕! 너와 나의 시작에도, 여기 있는 모든 사람의 시작에도, 저기 돌무덤 아래 묻힌 청년의 시작에도 이처럼 생략된 과거가 있다.

모든 사물도 그렇다. 모든 사고방식도 그렇다. 모든 이치도 그렇다. 모든 학문과 사상도 그렇다. 예외 없이 모든 시작에는 생략된 과거가 있다. 그것이 없이는 시작 자체가 불가능하다. 하나님이 우주를 창조하면서 그렇게 했다. 우리의 조상 아담과 하와의 시작은 청년의 때부터이다. 그들에게는 결혼 날 이전은 생략되었다. 그 시간 그 공간은 생략되었으나 아담 하와의 기억에는 그것이 선험(先驗)으로, 아프리오리(a priori)로 혹은 추체험(追體驗)으로 간직되었다. 그럼으로써 아담과 하와는 우리의 조상이 될 수 있었다."

주위의 모든 사람도 가인의 상태에 대해서 알게 되었다. 그러나 가인은 그 자리에서 최고의 어른이다. 누구 하나 감히 나설 수 없었다. 곁에는 옥자가 있다. 옥자는 거기 있는 모든 이들의 어머니이다. 옥자는 다시 한번 가인을 제재하려고 했다.

"여보, 가인! 가인!"

가인은 옥자의 손목을 꼭 잡았다. 그리고 말을 이어나갔다.

"시작에는 시간과 공간을 초월하는 생략된 과거가 있다. 그것은 우리의 생각이나 지혜로도 이해할 수 없다. 납득이 안 된다. 그러나 모든 것의 시작에는 생략된 과거가 분명히 있다. 하나님이 그렇게 우주를 만들었기 때문이다. 하나님이 그렇게 하신 이유가 있다. 그것은 우리도 우리의 과거를 생략할 수 있도록 하기 위해서다. 우리가 우리의 과거를 생략할 수 있다는 것은, 우리가 과거를 끊어낼 수 있다는 것은 하나님의 자비다. 우리는 과거를 끊어 내칠 수 있다. 도마뱀이 꼬리를 자르고 도망치듯 말이다. 하나님이 도마뱀을 왜 지으셨는가?"

가인이 잠시 한숨 돌리는가 하더니 말을 계속한다.

"하나님은 늘 새롭게 시작한다. 그래서 우리는 시작을 새롭게 할 수가 있다. 지난 과거는 언제든지 잘라낼 수 있다. 우리는 아담 하와처럼 결혼 당일 이전을 잘라낼 수 있다. 필요하다면 어제까지를 다 잘라낼 수도 있다. 필요하다면 지금 저 청년이 숨 떨어진 이후까지 다 잘라낼 수 있다. 라멕이여! 내 말을 들어라! 너는 너의 시작을 지금부터 할 수 있다. 점심 먹기 전까지를 너의 생략된 과거로 해도 무방하다. 너는 잘라낼 수 있다! 잘라낼 수 있다!"

여기까지 말을 하고 가인의 두 무릎이 꺾이고 말았다. 땅에 무릎을 꿇는가 했더니 이내 앞으로 고꾸라진다. 옥자가 부축했지만 소용없었다. 사람들이 모두 가인과 옥자를 에워쌌다. 그때였다. 라멕이 외치기 시작했다.

"내가 사람을 죽였도다. 내가 사람을 죽였도다! 누가 나에게 덤비겠느냐?"

가인을 에워쌌던 사람들이 일시에 라멕을 주시했다.

"가인을 위하여는 벌이 칠 배일진대 라멕을 위하여는 벌이 칠십칠 배이리로다"(창 4:24).

라멕이 한쪽 손을 하늘로 향해 삿대질하면서 외쳤다. 그의 음성에 대부분 사람이 슬금슬금 뒷걸음질 쳤다. 옥자는 몇몇 젊은이의 도움으로 가인을 겨우 부축하고 일으켜서 한 청년의 등에 업혀 집으로 데려와 눕혔다.

그로부터 사흘간 가인은 의식을 잃은 채 고른 숨만을 쉬었다. 가끔 이마에서는 식은땀이 흘렀다. 옥자가 심장에 손을 대보면 다행히 뛰고 있었다. 배가 고플까 봐 음식을 떠 넣어주면 받아먹었다. 의식을 못 차린 채 대소변도 했다.

"꼬박 사흘 만에 깨어났어요! 그런데 깨어나더니 딴사람이 된 거예요! 나도 몰라보고, 자식도 손자도 아무도 몰라봐요! 모르겠대요, 다 모르는 사람이라고 말해요! 밥도 잘 먹고 말도 잘해요! 일도 잘해요! 잠도 잘 자요! 그런데 사람을 모르겠대요, 그 사흘 이전의 기억을 모두 잃어버렸어요!"

"어찌 그런 일이 있을 수 있단 말이냐, 가인! 가인! 이 어미를 모르겠어? 정말 모르겠어?"

"끌끌, 가인아 이 아비를 쳐다봐라! 아비를 정녕 모르겠단 말이냐?"

"옆에서 누구라고 가르쳐 주면 그런 줄로 믿기는 해요! 그나마 다행이에요! 내가 당신의 아내라고 말해주니, 아내로 대우해 줘요! 남편이 뭐고 아내가 뭔지는 다 알아요! 자녀는 자기의 자식인 줄도 알려주면 알아요. 먹고 입고 자는 것도 알고, 일해야 하는 것도 알고 이웃의 일을 도울 줄도 알아요, 물건을 떨어뜨리면 주울 줄도 알아요, 그런데 사람은 아무도 모르겠대요. 그리고 과거는 전혀 기억에 없대요!"

"여보 아담! 어찌 이런 일이 있어요?
이를 어쩌면 좋아요?"

"그 일이 일어난 지 얼마나 되었느냐?"

"벌써 수 삼 년 되었어요!"

"그러면 알리지 그랬어, 이것아!"

"어디 아버님 어머님 사시는 곳에 갈 엄두가 나야지요!"

옥자는 이 말을 하면서 아담 하와 쪽을 향하여 한눈을 찡긋했다.

"차라리 잘되었는지도 모르겠다. 혹시 그래서 가인에게 그 일도 이야기해 주었더냐?"

하와가 이 말을 하자, 가인이 끼어들었다.

"그 일이라니 어떤 일입니까? 저의 과거에 대한 것이라면 제가 듣고 싶습니다. 어머님!"

"아, 아니다, 아니다! 너와는 관련이 없는 일이니라!"

아담이 황급히 말을 막았다.

28.

에녹과 함께 돌아오는 길

"여보, 아담! 하나님의 경륜이 참으로 신묘막측합니다. 그렇지요?"

"그러게나 말이오, 그렇지 않으면 가인이 어찌 살아갈 수 있겠소, 제 동생 아벨을 끔찍이도 사랑해 주면서 자랐는데!"

"하나님은 가인에게서 잠시도 한눈팔지 않는가 봐요! 그일 이후 아무도 가인을 해칠 수 없다고 표를 주셨잖아요?"

"그랬지!"

"거 봐요, 내가 위로 딸 셋을 내리 낳았을 때, 아들 달라고 하나님께 기도했을 때 하나님이 그 기도 들어주었다는 증거가 아니고 뭐겠어요!"

"당신 말이 옳아요! 가인이 살고 있는 성읍을 나오면서 나도 그 생각을 했소!"

그렇게 주거니 받거니 하면서 길을 재촉하고 있었지만 두 사람의 심중에는 어쩐지 한 구석이 텅 빈 것 같은 공허함은 어쩔 수 없었다. 놋 땅은 다른 곳에 비하여 주변 지세도 험했지만, 사람들도 가팔라 보였다. 다른 곳보다 인정이 더 메말라 삭막함이 감돌았다. 게다가 끔찍한 사건이 났으니 어찌 수습해야 할지 걱정이 태산이다. 오로지 믿을 사람은 옥자뿐이었다. 옥자에게 신신당부하고 길을 나섰지만, 염려와 허전함은 메울 길이 없다.

"할아버지 할머니 너무 염려하지 마세요!"

"그래그래 고맙다. 에녹!"

"제가 두 분을 모시고 이 길을 동행할 수 있어서 다행이었습니다. 저에게는 여러 가지로 인상도 깊었고요, 또 하나님에 대해서 더 감격하여 참 좋았습니다!"

"무에 그리 감동하였더냐?"

"하나님은 화석처럼 딱딱하게 굳어있는 분이 아님을 보았습니다. 하나님은 제단의 희생제물이 타오르는 불길보다 더 활활 타오르며 더 뜨겁게 우리의 제물을 받으심을 보았습니다!"

"오냐, 우리 에녹, 최고로 복되다! 에녹이 어렸을 때부터 나는 알아봤단다."

"고맙습니다. 하와 할머니!"

"에녹아! 가인 할아버지를 봐도 알겠지만, 하나님이 죄인을 구원하시려고 천지창조 때부터 주도면밀하게 세워놓으신 그 섭리와 경륜이 놀랍지 않으냐?"

"그렇습니다! 저도 이번에 두 분 모시고 동행한 여행길에서 하나님의 진면목을 보았습니다! 감사합니다!"

"에녹아!"

"예! 할아버지!"

"에녹은 항상 하나님과 동행하여라!"

"명심하겠습니다!"

"에녹아, 오늘 우리 셋이서 이렇게 가인이 사는 성읍을 다녀 되돌아가는 길이 참으로 복되구나! 내가 너에게 하고 싶은 말이 있으니 잘 들어 두거라!"

"예!"

"이 할아비 할미가 죽거들랑…"

"여보, 아담, 왜 그런 얘기를 에녹에게 해요?"

"아니오, 에녹에게 지금 해 두어야 할 것 같아요!"

"듣겠습니다. 저도 이제 다 컸어요, 하와 할머니!"

그러자 아담이 천천히 걸으며 말을 이었다.

"우리가 숨을 거둘 때, 에녹 네가 우리 곁을 지켜다오, 너하고, 네 아비 야렛, 너의 할아버지 마할랄렐, 증조할아버지인 게난, 고조할아버지 에노스, 그리고 그 위로 셋 할아버지까지, 여섯이서 우리 내외의 임종을 지켜보았으면 좋겠구나!"

"아니 여보, 아담! 그 얘기는 집에 도착하여 셋에게 하지 않고요?"

"아니요! 하와! 나도 가인처럼 나의 시작을 새롭게 해야 할 게 아니겠소, 우리가 결혼하기 전을 '우리의 시작'에서 생략된 과거로 하나님이 하셨으니, 당신과 나도 선악과 따 먹은 죄를 우리가 우리의 '생략된 과거'로 해 둡시다. 허허!"

"당신 말 듣고 보니 그럴듯합니다마는, 그것만 떼어내고 하나님 앞에 가면 될 것 같소이까?"

"그 이후에도 하나님 앞에서 잘못한 내 죄가 수두룩하다, 이 말이지요?"

"그렇지요! 나는 숨 떨어지기 직전 것까지를 몽땅 다 떼어 강물에 내던지고 갈 참이오!"

"할망구가 참 많이도 얍삽해지셨소이다!"

"영감처럼 그렇게 눈치가 없어서 어떻게 다시 하나님을 만나려고요?"

"하나님이 보고 싶기나 한 게요?"

"당신은 그러면 안 보고 싶단 말이오?"

"나도 보고 싶지요! 당신과 내가 나귀 등에 이삿짐 지우고 에덴 동산 돌아 나올 때, 한참을 서서 안 보일 때까지 손을 흔들어주시던 하나님을 어찌 한시인들 잊을 수 있단 말입니까?"

"내가 '베누스 푸디카' 자세를 할라치면 안쓰러워 어쩔 줄 몰라 하시던 하나님, 나보다 더 부끄러워하시던 하나님이 그때는 엄청 얄밉기도 했었다우! 그러나 하나님이 가죽옷을 지어주실 때 하나님 사랑이 얼마나 깊은지 알기는 했지요! 그런데도 당신이나 나나, 하나님께 '잘못했습니다!'라는 말 한 번도 안 하고 나왔으니, 생각하면 우리가 기가 차게 못된 죄인입니다! 안 그래요?"

"그렇지요, 그렇고말고요! 지금 돌아보면, 선악과 따 먹고 나무 뒤에 숨었다가 하나님께서 '아담아 네가 어디 있느냐?'고 부르실 때, 그때 나도 실은 '하나님! 나는 억울합니다!'라고 말하고 싶었다오!"

"아니, 여보 아담! 당신은 분명히 하나님께 그렇게 말했어요! 모든 책임 '저 여자한테 있다'고 떠넘기면서 주저리주저리 늘어놓은 변명, 그거 한마디로 정리하면 '나는 억울합니다!' 그거 아니었어요?"

"듣고 보니 그렇구려! 임자 하는 말이 백번 지당합니다!"

"생각하면 모든 것이 억울하지요! 나도 억울해요, 뱀이 유혹해서 선악과 따 먹었으니, 왜 억울하지 않겠어요!"

"지금까지 살아온 세월도 참 억울한 것뿐이오! 왜 이렇게 삶이 억울하게 되어갈꼬?"

"에녹이 듣는 데서 못할 소리가 없습니다. 영감님이!"

"다른 사람은 다 그렇다 쳐도, 우리 에녹, 에녹은 당신과 내가 선악과 따 먹은 거 원망하지 않을 거라 여겨요! 그러니 에녹 앞에서 못할 소리가 어디 있겠소!"

"에녹!"

"예, 하와 할머니!"

"아담 할아버지 말씀을 잘 가려서 버릴 건 버리고 새길 건 새겨들어야 하느니라!"

"잘 알겠습니다!"

에녹의 양편에서 한 손은 아담이 쥐고, 또 한 손은 하와가 쥐었다.

"에녹, 너 어렸을 때 공중에 띄워주었듯이 지금 한 번 뛰어 볼 테냐?"

"네에?"

"자, 하나, 둘, 셋!"

의기가 통했던지 아담과 하와가 동시에 '하나, 둘, 셋' 하더니 번쩍 손을 하늘로 치켜올렸다. 에녹도 두 손을 높이 올리며 세 살 아이처럼 '깡충' 뛰는 시늉을 했다. 그리고 아담과 하와를 따라 덩달아 파안대소했다.

"이제는 제가 두 분을 하늘로 띄워드려야지요!"

"하나, 둘, 셋!"

세 사람이 함께 두 손을 번쩍, 하늘 높이 올렸다!

"하하하!"

"호호호!"

"껄껄껄!"

"이제 곧 당도하겠구나! 에녹과 동행하여 우리가 기쁘고 고맙다!"

"감사합니다!"

부록

시작에서 생략된 과거 이론

『에덴 탐사 보고서 – 아담은 빅뱅을 알고 있었다』
'시작에서 생략된 과거 이론' 그림으로 이해하기

※ 주의: 여기에는 이 책에 대한 스포일러가 있습니다.

이 책의 중심에는 "모든 시작에는 '믿음'으로만 '이해'되는 '생략된 과거'가 있다"는 저자의 주장이 있다. 이 책을 읽다 보면 이 개념이 독자에게 이해되도록 저자는 의도했다. 이 개념을 그림으로 이해하는 부록으로 제안한다.

1. 아담과 하와의 시작

아담과 하와는 지음 받은 당일 결혼하기에 적합한 청년으로 시작했다.

이를 시간을 횡축으로 두고 '확장하는 원뿔 모형'으로 제시한다.

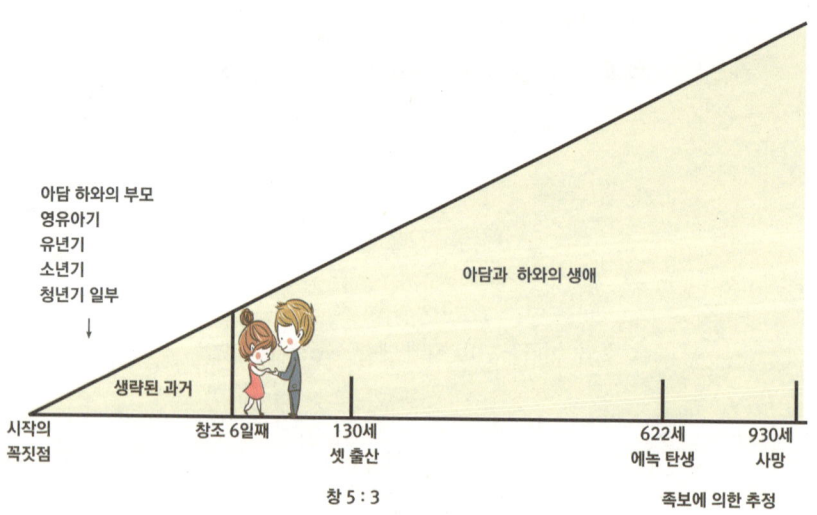

※ 이 모형은 결혼의 전형적인 모형이다. 결혼에도 생략된 두 사람의 과거가 있다.

2. 천지창조 시 각종 동물들의 시작

창조 여섯째 날 아담이 이름을 지어 부른 모든 동물은 당일에 새끼가 아닌 어미로 지음 받았다. 그날 호명된 동물의 시작에서 생략된 과거 역시 아담, 하와와 마찬가지로 배태기, 수태기, 탄생기, 수유기, 영유아기 등이 모두 생략되었다. 지음 받은 당일에 암수 교미가 가능하고 배란이 가능했다. 한편 여기서 생략된 기간을 '내재 연수'라 부를 수도 있다.

3. 천지창조 시 식물의 시작

에덴 동산은 나무를 새로 심고 부목을 대고 묶었다거나, 잔디를 구입하여 깔거나 풀들의 씨앗을 땅에 뿌린 상태가 아니었다. 나무와 숲은 천연상태로서 우거졌으며, 잔디를 비롯한 풀도 다 자라 씨를 흩뜨리는 상태로 지음 받았다. 이 나무들이 씨앗을 땅에 떨어뜨려 발아하는 순환을 시작한다.

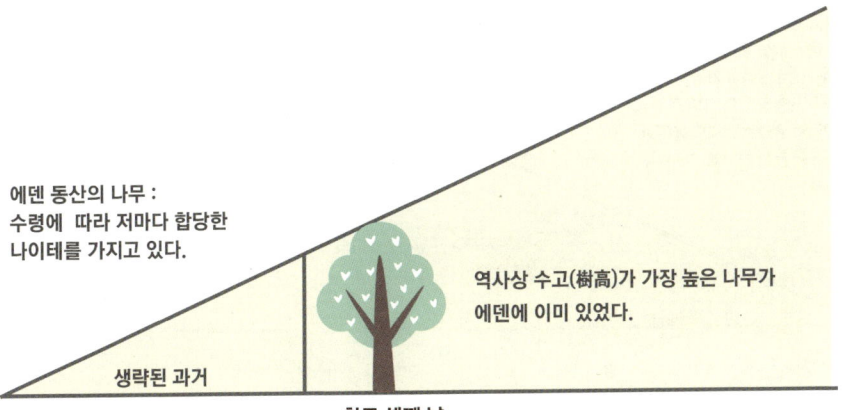

에덴 동산의 나무 :
수령에 따라 저마다 합당한 나이테를 가지고 있다.

역사상 수고(樹高)가 가장 높은 나무가 에덴에 이미 있었다.

생략된 과거

창조 셋째 날
씨 가진 열매 맺는 나무
씨를 맺는 채소(창 1: 11)

4. 천지창조 시 에덴에 흐르는 네 개의 강 (창 2:10~15)

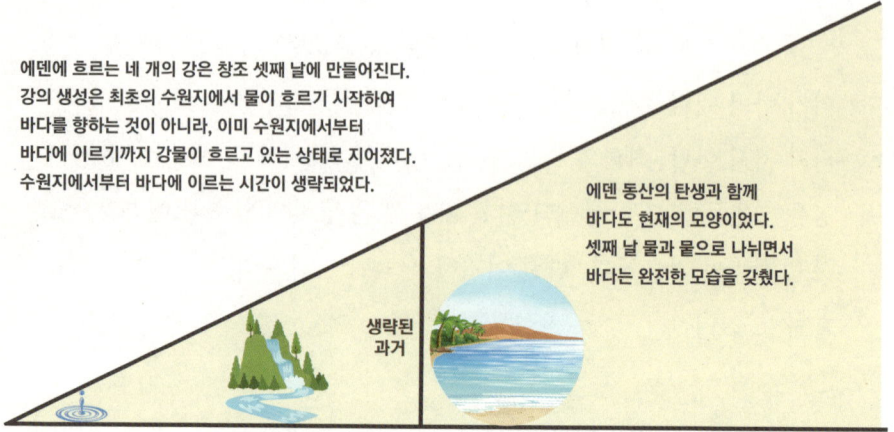

5. 별과 별빛 그리고 소리

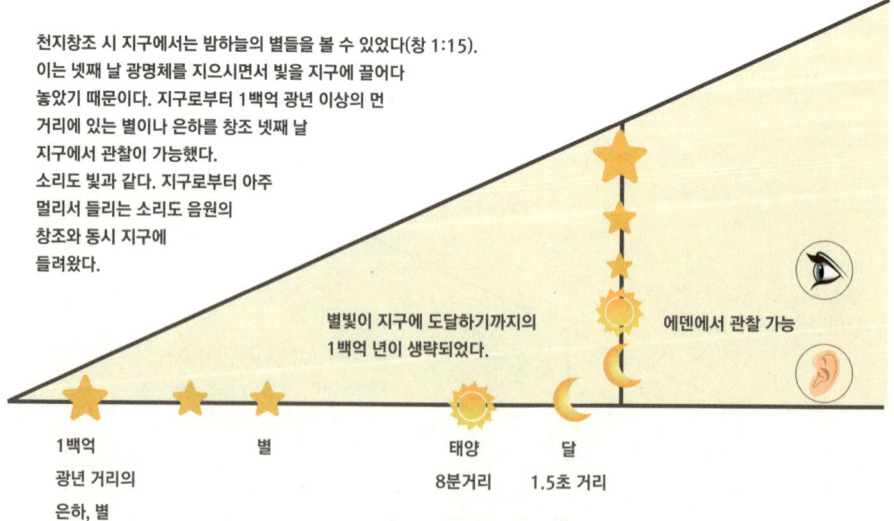

부록 시작에서 생략된 과거 이론   257

6. 지층과 화석의 시작

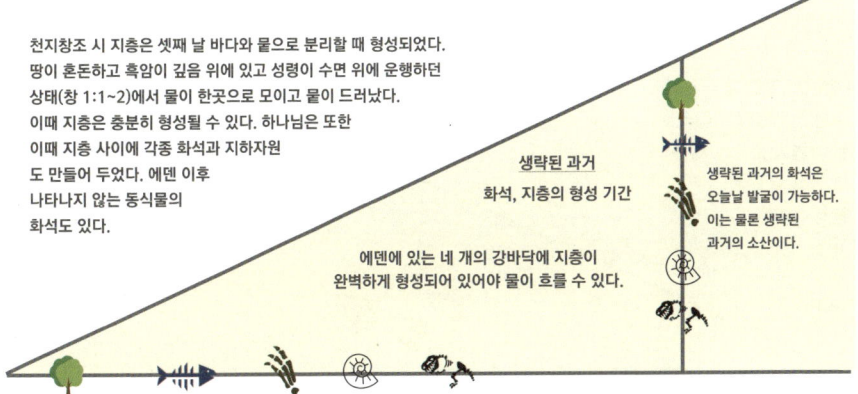

천지창조 시 지층은 셋째 날 바다와 뭍으로 분리할 때 형성되었다. 땅이 혼돈하고 흑암이 깊음 위에 있고 성령이 수면 위에 운행하던 상태(창 1:1~2)에서 물이 한곳으로 모이고 뭍이 드러났다. 이때 지층은 충분히 형성될 수 있다. 하나님은 또한 이때 지층 사이에 각종 화석과 지하자원도 만들어 두었다. 에덴 이후 나타나지 않는 동식물의 화석도 있다.

생략된 과거
화석, 지층의 형성 기간

생략된 과거의 화석은 오늘날 발굴이 가능하다. 이는 물론 생략된 과거의 소산이다.

에덴에 있는 네 개의 강바닥에 지층이 완벽하게 형성되어 있어야 물이 흐를 수 있다.

에덴의 자연환경은 오늘날과 대동소이하다.
모든 시작에는 생략된 과거가 있는데,
땅 속만 그렇지 않다는 주장은 이치에 맞지 않다.

7. 자아(自我)의 시작

아담과 하와에게만 '시작에서 생략된 과거'가 있는 것은 아니다. 아담 하와 이후 모든 사람에게도 생략된 과거가 있다.

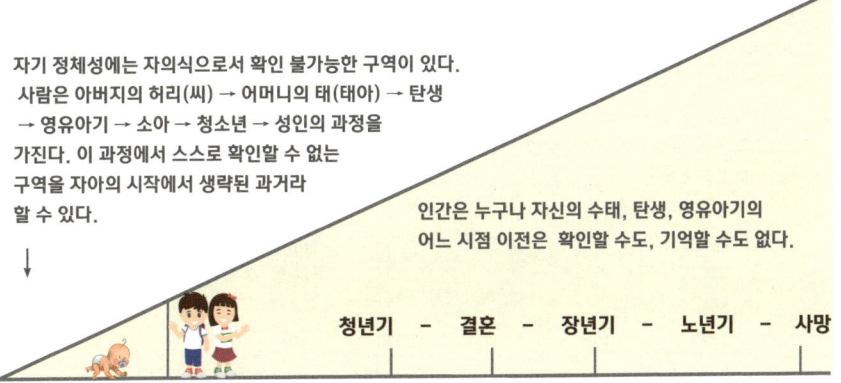

자기 정체성에는 자의식으로서 확인 불가능한 구역이 있다. 사람은 아버지의 허리(씨) → 어머니의 태(태아) → 탄생 → 영유아기 → 소아 → 청소년 → 성인의 과정을 가진다. 이 과정에서 스스로 확인할 수 없는 구역을 자아의 시작에서 생략된 과거라 할 수 있다.

인간은 누구나 자신의 수태, 탄생, 영유아기의 어느 시점 이전은 확인할 수도, 기억할 수도 없다.

청년기 - 결혼 - 장년기 - 노년기 - 사망

나의 나 됨을 확립하고 사회에 자기를 드러 내기 위해서 인간은 누구나
자기의 '시작에서 생략된 과거'를 믿고 인정해야 한다.
자신에게서 생략된 과거는 '이해'의 영역이 아니라 '믿음'의 영역이다.

8. '닭이 먼저냐 계란이 먼저냐'의 문제

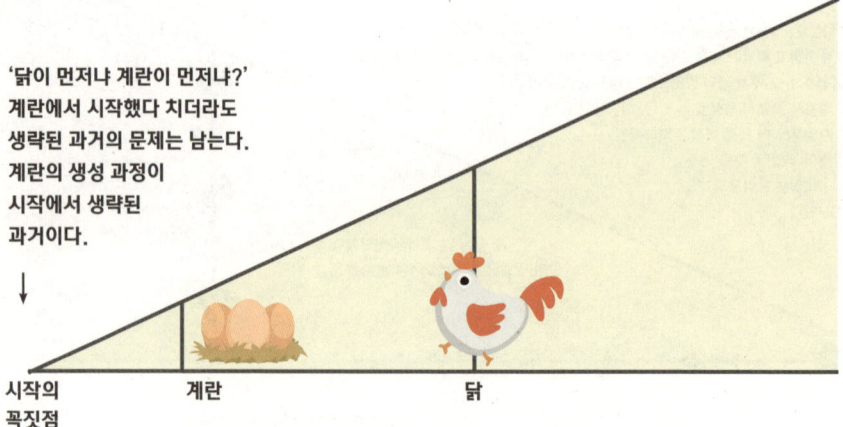

9. 과학 및 학문의 시작

과학을 비롯한 모든 학문과 사상과 철학 심지어 종교에 이르기까지 그 시작에는 반드시 생략된 과거가 바탕이 될 때 가능하다.

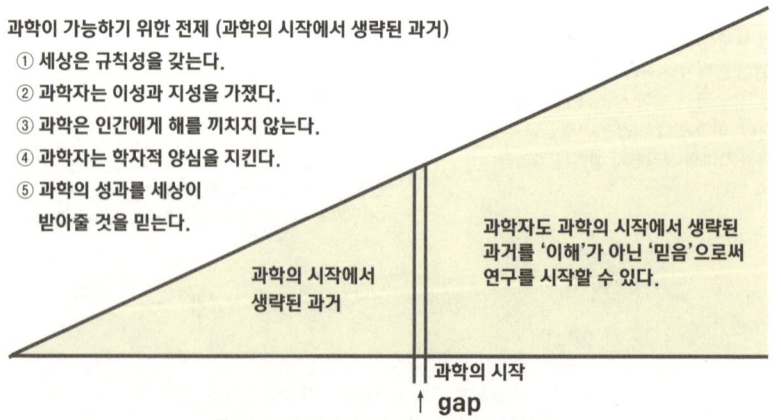

부록 시작에서 생략된 과거 이론   259

10. 빅뱅이론의 시작

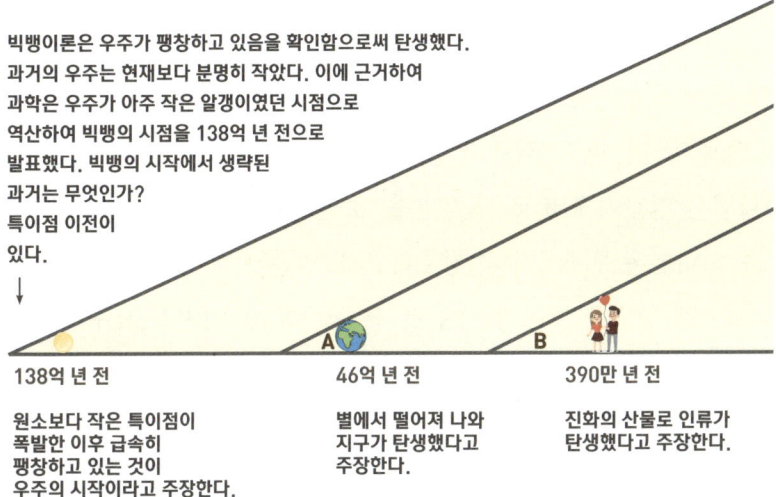

빅뱅이론은 우주가 팽창하고 있음을 확인함으로써 탄생했다. 과거의 우주는 현재보다 분명히 작았다. 이에 근거하여 과학은 우주가 아주 작은 알갱이였던 시점으로 역산하여 빅뱅의 시점을 138억 년 전으로 발표했다. 빅뱅의 시작에서 생략된 과거는 무엇인가? 특이점 이전이 있다.
↓

138억 년 전 — 원소보다 작은 특이점이 폭발한 이후 급속히 팽창하고 있는 것이 우주의 시작이라고 주장한다.

46억 년 전 — 별에서 떨어져 나와 지구가 탄생했다고 주장한다.

390만 년 전 — 진화의 산물로 인류가 탄생했다고 주장한다.

위의 A와 B를 진화론에서는 진화의 과정으로 설명한다. 그러나 에덴 탐사 보고서는 '생략된 과거'라고 보았다.

11. 모든 시작에는 믿음으로 건너야 하는 생략된 과거가 있다.

이 책 에덴 탐사 보고서는 여러 가지 그림으로써 예시 한 '시작에서 생략된 과거'를 역설한다. 이는 사회의 제반 현상에서도 동일하다. 사업가가 새로운 사업을 시작하려면 자본금이 있어야 하고, 하다못해 신용이라도 있어야 한다.

시작을 위한 그 무엇, 그것이 곧 '시작에서 생략된 과거'이다. 이 틀은 하나님이 가장 먼저 사용하셨다. 천지창조에서 사용한 틀이라서 피조 세계의 모든 시작은 이 틀에 근거하지 않을 수 없다. 이는 하나님의 일관성의 법칙이라 할 수도 있다.

시작에서 생략된 과거와 구체적 시작 사이에 있는 갭(gap)을 연결하는 일은 과학의 영역을 초월한다. 구체적 시작에서 생략된 과거를 잇는 교량은 '믿음'이라는 기제이다. 하나님은 사람을 지을 때, '이해하는 존재'인 한편 '믿는 존재'로 지었다. 이 '믿음'은 절대자를 상정하도록 유도한다. 초월적 존재이며 전지전능한 존재를 믿고 그의 시작에 의지할 때 '시작에서 생략된 과거'를 이해할 수 있다.

하나님은 인간에게 바로 이 믿음을 요구하면서 천지를 창조했다. 창조주 하나님은 무에서 유를 창조하면서 '믿음'으로 건너야만 하는 갭을 설치해 두고 인간에게 '믿음을 통한 이해'를 넌지시 요구하면서 자신의 정체성을 밝힌다.

"나는 스스로 있는 자이니라"(출 3:14).

12. 하나님의 전지전능에 의한 창조

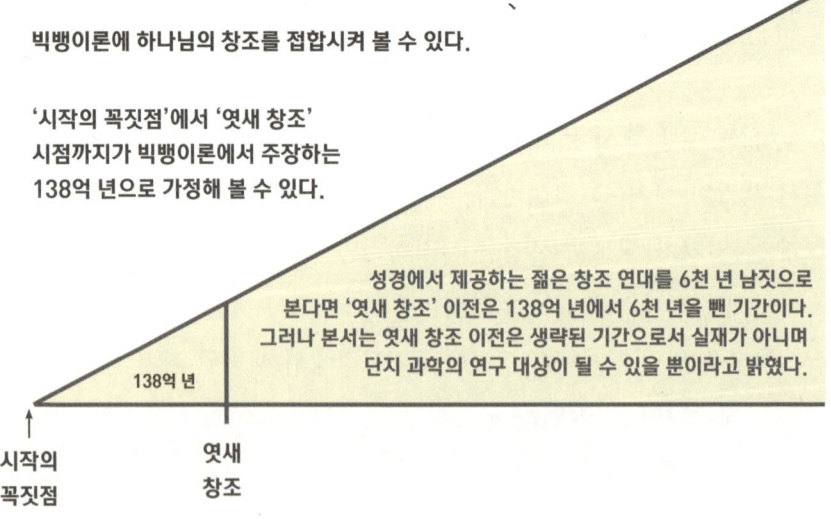

전능자는 위 도표의 횡축 어느 시점에서든 '전능자의 시작'을 시작할 수 있다.

20세기의 산물인 빅뱅 & 진화론은 전능자가 위 그래프의 가로 축 어느 지점에서든 '하나님의 시작'이 가능함을 설명할 수 있는 프레임을 제공했다는 데서 하나의 의의를 찾을 수 있다.

하나님의 창조에서 하나님의 선택 시점 이전의 생략된 과거에 대한 학문의 논란 가능성을 하나님은 열어두었다. 이 논란으로 성경과 세상학문이 양분된 듯한 현실이 우리 앞에 놓여있다. 인류는 둘 중의 어느 하나를 자유롭게 선택할 수 있다. 이는 마치 에덴 동산에 생명나무의 열매와 선악을 알게 하는 나무의 열매가 함께 있었음과 유사하다.

하나님은 인류가 과학이라는 접근방식으로 빅뱅이론을 창출하고 신 존재를 부정하는 입장을 허락했다. 전능자가 자신의 전능함을 가지고 이를 봉쇄했다면 이는 선악과 없는 에덴과 같다. 에덴에 선악과가 없었다면 아담 하와에게는 선택의 여지가 전혀 없이 오직 하나님께만 복종하는 삶으로 강제된다. 그래서 하나님은 선악과를 두었다.

에덴 이후를 살아가는 인류가 하나님의 부름에 응답하는 길은 '시작에서 생략된 과거'를 '믿음'으로 건너가는 것이다. 전능자는 믿음으로 건너 온 자의 죄악 된 과거를 마치 '시작에서 생략된 과거'처럼 단절해 버리고 의인으로 인정한다.

한편 이 책에서는 '시작에서 생략된 과거'에 대한 유비(類比 analogy)로서 인간의 기억상실증을 예시했다. 기억을 상실한다는 병리현상은 '시작에서 생략된 과거'를 자기 생애의 오른 편으로 이동시킨 현상으로 나타낼 수 있다.

13. 등장인물로서의 '가인'의 생애

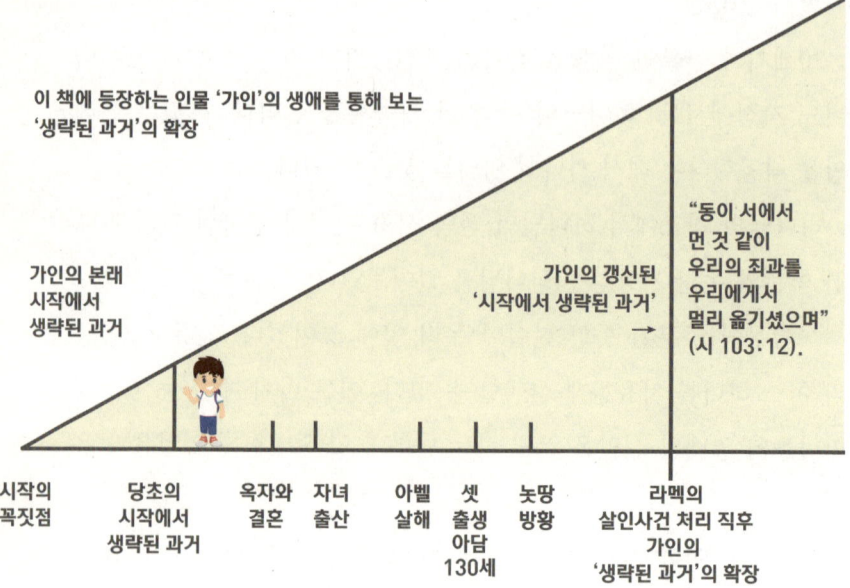

하나님은 자기 백성의 죄 문제 해결을 위해서 끊임없이 '시작에서 생략된 과거'를 오른 쪽으로 이동시킨다. 이는 죄인의 죄를 기억하지 아니함으로써 그를 용서하겠다는 의지이다. 그럼으로써 죄인이 하나님 앞에서 의인이 된다.

"그들의 죄와 그들의 불법을 내가 다시 기억하지 아니하리라"
(히 10:17).

하나님은 창조의 '시작에서 생략된 과거' 속에 온갖 것 즉, 화석과 지층을 비롯하여 현대 과학의 기술로 측정하면 수천 수만 수억 년 이전으로 규명되는 물질들을 만들어 두었다. 이는 하나님의 사람을 향한 지극한 사랑의 역설적 증거다.

"하나님은 사랑이심이라"(요일 4:8).

에필로그

※ 주의: 여기에는 이 책에 대한 스포일러가 있습니다.

    1950년 한국에서 6.25 동란이 발발했다. 이로 인해 수많은 고아가 발생했다. 전쟁고아 중 상당수가 유럽과 미국으로 입양되었다. 이를 계기로 한국에는 영유아를 해외에 입양하는 전통이 생겼다. 한국에서 태어나 해외로 입양되어 자란 이들은 대부분 자기 정체성에 혼란을 겪는다. 자기 뿌리에 대한 불확실성 때문이다. 그래서 한국을 방문하여 낳아준 부모를 찾는 사례가 종종 있다.
    이를 부록에서 예시한 '생략된 과거 이론' 그림을 통해서 설명하자면, 입양되어 자란 사람의 경우 생략된 과거를 표시하는 단절선(gap line)이 보통의 경우에 비해 오른쪽으로 이동되어 있다고 볼 수 있다. 사람의 보편적 단절선은 세 살 전후이지만 입양되어 성장한 사람은 입양시점이 단절선일 수 있다.
    자기가 태어난 나라를 방문하여 생부모를 찾는 일은 그림의 오른쪽으로 이동된 자신의 '시작에서 생략된 과거'를 표시하는 단절선을 다시 왼편으로 추적해 들어가려는 시도이다. 사람은 누구나 '생략된 과거'를 최소화하려는 속성을 띈다.
    입양아뿐만 아니라 인류는 단절선을 '시작의 꼭짓점'에 밀착시키려는 경향을 보인다. 역사학, 고고학을 비롯한 사회과학은 물론 자연과학도 마찬가지다. 인문학도 여기서 벗어나지 않는다. 이러한 노력이 20세기에 빅뱅이론으로 표출되었다.

빅뱅이론이야말로 인류가 단절선을 왼편으로 가장 많이 근접시킨 결과물이다. 그러나 단절선을 아무리 왼편으로 수렴시켜도 '시작의 꼭짓점'에는 도달하지 못한다. 빅뱅이론은 인류가 노력하여 도달할 수 있는 한계점을 보여준다. 아마도 과학이 더 발전을 한다한들 시작의 꼭짓점 쪽으로 더는 다가서기 어려울 것이다. 시작의 꼭짓점은 과학의 영역을 초월한다. 시작의 꼭짓점 왼편은 무(無)의 영역이라서 그렇다.

부록의 그림에는 다양한 '단절선'이 존재함을 보여준다.

그러한 단절선의 왼편을 가장 잘 이해할 수 있는 인물이 있다면 그가 누구일까?

아담과 하와다. 아담 하와는 단절선 왼편에 대한 정보를 가장 많이 보유한 단 두 사람이다.

이 책에서 아담은 차남 아벨을 잃은 후 장남 가인마저 잃어서는 안 되겠기에 가인을 구원하는 길을 찾아 나선다. 아담은 서너 살 이전이었던 가인의 단절선을 오른편으로 이동시키는 수의 가능성을 보았다. 그 길은 과거의 과오는 망각의 강 저편으로 던져버리고 새롭게 시작하는 길이다. 망각의 강이 곧 단절선이다.

가인뿐 아니라 인류가 구원을 희구한다면 왼쪽으로 치우쳐 있는 단절선을 가장 가까운 과거의 시점 즉, 현재의 직전에 이르기까지, 그림의 가로축에서 오른쪽으로 이동시켜야 한다. 그러나 인류는 반대방향을 향한다. 단절선을 끊임없이 왼편으로 끌어다 놓으려고 안간힘을 다 한다. 이것이 인간의 속성이다.

이 책에서 놋 땅을 방문한 아담은 가인의 단절선이 가인의 현재 직전 즉, 그림의 오른편으로 옮겨진 것을 보았다. 병리적 현상이기는 하지만 아비로서 죄인이 된 자식을 볼 때는 그나마 살아갈 길을 찾아낸 것으로 보고 다행으로 여기며 귀향한다. 아버지의 자식을 향한 사랑이다.

하나님의 구원 방식도 이와 흡사하다.

"동이 서에서 먼 것 같이
우리의 죄과를 우리에게서 멀리 옮기셨으며"(시 103:12).

하나님의 구원은 빅뱅이론에서처럼 인간이 왼편 극점에 인접시켜 놓은 단절선을 오른편으로 갖다 놓는 것이다. 하나님은 자기의 전지전능함으로써 천지를 창조할 때 성년의 아담과 하와로 시작했다. 생략된 과거의 의도적 설정이다. 하나님은 생략된 과거를 표시하는 단절선을 옮김으로써 구원을 실현한다.

어떤 한 사람을 구원하려면 그의 현재의 직전까지 단절선을 옮겨 놓아야 한다. 그래야만이 죄인이 의인이 된다. 이것이 하나님의 방법이며 여기서 하나님의 속성이 드러난다. 과학의 산물인 빅뱅 & 진화론은 하나님의 창조 섭리와 대척점에 있다.

위 부록의 그림에 나타난 단절선은 오른편으로 이동할수록 선이 길어진다. 수직선의 상단이 하늘에 더 가깝게 된다. 하늘의 하나님이 단절선을 위로 끌어당겼기 때문이라고 상징적으로 풀이해도 지나치지 않다.

이 책에서 아담은 죄인이 된 가인을 다시 일으켜 세우고자 가인의 시작에서 생략된 과거를 표시하는 단절선을 오른 쪽으로 옮겨 그 끝이 하늘에 가깝게 하는 수를 바라고 나아갔다. 아담은 '하나님의 시작'이 '시작의 꼭짓점'으로부터 상당히 이격되어 있음을 알았고, '시작에서 생략된 과거'에 대한 이해가 누구보다도 깊었다. 하나님의 은혜는 빅뱅이 추적해 들어간 '특이점'의 위치를 오른 편으로 옮길 때 주어지는 것임도 알았다.

"아담은 빅뱅을 알고 있었다!"

하나님의 기름부음
본서는 기름, 기름부음, 기름부음 받은 자의 의미를 성서적으로 고찰한다. 그리고 기름부음이 메시아 사상과 메시아이신 예수 그리스도와 어떻게 연결되고 있는지를 살피고 기름부음의 현대 목회적 적용에 대하여 말한다.

침묵하지 않는 하나님
저자는 장애인 자녀를 둔 부모로서 또한 예기치 않게 자식을 잃은 삶의 애환을 수많은 고뇌 끝에 한 권의 책으로 내놓았다. 그리고 그 속에서 겪게 되었던 신앙의 갈등과 결국에는 그 고난을 어떻게 받아들이고 하나님의 은총으로 살아가는지를 보여준다.

붕어빵
"전능한 하나님은 자신이 들지 못하는 바위를 만들 수 있을까?", "악과 고통 뒤에 은닉하는 전능자 하나님은 왜 신이 되셨나?"와 같은 통속적인 물음들 앞에서 저자는 "사랑하고 사랑받기 프로젝트"를 고안하여, 신정론이라는 다소 무거울 수밖에 없는 신학적인 주제를 대화체 형식으로 쉽고 재미있게 그리고 감동적으로 써 내려가고 있다.

밧세바의 미투
길고 일방적이었던 성대결의 역사에서도 하나님은 섭리 가운데 약자의 편에서 공의를 실행하셨습니다. 하나님은 그 중심 인물이라고 할 수 있는 밧세바도 복음서의 말씀을 통해 '미투'에 참여하게 하셨습니다. 성경에 나타난 성폭력과 그에 대한 하나님의 심판에서 오늘의 우리를 돌아보게 됩니다.